Employer Branding

Mit Strategie zum bevorzugten Arbeitgeber

von

Prof. Waldmar Stotz, MBA
Anne Wedel-Klein, MBA

2., überarbeitete und erweiterte Auflage

Oldenbourg Verlag München

Bibliografische Information der Deutschen Nationalbibliothek

Die Deutsche Nationalbibliothek verzeichnet diese Publikation in der Deutschen
Nationalbibliografie; detaillierte bibliografische Daten sind im Internet über
http://dnb.d-nb.de abrufbar.

© 2013 Oldenbourg Wissenschaftsverlag GmbH
Rosenheimer Straße 143, D-81671 München
Telefon: (089) 45051-0
www.oldenbourg-verlag.de

Lektorat: Thomas Ammon
Herstellung: Tina Bonertz
Titelbild: www.thinkstockphotos.de
Einbandgestaltung: hauser lacour
Gesamtherstellung: Grafik & Druck GmbH, München

Dieses Papier ist alterungsbeständig nach DIN/ISO 9706.

ISBN   978-3-486-73583-3
eISBN 978-3-486-75437-7

Vorwort zur Neuauflage

Mit unserem Titel *Employer Branding – mit Strategie zum bevorzugten Arbeitgeber* haben wir in 2009 ein Thema aufgegriffen, welches immer mehr in den Fokus der Unternehmensstrategie rückt. In vielen Bereichen hat sich heute der arbeitgeberseitige Leidensdruck bei der Besetzung von Vakanzen und bei der Suche nach Berufsnachwuchs gegenüber vor 4 Jahren ganz erheblich erhöht. „Es ist zum Verzweifeln" beschreibt die Prokuristin und Personalleiterin eines größeren Handwerksbetriebs die Situation in ihrem Unternehmen. KMU und Unternehmen im B2B sind von diesem Trend aufgrund ihrer geringen Bekanntheit verstärkt betroffen. Aber auch für die größeren Unternehmen ist es nur eine Frage der Zeit, wann diese Entwicklung auf dem Personalmarkt bei ihnen verstärkt in den Fokus rückt. Zunächst trifft das in erster Linie auf KMU zu. Gegenüber großen Unternehmen sind sie weniger bekannt und damit weniger attraktiv für Arbeitnehmer. Auch die Unternehmen im B2B spüren die Tendenz immer deutlicher. So ist es nur eine Frage der Zeit, wann diese Entwicklung auch bei vielen größeren Unternehmen ankommt und ernst genommen wird.

Leidensdruck ist allerdings ein schlechter strategischer Berater. Vielmehr erzeugt er Aktionismus, der erhebliche Ressourcen verschlingt und sich schlimmstenfalls als kontraproduktiv herausstellt. Astronomische Summen, die der Belegschaft als „Kopfprämie" für Fachkräfte angeboten werden, Dienstwagen für Auszubildende, weit übertarifliche Bezahlung und andere geldwerte Vorteile, Seminare und Titel sollen helfen, den Mangel an Mitarbeitern zu verknappen. Das alles ist wegen der fehlenden Nachhaltigkeit ein Trugschluss. Die Positionierung als attraktiver Arbeitgeber kann eine Organisation nur mit einem strategischen Human Capital Management erreichen. Dabei ist dem Employer Branding als integralem Bestandteil der gebührende Stellenwert einzuräumen.

In der Einleitung zur Erstausgabe haben wir bereits sehr deutlich die Ausgangssituation der Thematik beschrieben. Diese verschärft sich weiter. Damit Organisationen an der Situation auf dem Arbeitsmarkt nicht „verzweifeln" müssen, stellt das Buch Employer Branding – mit Strategie zum bevorzugten Arbeitgeber nachhaltige Lösungsansätze vor.

In der Neuauflage haben wir zahlreiche aktuellen Aspekte aufgegriffen und in die Kapitel aufgenommen. Dem Human Capital Management wurde mehr Bedeutung eingeräumt. Zum einen, weil dieser Terminus zunehmend den des HRM ablöst. Zum anderen, weil die Praxis erkennen soll, dass sie Employer Branding nur erfolgreich konzipieren und implementieren kann, wenn es nicht als eigenständige, isolierte Disziplin betrieben wird.

Wichtig für die Neuauflage war weiterhin die Erweiterung der Praxisbeispiele. So haben neue Unternehmen Eingang gefunden, deren Entwicklung die Autoren als besonders gelungen betrachten. Die zwei neuen Konzepte aus dem Dienstleistungssektor (Hotellerie) stehen beispielhaft für eine Branche, die bekannt ist für hohe Anforderungen an die Flexibilität der Mitarbeiter, nicht nur hinsichtlich der Arbeitszeiten. Weiterhin sind die Verdienstmöglichkeiten dort vergleichsweise niedrig. Somit müssen diese Unternehmen bei ihrem strategi-

schen Human Capital Management besonders kreativ und nachhaltig vorgehen. In der Neuauflage sind in Kapitel 14 nunmehr folgende Unternehmen vertreten:

- 4flow AG
- Lindner Hotels & Resorts
- Cisco Systems GmbH
- Hugo Boss AG
- Laufer Mühle
- Philips Deutschland GmbH
- Schindlerhof
- Hospitality Alliance AG
- Martin Bauer Group

Wie bereits bei der Erstausgabe gilt:

Kommerzielle Gegenleistungen der Unternehmen für die Nennung in diesem Buch sind
seitens der Autoren nicht gewünscht gewesen, seitens der Unternehmen nicht angeboten und
auch nicht geleistet worden. Uns haben alleine die Konzepte dieser Unternehmen überzeugt.

Wir wünschen Ihnen, lieber Leser, eine interessante, spannende und vor allen Dingen wertvolle Lektüre!

Mai 2013   Anne Wedel-Klein und Waldemar Stotz

Vorwort der Erstausgabe

Die Auswirkungen des sich bereits heute abzeichnenden soziodemographischen Wandels und einer zunehmend internationalisierten und globalisierten Welt stellen Unternehmen vor eine besondere Herausforderung: Einerseits wird qualifiziertes Personal, ein zentraler Erfolgsfaktor für Unternehmen, immer knapper. Andererseits nimmt die Bedeutung der Mitarbeiter als Differenzierungsfaktor vom Wettbewerb deutlich zu.

Für Unternehmen bedeutet dies, dass sie gezwungen sind, eine Strategie zu entwickeln, um trotz des zunehmend knappen Angebots qualifizierte Mitarbeiter für sich zu finden und an sich zu binden. Um in diesem Wettbewerb, oft genug martialisch War For Talents genannt, gegenüber anderen Unternehmen vorne zu liegen, heißt es, sich intern wie extern klar zu positionieren und aus der Masse abzuheben. Nur dadurch wird ein Unternehmen für qualifizierte Mitarbeiter interessant und zum bevorzugten Arbeitgeber, dem Employer-of-Choice, werden und auch bleiben.

Das Thema Marke hat auch auf dem Arbeitsmarkt eine hohe Bedeutung als entscheidender Differenzierungsfaktor zur Erlangung eines Wettbewerbsvorteils gewonnen. Unternehmen müssen sich selbst zu einer starken Arbeitgebermarke, einer Employer Brand, entwickeln. Diese knüpft im Sinne einer Gesamtstrategie an die Corporate Brand an und ist damit nicht nur ein Marketingtool, sondern ein Teil der strategischen Unternehmensführung. Sie wird zum zentralen Steuerungsinstrument der Arbeitgeberkommunikation. Mit verschiedenen, auf die Zielgruppe der potentiellen, aktuellen und ehemaligen Mitarbeiter abgestimmten Maßnahmen wirkt sich die Employer Brand letztendlich auf alle internen und externen Bezugsgruppen aus.

Ziel dieses Buches ist es, für Lehre und Praxis die Differenzierungsmöglichkeiten aufzuzeigen, welche das Employer Branding bezüglich der eingangs erwähnten Entwicklungen bietet. Die Thematik wird von den Grundlagen über die Chancen bis zu der tatsächlichen Umsetzung für den Leser transparent gemacht. Es wird ein Konzept entwickelt, welches Unternehmen Aufschluss darüber gibt, wie sie eindeutige Arbeitgeberpräferenzen bei den verschiedenen Zielgruppen wecken und zu einem Employer-of-Choice werden.

Bei den im Kapitel 14 näher beschriebenen Unternehmen

- 4flow AG
- Cisco Systems GmbH
- Hugo Boss AG
- Laufer Mühle
- Philips Deutschland GmbH
- Schindlerhof
- Travel Charme AG

möchten wir uns für ihre Praxisbeiträge herzlich bedanken. Sie helfen damit dem Leser, über die Theorie und die praktischen Ansätze in diesem Buch hinaus, authentisches Employer

Branding und dessen Auswirkungen zu erfahren. Wir hoffen, dass sich hierdurch viele Unternehmen inspirieren und motivieren lassen, durch strategische Personalarbeit betriebswirtschaftliche und damit letztlich auch volkswirtschaftliche Wertschöpfung zu generieren.

Kommerzielle Gegenleistungen der Unternehmen für die Nennung in diesem Buch sind seitens der Autoren nicht gewünscht gewesen, seitens der Unternehmen nicht angeboten und auch nicht geleistet worden. Uns haben alleine die Konzepte dieser Unternehmen überzeugt.

Wir wünschen Ihnen, lieber Leser, eine interessante, spannende und vor allen Dingen wertvolle Lektüre!

März 2009   Anne Wedel-Klein und Waldemar Stotz

Persönlicher Dank Waldemar Stotz

In meiner Beratungspraxis erhält Employer Branding eine zunehmende Bedeutung. Die Aufnahme des Themas in die Lehrveranstaltungen Internationales Human Resources Management war die logische Konsequenz. So blieben auch akademische Arbeiten von Studenten nicht aus. Hierbei ragte die Diplomarbeit von Anne Wedel deutlich heraus. Frau Wedel hat sich während der Entstehung ihrer Abschlussarbeit weit über das übliche Maß hinaus in das Thema vertieft. Der Besuch von Fachkongressen und ihr persönlicher Beitrag bei der Umsetzung von Employer Branding in einem Unternehmen zeigten, dass sie das Thema nicht nur theoretisch und praktisch beherrscht, sondern auch ein seltenes Maß an Fingerspitzengefühl für Employer Branding mitbringt. Für die gute Zusammenarbeit in jeder Phase der Entstehung dieses Buches danke ich Anne Wedel. Ihre engagierte, kritisch-konstruktive Arbeitsweise hat viel zur Qualität unseres gemeinsamen Werkes beigetragen.

Ein besonderer Dank geht an meine Frau Gertrud, die mich in der Entstehungsphase des Buches durch konstruktive Kritik und durch liebevolle Geduld im Alltag unterstützt hat.

April 2009   Waldemar Stotz

Persönlicher Dank Anne Wedel-Klein

Als ich im Rahmen meines Studiums eine Seminararbeit zum Thema Employer Branding bei Prof. Waldemar Stotz verfasste, war ich umso verwunderter je intensiver ich mich mit der Thematik beschäftigte: es kursierten so viele unterschiedlichen und teils kontroversen Ansichten. Das reizte mich. Recht schnell kristallisierte sich für mich heraus, meine Diplomarbeit zum Thema Employer Branding zu verfassen. Ich konnte mich im Detail mit der Thematik auseinander setzen und ein strategisches Konzept aufzeigen. Zudem war es mir möglich, dieses sofort an einem Unternehmen anzuwenden und ich erkannte, wo die größten Herausforderungen in der Umsetzung lagen.

Schließlich freute es mich, als Prof. Stotz im Jahr 2008 ein gemeinsames Buch vorschlug. Wir kombinierten Forschung und Praxis. Die Dinge nahmen ihren Lauf: Sie halten das Ergebnis in Ihren Händen.

Nachdem das Interesse an dem Thema Employer Branding seitdem stetig stieg, entschieden wir uns im Jahr 2013 zu einer Neuauflage, u. a. mit aktualisierten Praxisbeispielen.

Ich möchte Ihnen, Prof. Stotz, für Ihr entgegengebrachtes Vertrauen danken sowie für die Gespräche und Diskussionen, in welchen ich aufgrund Ihres umfangreichen Fachwissens und der langjährigen Praxiserfahrung stets viel von Ihnen lernen kann.

Ein besonderer Dank geht an dieser Stelle auch an meine Familie, die mich während der Entstehungsphase des Buches sehr unterstützt hat. Zudem danke ich Freunden und Kollegen für interessante Gespräche zum Thema.

Mai 2013 Anne Wedel-Klein

Inhaltsverzeichnis

1 Einleitung

1.1 Ausgangssituation

Der Erfolg eines Unternehmens resultiert maßgeblich aus der Fähigkeit, die technologischen, wirtschaftlichen, ökologischen und sozialen Herausforderungen der Gegenwart sowie der Zukunft rechtzeitig zu erkennen und zu bewältigen. Die Erkenntnis, dass die Mitarbeiter hierbei den zentralen Erfolgsfaktor für Unternehmen darstellen, setzt sich seit einigen Jahren in der Wissenschaft, aber vor allem auch in der Unternehmenspraxis durch.

Der einzige Unterschied sind die Mitarbeiter, alles andere ist austauschbar.

erklärt Jürgen Höhne, Arbeitsdirektor und Vorstand, Hexal AG am Fachkongress Arbeitgeberattraktivität 2008)

Die Mitarbeiter sind die Träger der Kompetenz, des Wissens und der tätigkeitsspezifischen Erfahrung, ohne die kein Unternehmen langfristig auf einem Markt erfolgreich bestehen kann. In der globalen Wirtschaft spielen materielle Vermögenswerte eine zunehmend geringere Rolle und das Human Capital wird zur wichtigsten Quelle eines Wettbewerbsvorteils.

Der Wettbewerb der Zukunft entscheidet sich auf den Personalmärkten

so Frank Hauser, Leiter Great Place to Work Institut Deutschland am Fachkongress Arbeitgeberattraktivität 2008.

Die Bedeutung des Humankapitals wird sich in den nächsten Jahren noch um einiges steigern. Unternehmen stehen vor den Herausforderungen des soziodemographischen Wandels und einer zunehmend internationalisierten sowie globalisierten Arbeitswelt.

Trotz der immer noch hohen Erwerbslosenquote beklagen Unternehmen in verschiedenen Branchen einen Mangel an qualifizierten Arbeitskräften. Bis 2015 wird es aufgrund des soziodemographischen Wandels gut ein Viertel weniger verfügbare Arbeitskräfte zwischen 30 und 45 Jahren geben als heute. Diese Entwicklung wird sich nach Einschätzung von Experten in Zukunft noch verstärken. Ebenfalls wird die Altersstruktur der verfügbaren Mitarbeiter aufgrund längerer Lebenserwartungen nach oben verschoben.

Die zunehmende Internationalisierung des Arbeitsmarktes lässt ihn innen- wie außengerichtet flexibilisieren. Grundsätzlich zeigt sich in vielen Ländern jedoch das gleiche soziodemographische Szenario und es sind vor allem qualifizierte deutsche Arbeitskräfte, welche zunehmend attraktive Angebote aus dem Ausland erhalten und auch wahrnehmen. Besonders deutlich zeigt sich dies bei deutschen Ingenieuren.

Unsere Gesellschaft entwickelt sich angesichts des dadurch bedingten Strukturwandels immer mehr von einer Industrie- zu einer Wissensgesellschaft. Unternehmen werden zunehmend hochqualifizierte Mitarbeiter benötigen, um die stetig anspruchsvolleren, komplexeren und wissensintensiveren Aufgaben zu bewältigen. Jedoch zeigen diverse Studien, dass das allgemeine Bildungsniveau sinkt.

Dem tatsächlichen Bedarf an qualifiziertem Personal wird die schwindende Qualität und Quantität nicht gerecht. Für Unternehmen bedeutet dies, dass sie eine Strategie entwickeln müssen, um trotz des spärlichen Angebots qualifizierte Mitarbeiter für sich zu finden und an sich zu binden. Es gilt, geeignete Maßnahmen einzuleiten, um eindeutige Arbeitgeberpräferenzen bei den Arbeitskräften zu erzielen. Um in diesem Wettbewerb gegenüber anderen Unternehmen vorne zu liegen, heißt es, sich intern wie extern klar zu positionieren und aus der Masse abzuheben. Nur dadurch wird ein Unternehmen für qualifizierte Mitarbeiter interessant und zum bevorzugten Arbeitgeber, dem Employer-of-Choice, werden und bleiben. Die aktuellen Mitarbeiter müssen motiviert und an das Unternehmen gebunden werden.

Das Thema Marke hat auch auf dem Personalmarkt eine hohe Bedeutung als entscheidender Differenzierungsfaktor zur Erlangung eines Wettbewerbsvorteils gewonnen. Unternehmen müssen sich also selbst zu einer starken Arbeitgebermarke, einer Employer Brand, entwickeln.

Oft wird die Thematik des Employer Branding nicht umfassend gesehen, auf Teilbereiche wie das Personalmarketing oder -recruiting reduziert oder unprofessionell umgesetzt. Erfolgsgarant eines strategischen Employer Branding ist eine umfassende Strategie. Diese ist komplex und bedarf eines entsprechenden Wissens und Erfahrung. In einer Kurzumfrage der Deutschen Employer Branding Akademie melden 95% der Unternehmen Informationsbedarf zu der Thematik. Besonders kleine und mittelständische Unternehmen sind hierbei betroffen, welche zudem mit begrenzten Mitteln handeln müssen.

1.2   Zielsetzung und Aufbau des Buches

Ziel dieses Buches ist es, die Differenzierungsmöglichkeit für Unternehmen aufzuzeigen, welche das Employer Branding bezüglich der beschriebenen Problematik bietet. Die Thematik soll von den Grundlagen über die Chancen bis zu der tatsächlichen Umsetzung für Praktiker und Studenten transparent gemacht werden. Es wird ein Konzept entwickelt, mit welchem Unternehmen eindeutige Arbeitgeberpräferenzen bei den verschiedenen Zielgruppen erreichen und sich durch ihre Arbeitgebermarke zu einem Employer-of-Choice entwickeln.

Im zweiten Kapitel wird vorab auf die begrifflichen Grundlagen des Employer Branding eingegangen, um dem Leser gewisse Grundinformationen für die weiteren Ausführungen zu geben. Des Weiteren wird die Entstehung des Gedankens einer Employer Brand erläutert. Anschließend werden die Begriffe der Employer Brand und des Employer Branding definiert sowie ihre Aufgabenträger im Unternehmen dargestellt.

Dem Employer Branding fehlt bislang eine wissenschaftliche Qualität. Im dritten Kapitel wird der aktuelle Forschungsstand zu Arbeitgeberpräferenzen mit verschiedenen Studien und der Markenpolitik im Personalmanagement dargestellt.

Im vierten Kapitel werden die Funktionen und Wirkungsbereiche des Employer Branding aus der jeweiligen Sicht von Arbeitgebern und Arbeitnehmern genannt und daraus erfolgskritische Faktoren abgeleitet.

Das fünfte Kapitel geht ein auf den Paradigmenwechsel hinsichtlich des unternehmerischen Mitarbeiterbildes und gibt Führungskräften erste Hinweise, wie sich deren Rolle im strategischen Personalmanagement verändert.

Im sechsten Kapitel werden die Differenzierungsmöglichkeiten für Unternehmen durch das Employer Branding erläutert. Die Relevanz für ein Unternehmen wird speziell vor der aktuellen und zukünftigen Arbeitsmarktsituation betrachtet.

Welche Rolle das Diversity Management im Employer Branding Prozess einnimmt, beschreibt Kapitel sieben. Dort werden auch Praxisbeispiele genannt, mit denen Unternehmen die sich daraus ergebenden Chancen nutzen.

Die entscheidende Rolle im strategischen Employer Branding spielen zweifellos die Führungskräfte eines Unternehmens. Warum das so ist und wie sich Führungskräfte auf ihre unterschiedlichen Rollen einstellen können, zeigt Kapitel acht.

Eine umfassende und rechtzeitige Einbindung der Mitarbeitervertretung kann den Employer Branding Prozess unterstützen und bereichern. Mit der Bedeutung des Betriebsrates als Partner und Grundvoraussetzungen für seine proaktive Einbindung beschäftigt sich Kapitel neun.

Das zehnte Kapitel widmet sich nun dem strategischen Prozess zur Schaffung einer Employer Brand. In den Ebenen Analyse und Planung werden die einzelnen Teilschritte zur Zielerreichung ausführlich erläutert.

Kapitel elf beleuchtet die Situation des unternehmensspezifischen HCM und beantwortet im Ergebnis die Frage, ob und in wie weit die Struktur und die Qualifikation der HR-Abteilung den zukünftigen Anforderungen gerecht werden.

Die Umsetzung des internen Employer Branding Prozesses in drei Phasen beschreibt Kapitel 12. Dieses Kapitel beschäftigt sich weiterhin mit der Frage, ob und inwieweit das outsourcen von Employer Branding anzuraten ist.

Dem Versuch, die Maßnahmen des strategischen HCM zur Bildung einer Employer Brand zu evaluieren, ist Kapitel 13 gewidmet. Neben einer kurzen Einführung in eher wissenschaftlich orientierte Ansätze bestimmen praxisorientierte Evaluationsansätze dieses Kapitel.

Einen sowohl tiefen als auch breiten Einblick in die Praxis attraktiver Arbeitgeber gewährt das Kapitel 14. An Beispielen aus acht Unternehmen wird erläutert, wie sich eine Philosophie zur Strategie entwickeln und umsetzen lässt. Diese Beispiele geben dem Leser wertvolle Hinweise auf Gestaltungsmöglichkeiten des Employer Branding.

Den Abschluss des Buches bildet ein Fazit mit einer kritischen Betrachtung der Thematik. Zudem werden der weitere Forschungsbedarf und Zukunftstrends aufgezeigt.

2 Grundlagen des Employer Branding

2.1 Die Employer Brand

Die Employer Brand wird überwiegend als eine Facette der Corporate Brand verstanden. Aus wissenschaftlicher Sicht ist belegt, dass im Sinne des herrschenden Verständnisses von einer Marke die Voraussetzungen gegeben sind, um von einer Arbeitgebermarke zu sprechen. Den ausschlaggebenden Beitrag hierzu liefert der wirkungsorientierte Ansatz, welcher über die Ausprägung eines Vorstellungsbildes die weitestgehend universelle Anwendung des Markenkonzepts ermöglicht.

Die Definition einer Marke wird demnach von einer Mehrzahl von Autoren wie folgt definiert:

Eine Marke ist ein in der Psyche des Konsumenten und sonstiger Bezugsgruppen fest verankertes, unverwechselbares Vorstellungsbild von einem Produkt oder einer Dienstleistung.

Das Vorstellungsbild kann sich jedoch nicht nur auf ein Produkt oder eine Dienstleistung beziehen, sondern auch ein Unternehmen als Gegenstand aufweisen, was der Ansatz der Corporate Brand in der Literatur ausdrückt. Einem Unternehmen steht eine Vielzahl von Anspruchsgruppen (Stakeholder) gegenüber, weswegen die Unternehmensmarke nicht als ein homogenes Gebilde betrachtet werden kann, sondern aus der jeweiligen Perspektive der verschiedenen Anspruchsgruppen betrachtet werden muss. Abbildung 2.1 gibt eine Übersicht über mögliche relevante Anspruchsgruppengruppen, welche bei der Führung der Corporate Brand Beachtung finden müssen.

Aufgrund der individuellen Interessen und Ziele entsteht auf jeder Individualebene ein anderes Vorstellungsbild vom jeweiligen Unternehmen, was zu vielförmigen Ausprägungen der Unternehmensmarke führt. Erst die differenzierte, individuelle Interaktion mit den Zielgruppen lässt eine Marke jeweils positiv erscheinen.

Wie die aktuellen und potentiellen Mitarbeiter das Unternehmen als Arbeitgeber wahrnehmen und wahrnehmen sollen, drückt die Employer Brand aus. Sie knüpft im Sinne einer Gesamtstrategie an die Corporate Brand an und ist damit nicht nur ein Marketingtool, sondern auch ein Instrument der Unternehmensführung: nämlich die gesamtheitliche Personalmanagementaktivität.

Gemäß dessen wird eine Employer Brand, eine Arbeitgebermarke, folgendermaßen definiert:

Eine Employer Brand (Arbeitgebermarke) ist das in den Köpfen der potentiellen, aktuellen und ehemaligen Mitarbeiter fest verankerte, unverwechselbare Vorstellungsbild von einem Unternehmen als Arbeitgeber.[1]

---

[1] Deutsche Employer Brand Akademie (Hrsg.) (2006): Definition Employer Branding, http://www.employerbranding.org/downloads/DEBA_EB-Definition.pdf, 15.05.2007.

Allgemeine Öffentlichkeit

Lokale
Gemeinden

Beschaffungsmarkt
Lieferanten

Verbände und
Organisation

Kapitalmarkt
Aktionäre/Analysten
Banken

Corporate Brand

Absatzmarkt
Kunden
Handel

Arbeitsmarkt
Potentielle Mitarbeiter

Regierungen

Interessengruppen

Medien

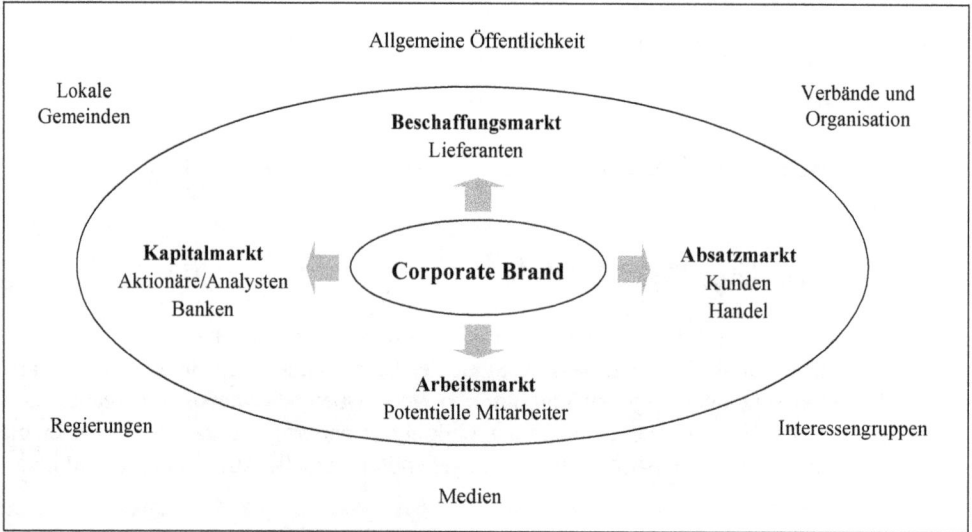

Abb. 2.1:   Anspruchsgruppen einer Corporate Brand[2]

In der folgenden Abbildung befindet sich eine Auswahl an weiteren Versuchen zu einer Begriffsdefinition der Employer Brand. Die obige Definition gilt jedoch als am weitesten verbreitet und akzeptiert und dient deshalb als Grundlage in diesem Buch.

Autor	Jahr	Definition Employer Brand
Ambler/Barrow	1996	Wir definieren eine Employer Brand als die Summe funktioneller wirt-schaftlicher und psychologischer Vorteile, die sich aus einem Beschäfti-gungsverhältnis ergeben und mit denen der Arbeitgeber assoziiert wird. Hauptaufgabe der Employer Brand ist es, dem Management einen schlüssi-gen Rahmen vorzugeben, um Prioritäten einfacher setzen und gewichten zu können, die Produktivität zu erhöhen sowie Rekrutierung, Anbindung und Motivation der Mitarbeiter zu verbessern.
Dell/Ainspan	2001	The employer brand establishes the identity of the firm as an employer. It encompasses the firm's value system, policies and behaviours towards the objectives of attracting, motivating and retaining the firm's current and potential employees.
Meffert/Esch	2000/ 2003	Eine Employer Brand wird verstanden als ein in den Köpfen der umworbe-nen Fach- und Führungskräfte fest verankertes, unverwechselbares Vorstel-lungsbild.
Petkovic	2007	Die Arbeitgebermarke stellt im Ergebnis ein im Gedächtnis der umworbe-nen akademischen Fach- und Führungskräfte fest verankertes, unverwech-selbares Vorstellungsbild eines Arbeitgebers dar. Dieses Vorstellungsbild umfasst zum einen ein Bündel subjektiv relevanter, personalpolitische Attraktivitätsmerkmale. Zum anderen umfasst die Arbeitgebermarke ent-scheidungs-relevante Erfolgsdimensionen wie insbesondere Orientierung, Vertrauen und Identifikation.

Abb. 2.2:   Ausgewählte Definitionen einer Employer Brand

---

[2]   Darstellung in Anlehnung an Meffert, H./Bierwirth, A. (2001): Stellenwert und Funktionen der Unternehmensmarke – Erklärungsansätze und Implikationen für das Corporate Branding, in: Thesis, Nr. 4, 2001, S.7.

Qualifizierte Fach- und Führungskräfte sind in diesem Buch als aktuelle und potentielle Mitarbeiter definiert, die aufgrund ihrer hohen fachlichen Qualifikation und sozialen Kompetenz überdurchschnittliche und außergewöhnliche Leistungsergebnisse erbringen. Oft werden qualifizierte Fach- und Führungskräfte auch High Potentials genannt und auf *Hochschulabgänger und Mitarbeiter im Alter zwischen 22 und 35 Jahren mit überdurchschnittlichen Fähigkeiten* reduziert. Sie bewegen sich überdurchschnittlich schnell lateral durch verschiedene Positionen innerhalb einer Organisation und erreichen Senior Managementpositionen in einer kürzeren Zeit als ihre Altersgenossen. Jedoch können High Potentials beispielsweise auch aus den Reihen qualifizierter Auszubildender gewonnen werden.

Die soziale Kompetenz der Fach- oder Führungskraft ist hierbei relativ zu sehen, da sie abhängig ist von der jeweiligen Unternehmenskultur. Es wird daher von den *Besten unter den Passenden* gesprochen. Der Mitarbeiter sollte sowohl *professional fit* als auch *cultural fit* aufweisen, das heißt, er muss seine Leistung in der Unternehmenskultur entfalten können.

2.2 Das Employer Branding

Während die Employer Brand das Ziel der Markenbemühungen darstellt, skizziert das Employer Branding den strategischen Prozess der Zielerreichung. Unter Branding wird in der Marketingtheorie der Führungsprozess einer Marke verstanden, welcher die zielgerichtete Analyse, Planung, Umsetzung und Kontrolle aller Aktivitäten bzw. Gestaltungsparameter beinhaltet.

Somit basiert das Konzept des Employer Branding grundsätzlich auf derselben Idee wie das der Markenführung im Absatzmarketing. Der Führungsprozess der Arbeitgebermarke beinhaltet ebenfalls die Planung, Umsetzung und Kontrolle aller Aktivitäten. Aus der Managementperspektive betrachtet, erhält Employer Branding die Bedeutung eines ganzheitlichen Managementkonzepts. Die integrative Betrachtung der verschiedenen Markenansätze ist unabdingbar.

Auf der Definition der Employer Brand aufbauend, erklärt sich Employer Branding wie folgt:

> *Employer Branding ist die markenstrategisch fundierte, interne wie externe Positionierung eines Unternehmens oder einer Institution als Arbeitgebermarke und damit als Employer of Choice. Herz des Employer Brandings ist immer eine die Unternehmensmarke spezifizierende oder adaptierende Markenstrategie. Ihre Entwicklung, Implementierung und operative Umsetzung zielt darauf ab, nachhaltig und vollumfänglich die positiven Effekte der Marke für die Optimierung von Mitarbeitergewinnung, Mitarbeiterbindung, Unternehmenskultur und Leistungskultur zu aktivieren, das Unternehmensimage zu verbessern sowie mittelbar den Marken- wie auch den Unternehmenswert zu steigern.*[3]

In Abbildung 2.3 befindet sich eine Auswahl an weiteren Versuchen zu einer Begriffsdefinition des Employer Branding.

---

[3] Deutsche Employer Brand Akademie (Hrsg.) (2006): Definition Employer Branding, http://www.employerbranding.org/downloads/DEBA_EB-Definition.pdf, 15.05.2007.

Autor	Jahr	Definition Employer Branding
Gmür et al.	2002	Employer Branding ist die Profilierung eines Unternehmens als Arbeitgeber in der Wahrnehmung seiner Beschäftigten und potenziellen Bewerber.
Backhaus/Tikoo	2004	... we define employer branding as the process of building an identifiable and unique employer identity, and the employer brand as a concept of the firm that differentiates it from its competitors
Hieronimus et al.	2005	For a company to exploit its brand effectively when it fishes for talent, it must think of recruits as customers, use sophisticated marketing analysis to identify its key rivals, determine which corporate attributes matter most to specific types of recruits, and understand how best to reach them.
Grobe	2006	Employer Branding kennzeichnet den Managementprozess der identitäts-orientierten, strategischen und operativen Führung von Arbeitgebermarken. Es umfasst den außen- und innengerichteten Prozess der Planung, Koordination und Kontrolle aller Aktivitäten und Gestaltungsparameter der Arbeitgebermarke sowie die funktionsübergreifende Integration dieses Prozesses in den Managementprozess der Unternehmensmarkenführung.
Petkovic	2007	Employer Branding umfasst alle Entscheidungen, welche die Planung, Gestaltung, Führung und Kontrolle einer Arbeitgebermarke sowie der entsprechenden Marketingmaßnahmen betreffen mit dem Ziel, die umworbenen Fach- und Führungskräfte präferenzwirksam (Employer-of-Choice) zu beeinflussen.

Abb. 2.3:   Ausgewählte Definitionen des Employer Branding

Das Autorenteam hat eine eigene Definition entwickelt, die kürzer und griffiger erscheint:

> Employer Branding ist der Teil des strategischen HCM, bei dem das Besondere des Unternehmens als Arbeitgeber erarbeitet, operativ umgesetzt und nach innen sowie außen kommuniziert wird.

Diese Definition positioniert Employer Branding als Teildisziplin des strategischen HCM, weist darauf hin, dass die USP eines Unternehmens als Arbeitgeber erarbeitet und erkannt werden muss. Auch auf die Bedeutung der internen und externen Kommunikation wird hingewiesen. Weiterhin ist der Hinweis enthalten, dass es keine allgemeingültigen Schubladenlösungen gibt, sondern dass es einer unternehmenstypischen Aufarbeitung bedarf, einer durch kein Patentrezept zu ersetzenden Analyse der Stärken und Schwächen als Arbeitgeber.

Die Arbeitgebermarke soll mit entsprechenden operativen und kommunikativen an der Strategie ausgerichteten Maßnahmen erfolgreich in den Köpfen der aktuellen, potentiellen und ehemaligen Mitarbeiter positioniert werden. Es wird zum einen die Arbeitgeberqualität verbessert und zum anderen wird ein einzigartiges Image als Arbeitgeber aufgebaut, gepflegt und weiterentwickelt. Aus dem Zusammenspiel all dieser strategischen Maßnahmen ergibt sich sukzessiv die Employer Brand des Unternehmens. Employer Branding ist somit eine für jedes Unternehmen individuelle Aufgabe, die von unterschiedlichen Rahmenbedingungen geprägt ist.

Bereits an dieser Stelle soll zum Ausdruck gebracht werden, dass unbedingt darauf zu achten ist, dass nur die tatsächlich gelebten Werte und Normen an die jeweilige Zielgruppe kommuniziert werden so dass ein konsistentes Bild nach innen wie nach außen entsteht. Anderenfalls wird das Unternehmen schnell unglaubwürdig und Arbeitgeberimage und -qualität verschlechtern sich. Die Aufgabengebiete des Employer Branding lassen sich in internes sowie externes Employer Branding unterteilen.

	Internes Employer Branding	Externes Employer Branding
Instrumentelle Maßnahmen	HR-Produkte und -Prozesse Mitarbeiterführung Gestaltung der Arbeitswelt	Networking Bewerbermanagement
Kommunikation	Interne Employer Branding Kommunikation	Externe Employer Branding Kommunikation

Abb. 2.4:   Aufgabengebiete des Employer Branding[4]

Das interne Employer Branding bezieht sich zum einen auf instrumentelle Maßnahmen wie HR-Produkte und -Prozesse vom Eintritt des Mitarbeiters über die Bindung ans Unternehmen bis hin zu seinem Austritt. Zudem betreffen die Maßnahmen das Thema *Mitarbeiterführung* im Unternehmen, das heißt zum Beispiel den Führungsstil oder Führungskräfteentwicklung. Auch die Gestaltung der Arbeitswelt trägt zum positiven Empfinden des Mitarbeiters bei. So finden beispielsweise Maßnahmen wie innovative Bürokonzepte hohen Anklang.

Zum anderen bezieht sich das interne Employer Branding auf die interne Employer Branding Kommunikation, das heißt auf alle Instrumente, die verwendet werden, um die Kommunikation im Unternehmen zu unterstützen. Dies kann zum Beispiel ein Intranet sein oder auch Treffpunkte im Unternehmen, an welchen sich Mitarbeiter austauschen können. Zentrales Kommunikationsinstrument ist das strukturierte Mitarbeitergespräch. Näheres hierzu in Kap. 12.

Internes Employer Branding macht die Arbeitgeberpositionierung im Unternehmen sozusagen erlebbar. Es bildet die Basis für die positionierungsgerichtete Entwicklung der Arbeitgeberqualität.

Das externe Employer Branding bezieht sich zum einen auf instrumentelle Maßnahmen wie das Networking des Unternehmens mit potentiellen Mitarbeitern. Beispiele hierfür sind das Praktikantenmanagement oder Fachvorträge an Hochschulen. Zudem umfasst es beispielsweise die Prozesse des Bewerbermanagements oder die Pflege eines Bewerberpools.

Zum anderen bezieht sich das externe Employer Branding auf die externe Employer Branding Kommunikation. Es richtet sich an potentielle Mitarbeiter (Arbeitsmarktkommunikation) sowie die Unternehmensöffentlichkeit (Corporate Reputation).

Externes Employer Branding vermittelt sozusagen die Arbeitgeberpositionierung nach außen. Es bildet die Basis für die positionierungsgerichtete Entwicklung des Arbeitgeberimage. Unternehmen mit Produktmarken, die dem Endverbraucher nicht bekannt sind, haben es erheblich schwerer, als Arbeitgeber auf sich aufmerksam zu machen. Sie haben einen wesentlich geringeren Bekanntheitsgrad und werden in der Öffentlichkeit neben großen Produktmarken kaum wahrgenommen. Hauptsächlich sind dies kleine und mittelständische Unternehmen, selbst wenn sie innerhalb ihrer Branche überaus erfolgreich sind.

Beim internen und externen Employer Branding kommen Maßnahmen des Personalmarketings zum Einsatz. Jedoch wird Employer Branding häufig gänzlich mit Personalmarketing verwechselt oder einzig auf das externe Arbeitgeberimage reduziert. 5% der befragten, deutschen Unternehmen melden in einer Kurzumfrage der Deutschen Employer Branding Akademie Informationsbedarf zu der Thematik des Employer Branding. Die tatsächlichen und umfassenden Effekte gehen über die Wirkung des reinen Personalmarketings jedoch deutlich

---

[4]   In Anlehnung an die Deutsche Employer Branding Akademie (2008)

hinaus, wie die Definition zeigt. Die Entwicklung einer strategisch verankerten Employer Brand beginnt weit vor dem klassischen Personalmarketing, welches nur ein Tool in der operativen Umsetzung ist. Zudem wird Employer Branding häufig auf Aspekte des Recruiting reduziert. Die Gewinnung neuer Mitarbeiter ist jedoch nur einer von fünf Wirkungsbereichen des Employer Branding, wie in Kapitel 4 näher beschrieben wird.

Die einzelnen internen sowie externen instrumentellen Maßnahmen werden in Kapitel 10.3.5 näher beschrieben. Auf die interne und externe Employer Branding Kommunikation wird in Kapitel 10.3.7 näher eingegangen.

2.3   Historie des Employer Brand-Gedankens

Bereits in den 70er Jahren wurde in verschiedenen Branchen darüber diskutiert, dass ein Unternehmen seinen Mitarbeitern und Bewerbern einen Arbeitsplatz im Sinne eines Produktes verkaufen muss. So wurde der Marketinggedanke für ein Produkt oder eine Dienstleitung ansatzweise auf die betriebliche Personalarbeit übertragen.[5] Wie auf dem Absatzmarkt auch, steht ein Unternehmen auf dem Personalmarkt anderen Unternehmen konkurrierend gegenüber und es heißt, Wettbewerbsvorteile über die bessere Bedürfniserfüllung der Zielgruppe zu generieren. Die existierende Literatur beschränkte sich jedoch auf Instrumente des Personalmarketing und es lagen keine strategischen Konzepte vor.

In den frühen 90er Jahren wurde das Employer Brand® concept[6] von der britischen Agentur People in Business (Employer Brand Consultancy), bzw. Simon Barrow und Richard Mosley, konzipiert, um eine höhere Identifikation der Arbeitnehmer mit ihrem Arbeitgeber zu erzielen und effektiver im Wettbewerb um Talente zu sein. Das Employer Brand® concept stützt sich hauptsächlich auf das Employer Brand Mix, welches sich auf alle Elemente bezieht, die eine Employer Brand ausmachen. Diese lassen sich in zwei Gruppen unterteilen:

• Elemente, die zur gesamtbetrieblichen Unternehmenspolitik gehören, wie z. B. das Image des Unternehmens, und

• Elemente, die zur Praxis vor Ort gehören, wie z. B. das Arbeitsumfeld.

Jedoch fand die Thematik erstaunlich wenig Beachtung sowohl in England als auch in der restlichen Welt.

Erst Mitte der 90er Jahre wird der Employer Brand aus Sicht des Marketing und der Markenforschung verstärkte Beachtung geschenkt und auch in der Praxis rege diskutiert, da sich die Anforderungen an Unternehmen und die Situation auf dem Arbeitsmarkt drastisch verändert haben. Jedoch findet sich nach wie vor erstaunlich wenig brauchbare Literatur zu der Thematik.

---

[5]   Vgl. Teufer, S. (1999): Die Bedeutung des Arbeitgeberimage bei der Arbeitgeberwahl: Theoretische Analyse und empirische Untersuchung bei High Potentials, Wiesbaden, S. 10; Fröhlich, W. (1987): Strategisches Personalmarketing: kontinuierliche Unternehmensentwicklung durch Ausnutzung interner und externer Qualifikationspotentiale, Düsseldorf, S. 41.

[6]   Vgl. Barrow, S./Mosley, R. (2006): Internes Brand Management, Machen Sie Ihre Mitarbeiter zu Markenbotschaftern, 1. Aufl., Chichester (UK), S. 207.

2.4 Die Kriterien des Employer Branding

Employer Branding besteht nicht aus einer Anzahl von gezielten Aktionen, sondern ist in erster Linie gelebte Unternehmensphilosophie.

Das Ziel, für aktive und potentielle Mitarbeiter ein attraktiver Arbeitgeber zu sein, ist nur durch mehrdimensionales Denken und Agieren zu erreichen. Nach Auffassung des Great Place To Work Institute[7] sind es insbesondere die folgenden Dimensionen, die es zu erarbeiten gilt:

- Glaubwürdigkeit
- Respekt
- Fairness
- Stolz
- Teamorientierung

Die einzelnen Dimensionen beschreibt das Great Place To Work Institute wie folgt:

> **Glaubwürdigkeit** *bedeutet, dass die Führungskräfte regelmäßig den Mitarbeitern die Richtung und die Pläne des Unternehmens mitteilen – sowie ihnen wiederum die Gelegenheit geben, ihre Fragen beantwortet zu bekommen. Zur Glaubwürdigkeit gehört auch die effektive und effiziente Koordination von Menschen und Ressourcen.*
>
> **Respekt** *bedeutet, Mitarbeitern die Ausstattung, die Ressourcen und Schulungen zu bieten, die sie benötigen, um ihre Arbeit zu erfüllen. Dies erfordert, gute Arbeit und zusätzlichen Einsatz anzuerkennen. Respekt schließt ein, dass man die Mitarbeiter einbezieht und zu Partnern in Unternehmensangelegenheiten macht, einen Geist der Zusammenarbeit über alle Abteilungen hinweg entwickelt und ein sicheres und gesundes Arbeitsumfeld schafft. Respekt heißt, dass eine Work-Life-Balance forciert wird und nicht bloß ein Slogan bleibt.*
>
> *In einer* **fairen** *Organisation wird der wirtschaftliche Erfolg ausgewogen durch Vergütungsprogramme und Sonderleistungen verteilt. Jeder erhält eine gerechte Chance auf Anerkennung. Einstellungs- und Beförderungsentscheidungen werden unvoreingenommen getroffen, Arbeitsplätze sind frei von jeglicher Diskriminierung, mit klaren Verfahren zur Beschwerde und Behandlung von Unstimmigkeiten. Um fair zu sein, muss man gerecht sein.*
>
> *Die beiden weiteren Dimensionen des Modells berücksichtigen die Beziehungen am Arbeitsplatz zwischen Mitarbeitern und ihrer Arbeitstätigkeit sowie dem Unternehmen bzw. der Organisation (***Stolz***) und zwischen Mitarbeitern untereinander (***Teamorientierung***).*

Das alles erfordert in vielen Unternehmen einen Umdenkungsprozess. Nur eine Unternehmensphilosophie, die auf dem langfristig angelegten Stakeholder-Value Ansatz basiert, die den Mitarbeiter als Wertschöpfungspotential betrachtet und behandelt, kann diese Aktionsfelder erfolgreich bearbeiten. Ein Shareholder-Value Denken, in dem der Mitarbeiter eher als Kostenfaktor angesehen wird, bietet keinen geeigneten Nährboden für erfolgreiches Employer Branding.

---

[7] **Das Great Place to Work® Institute, Inc.** ist ein Forschungs- und Beratungsunternehmen mit Stammsitz in den USA und internationalen Partnerbüros weltweit. Das Great Place to Work® Institute Deutschland bietet alle Great Place to Work® Dienstleistungen in Deutschland an.

2.5 Aufgabenträger des Employer Branding

Aufgabenträger des Employer Branding ist in erster Linie der Personalbereich. In der Praxis hat sich die Personalarbeit von der reinen Personalverwaltung über verschiedene Stufen hin zum strategischen Personalmanagement entwickelt.

2.5.1 Die Entwicklungsstufen des Personalmanagements

Unabhängig von den im Folgenden genannten Jahreszahlen für die einzelnen Entwicklungsstufen muss festgehalten werden, dass auch heute noch in all diesen Entwicklungsstufen Unternehmen anzutreffen sind. Auch ist verschiedentlich festzustellen, dass es zeitgleich verschiedene Entwicklungsstufen – strukturell und personell – in ein und derselben Organisation gibt. Für jeden, der sich mit Employer Branding beschäftigt, ist es daher wichtig zu wissen, wo er die jeweilige Organisation und die für die Führung verantwortlichen Menschen abholt.

Nach dem Zweiten Weltkrieg begann die Bundesrepublik sogleich mit dem Wiederaufbau der traditionellen Industriezweige. Hierfür wurden viele Arbeitskräfte benötigt, wobei man sich den Flüchtlingsstrom aus den ehemaligen Ostgebieten und der DDR zunutze machte. Der Flüchtlingsstrom ließ aber bereits Mitte der 1950er Jahre nach und kam mit dem Mauerbau fast vollständig zum Erliegen. In Folge dieser Entwicklung trat eine Arbeitskräfteverknappung auf. Als erste Gegenmaßnahme zog man junge Arbeitskräfte aus der Landwirtschaft ab, um sie in der Industrie einzusetzen. Mitte der fünfziger Jahre war der Fehlbedarf im Landwirtschaftssektor dann schließlich so groß, dass der Bauernverband Baden-Württemberg die vorübergehende Beschäftigung italienischer Landarbeiter forderte.

Ursachen für diese Entwicklung waren die Veränderung der Altersstruktur seit dem Zweiten Weltkrieg So stieg der Anteil 65-jähriger kontinuierlich, und der Anteil der Personen im erwerbsfähigen Alter sank. Zudem verzögerte sich der Eintritt ins Arbeitsleben durch verlängerte Ausbildungszeiten. Ein weiterer Entzug von leistungsfähigen Arbeitskräften erfolgte durch die Aufstellung der Bundeswehr. Dies alles und die anhaltende Hochkonjunktur sorgten dafür, dass gegen Ende der 50er Jahre die Zahl der offenen Stellen die der Arbeitslosen überstieg. Im Folgenden werden die Entwicklungsphasen dargestellt:

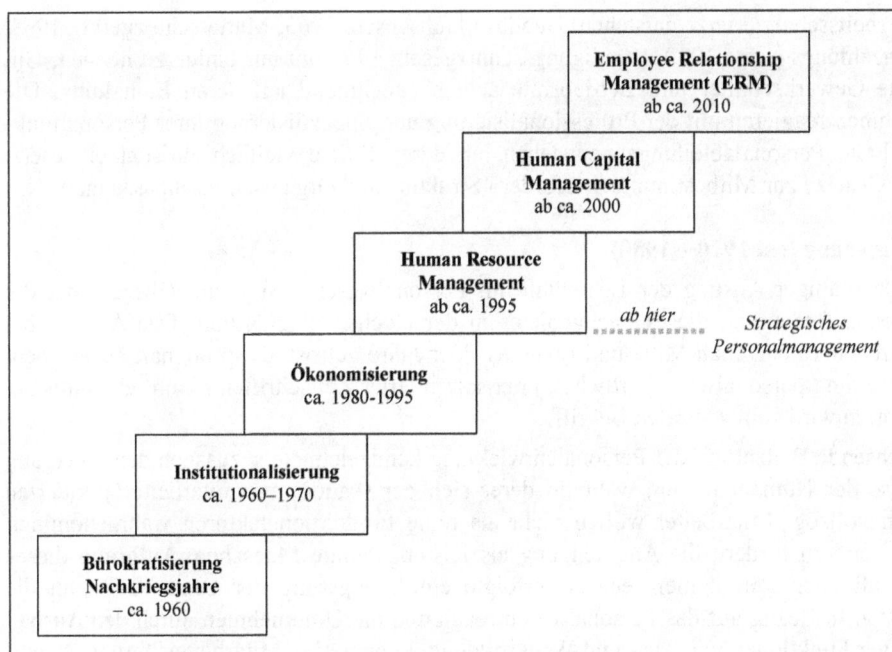

Abb. 2.5: Entwicklungsstufen der Personalarbeit

Bürokratisierung (bis ca. 1960)

In der Phase der Bürokratisierung stand die administrative Funktion, d.h. die Verwaltung des Produktionsfaktors Arbeit im Vordergrund. Zu dieser gehörten die Führung der Personalakten, sowie die Lohn- und Gehaltsabrechnung, die Personalstatistik und die Personaleinsatzplanung. Als *historische Abteilung* wurde die Personalfunktion meist der Buchhaltung angehängt. Arbeitsfähige Menschen nahmen jede Arbeit an und fragten nicht lange nach der Entlohnung und den Bedingungen. Im Vordergrund stand die Existenzsicherung. Der Arbeitnehmer war ein jederzeit austauschbarer Produktionsfaktor. Seine Bezahlung erfolgte oft täglich in bar nach Anzahl der geleisteten Stunden.

Die Menschen hatten seit vielen Jahren ein Obrigkeitsdenken entwickelt. Dies zeigte sich auf Seiten der Arbeitnehmer durch ein hohes Maß an Devotion und bei den Vorgesetzten an einer militärisch-autoritären Führung. Anweisungen wurden erteilt und von den Untergebenen kritik- und widerstandslos angenommen und ausgeführt.

Institutionalisierung (ca. 1960 – 1970)

Zu Beginn der 1960er Jahre setzte mit einer Anpassung des Personals an organisatorische Anforderungen der Prozess der Institutionalisierung ein. An der Universität Mannheim entstand 1961 der erste Lehrstuhl in Deutschland im Personalwesen (Professur für Personalwesen und Arbeitswissenschaft an A. Marx). Erste personalwirtschaftliche Literatur war die logische Folge. Personalwirtschaftslehre wurde Teil der speziellen BWL.

In der Industrie mehrte sich die Automatisierung von Arbeitsabläufen, das Qualitätsdenken entstand und erhielt zunehmend Bedeutung. Man spricht erstmals vom Preis-/ Leistungsverhältnis. Die Zeiten, in denen alles was produziert wird auch gekauft wird, sind vorbei. Zahlreiche Arbeitsschutzgesetze entstehen: Bundesurlaubsgesetz 1963, Mutterschutzgesetz 1968, Lohnfortzahlungsgesetz 1969, Kündigungsschutzgesetz 1969 um nur einige zu nennen. Gut geschulte Gewerkschafter und Betriebsräte achten zunehmend auf deren Einhaltung. Die Unternehmen reagieren mit der Professionalisierung und Spezialisierung ihrer Personalfunktionen. Erste Personalabteilungen entstehen, an deren Spitze vielfach Juristen eingesetzt werden. Gesetze zur Mitbestimmung erfordern Struktur- und Organisationsanpassungen.

Humanisierung (ca. 1970 – 1980)

Ein zahlenmäßiger Anstieg der Lehrstühle im Personalwesen von 1 auf 4 bezeichnet die zunehmende Bedeutung dieses Fachgebietes in der Hochschullandschaft. Den Anstieg bei den Lehrbüchern darf man Mitte und Ende der 70er Jahre getrost als sprunghaft bezeichnen, die Verbreitung personalwirtschaftlicher, praxisorientierter Zeitschriften nimmt ebenfalls zu. Partizipation wird zum zentralen Begriff.

Die wachsende Bedeutung der Personalentwicklung kennzeichnete sozusagen den Übergang zur Phase der Humanisierung, während derer sich der Wandel zur mitarbeiterorientierten Funktion vollzog. Mitarbeiter wollen nicht als reine Produktionsfaktoren wahrgenommen werden, sondern fordern die Anerkennung als leistungsfähige Menschen. Aufgrund dieses gesellschaftlichen Paradigmenwechsels erfolgte eine Anpassung der Organisation an die Mitarbeiter. In Bezug auf das Personalwesen reagierten die Unternehmen durch den Ausbau qualitativer Funktionen wie Aus- und Weiterbildung, kooperative Mitarbeiterführung, Personalbetreuung, Humanisierung des Arbeitsumfeldes und der Arbeitszeit sowie Organisations- und Personalentwicklung. Des Weiteren erhielten Arbeitnehmervertretungen durch das Betriebsverfassungsgesetz von 1972 verstärkte Bedeutung. Der autokratische Führungsstil führt zunehmend zu Auseinandersetzungen im Betrieb und zu einem Umdenkungsprozess bei den Führungskräften. Motivation wird zur großen Kunst erkoren und ist Inhalt zahlloser Entwicklungsmaßnahmen. Vielfach lösen in dieser Phase Psychologen die Juristen an der Spitze von Personalabteilungen ab. Das Betriebliche Vorschlagswesen darf in keinem modernen Unternehmen fehlen und wird zum wichtigsten Partizipationsinstrument.

In vielen Unternehmen will man mit der Zeit gehen und implementiert Instrumente und Methoden, ohne die Organisation, insbesondere die in ihr tätigen Menschen, sorgsam auf die Veränderungen vorzubereiten.

Ökonomisierung (ca. 1980 – 1990)

Die Stufe der Ökonomisierung wurde vor allem durch den verschärften Wettbewerb weltweit geprägt.

Im Jahr 1982 gibt es bereits 28 Lehrstühle für Personalwesen. Didaktisch erfolgt an den Hochschulen eine pragmatische Orientierung des Faches auf Basis der verhaltenswissenschaftlichen Teiltheorien Motivation und Führung. Praktiker kritisieren die Ökonomiearmut der Lehre. Die sich ändernden Rahmenbedingungen in der Wirtschaft verlangen Prozessoptimierung und Rationalisierung. Entscheidungen werden vor allem unter Wirtschaftlichkeitsaspekten getroffen. Kommunikation, Betreuung, Förderung und Entwicklung von Mitarbeitern gehen teilweise über in die Fachabteilungen. Der in der Phase der Humanisierung aufkeimende Wertschöpfungsaspekt einer nicht monetären Unternehmensphilosophie und -kultur wird wieder verdrängt.

Als Konsequenz vollzog sich eine allgemeine Verschlankung der Personalabteilungen. Konkret bedeutete dies eine Dezentralisierung und Generalisierung des Personalwesens sowie eine Entbürokratisierung und Rationalisierung der Personalfunktionen. Die Zeiten humanistisch orientierter Personalfunktionen sind vorbei. Aufwendungen für Personalbetreuung und -entwicklung fallen dem Rotstift zum Opfer. Die eben erst aufgenommene Terminologie des Human Resources Management wird von den Personalverantwortlichen auf der einen Seite und den Unternehmensleitungen und den Fachbereichen auf der anderen Seite unterschiedlich interpretiert. Nicht selten fällt das Personalwesen eines Unternehmens in eine Sinnkrise.

Erneut ändern sich die Anforderungsprofile: Gefragt in der Leitung von Personalabteilungen sind nunmehr die Betriebswirte, die Controller.

Intrapreneuring / Strategisierung (seit ca.1990)

In der Hochschulbildung ist eine Entwicklung theoretisch fundierter Ansätze mit explizit ökonomischer Ausrichtung zu erkennen. Das Human Resources Management wird zur Konzeption einer anwendungsorientierten Personalmanagementlehre aufgewertet. Personal wird zur strategisch bedeutsamen Ressource.

Im Zuge des Wandels von Wertvorstellungen rückt bei den arbeitenden Menschen die Work-Life-Balance in den Vordergrund. Die Dualität von Privat- und Arbeitswelt wird nicht mehr gewünscht.

Die Entwicklungen in den zurückliegenden Jahren führten in der Wirtschaft zu einer fortlaufenden Dynamisierung und Flexibilisierung von Organisationen, so dass die Soziologen Lash und Urry (1987) vom *flexiblen Kapitalismus* als einer generellen gesellschaftlichen Entwicklung sprechen. Im Gegensatz zu seinem Vorgänger, dem *organisatorischen Kapitalismus,* befördere das aktuelle Wirtschaftssystem heute nur noch schwach organisierte Systeme. Nach Sennett[8] sind sie durch drei Merkmale charakterisiert:

- Re-Engineering,
- Flexibilisierung aller Arbeitsprozesse und
- Dezentralisierung.

In den zentralen Personalabteilungen größerer Unternehmen und dezentral organisierter Organisationen werden zunehmend nur noch strategische Aufgaben wahrgenommen. Die operative Personalarbeit wird weitgehend an die Fachabteilungen weitergegeben. Das zentrale Personalmanagement wird zum Wertschöpfungscenter. Die Bedeutung des Leistungspotentials und der Motivation des Mitarbeiters im Hinblick auf das Unternehmensergebnis wird also erkannt und das moderne Personalmanagement soll die Mitarbeiter als Mitunternehmer gewinnen, entwickeln und erhalten.

Kaplan und Norton[9] drücken es so aus:

> *Die Investition in das Wissen und die Nutzung der Fähigkeiten eines jeden Mitarbeiters ist ein Schlüssel zum Erfolg des Unternehmens im Informationszeitalter*

Der Begriff des *Human Capital* ist geboren. Hierzu ist in Abschnitt 2.5.3 Näheres beschrieben.

---

[8]   Sennet, R (1998): Corrosion of Character
[9]   Kaplan, R. S., Norton, D. P. (1997): Balanced Scorecard.

Die Personalabteilung wird zunehmend Bestandteil des strategischen Managements, trägt aktiv zum Unternehmenserfolg bei und übernimmt in den notwendigen Change Prozessen eine aktive Schlüsselfunktion und Vorreiterrolle.

Das Konzept der Situativen Führung[10] verlangt vom Vorgesetzten eine multiple Rolle: Methodenkompetenz und Sozialkompetenz nehmen in den Anforderungsprofilen einen immer stärkeren Raum ein; bei der Fachkompetenz werden mit steigender Hierarchiestufe Abstriche gemacht.

2.5.2   Employee Relationship Management (ERM)[11]

Betrachtet man aufmerksam die oben beschriebenen Phasen, kann man feststellen, dass eine sehr ähnliche Entwicklung im Verhältnis der Unternehmen zu ihren Kunden durchgemacht wurde: Zu Zeiten, in denen alles verkauft werden konnte, was produziert wurde, genügte es, die Produkte und Käufer buchhalterisch zu erfassen (*Bürokratisierung*). Zunehmender Wettbewerb verlangte professionelleres Arbeiten und aktives Verkaufen. Entsprechende Abteilungen entstanden (*Institutionalisierung*). Zunehmendes Qualitätsdenken und eine deutlichere Reklamationsfreudigkeit führten zu verstärkten Außendienstaktivitäten und zur Erfordernis der Kundennähe (*Humanisierung*). Vertriebsmitarbeiter, Verkäufer im Außendienst avancierten zu den höchst angesehenen und bezahlten Mitarbeitern im Unternehmen. Sie waren es, die das Geld verdienten. Personalabteilungen hingegen gaben es nur aus. Diese Entwicklung wuchs mit einer Eigendynamik, die sich oft erst viel zu spät als falsch herausstellte.

Ein *Employee Relationship Management* war unter diesen Voraussetzungen noch undenkbar. Aber auch die Verwaltungen erneuerten und professionalisierten sich zusehends: Controller stellten Zahlenberichte, Reports, zusammen, analysierten, verglichen und budgetierten. Nun ging es den wenig kostenorientierten Fach- und Führungskräften an den Kragen. So wurde beispielsweise die Wertschöpfung von Verkausförderungsmassnahmen hinterfragt und analysiert, Parameter für die variablen Einkommensbestandteile zurechtgerückt und die Arbeitsabläufe reorganisiert (*Ökonomisierung*). In dieser Phase entstand das Customer Relationship Management (CRM). In der Folge avancierte der Kunde zum wichtigsten Stakeholder (*Intrapreneuring*) und ein professionelles CRM zum wichtigsten Differenzierungsfaktor im Wettbewerb.

In Zeiten, in denen Unternehmensleitungen die Mitarbeiter zunehmend gerne als *interne Kunden* bezeichnen, muss das Personalmanagement den Blick über den Zaun wagen, um aus der Disziplin CRM zu lernen.

Ein Employee Relationship Management (ERM) ist die logische Konsequenz und kann mehr sein als nur ein Instrument zur Umsetzung der als *Intrapreneuring/Strategisierung* beschriebenen Phase.

Diese Entwicklung eines Selbstverständnisses der Personalabteilung als interner Dienstleister und einer damit einhergehenden Kunden- und Marketingorientierung ist Grundlage für den Aufbau einer Arbeitgebermarke. Zudem gilt es, die Arbeitgebermarke, ausgerichtet auf die

---

[10]   Hersey, P., Blanchard K.H. (1987): Management of organizational behaviour: Utilizing human resources
         Englewood Cliffs N.J.

[11]   Vgl. Stotz, W. (2007): Employee Relationship Management

Zielgruppe *Aktuelle, potentielle und ehemalige Mitarbeiter*, strategisch zu führen und die Attraktivität als Arbeitgeber am Arbeitsmarkt mit der einhergehenden Gewinnung, Förderung und Pflege der Mitarbeiter als Schlüssel zum langfristigen Unternehmenserfolg zu verstehen. Mitarbeiter bedeuten vor dem Hintergrund des demographischen Wandels eine Mischung aus Jung und Alt unterschiedlicher ethnischer Herkunft, bei welcher auf die individuellen Stärken eingegangen werden muss, um die vorhandenen Potentiale an den richtigen Stellen einzubinden und effiziente Teams zu bilden.

So wird bereits an dieser Stelle deutlich, dass der Aufbau einer Employer Brand sich nicht auf die in einer zentralen Personalabteilung angesiedelten HR-Professionals beschränkt. Vielmehr wächst allen Mitarbeitern mit Führungsverantwortung unter dieser Philosophie die Rolle der *keyplayer* innerhalb des Employer Branding zu. Das heißt andererseits aber auch, dass der klassische Vorgesetzte, der hierarchisch legalisierte, durchsetzungsstarke und produktive Macher, in Unternehmen, die sich als Arbeitgebermarke positionieren wollen, ein Auslaufmodell ist.

Die qua Organigramm zugewiesene Autorität funktioniert hierbei nicht mehr. Näheres hierzu ist in Kapitel 8 beschrieben.

2.5.3   Die Zukunft: Human Capital Management – eine qualitativ neue Denkrichtung

Wie bereits dargelegt, spielen in der globalen Wirtschaft materielle Vermögenswerte eine zunehmend geringere Rolle im Vergleich mit dem immateriellen Vermögenswert der *Human Resources*. Der unaufhaltsame Wandel zur Wissensgesellschaft, die abnehmende Halbwertszeit des Wissens, die demographische Entwicklung und die neuesten Erkenntnisse aus der Arbeits- und Organisationspsychologie befördern den Mitarbeiter einerseits zum zentralen Wert des Unternehmens und andererseits zum größten Risikofaktor einer Organisation. Menschen sind die Träger der Kompetenz, des Wissens und der tätigkeitsspezifischen Erfahrung, ohne die kein Unternehmen langfristig am Markt reüssieren kann. Die bilanzierten Vermögenswerte eines Unternehmens können von sich aus keine Wertschöpfung generieren – das ist erst dann möglich, wenn der Mensch eingreift.

Wird der Terminus *Human Capital Management* überhaupt benötigt? Bisher sind wir doch ganz gut ohne ihn ausgekommen. Handelt es sich nicht eher um eine erneute Umbenennung der Begriffe *Personalmanagement* oder *Human Resources Management*?

In der ersten Entwicklungsstufe der Personalarbeit in Deutschland galt es, den Produktionsfaktor Arbeit zu verwalten. Die Erkenntnis, dass sich die Motivation des Mitarbeiters auf seine Leistung auswirkt, führte in den 70er Jahren zu einer Blüte der Führungstechniken. Kooperative Führung war angesagt, bestärkt durch die zunehmende Bedeutung der Arbeitnehmervertretungen (Betriebsverfassungsgesetz 1971) und eine Fülle von Arbeitnehmerschutzgesetzen. Eine erneute Schwerpunktverlagerung in der Personalarbeit brachten die 80er Jahre: Die sich verändernden Rahmenbedingungen in der Wirtschaft verlangten Prozessoptimierung, Rationalisierung und Reduzierung der Personalkosten. Personalarbeit unterlag dem Diktat kurzfristiger Wirtschaftlichkeitsaspekte.

Mit Beginn der 90er Jahre ein erneuter Umdenkungsprozess: Die Bedeutung des Mitarbeiters als strategisch bedeutsame Ressource wird erkannt, das *Human Resources Management* befördert das Personalmanagement zum Wertschöpfungscenter.

In dieser Entwicklungsstufe zeigt sich dann ein Phänomen, das bis dato kaum Beachtung fand: Ab ca. 2007 wandelte sich der Arbeitsmarkt sichtbar in einen „Käufermarkt": Die Nachfrage nach qualifizierten Arbeitskräften übersteigt das Angebot. Die demographische Entwicklung zeigt, dass schon in naher Zukunft aus dem *War for Talents* ein *War for Hands* wird.

Die guten Erfahrungen und die Erfolge mit einem professionellen Human Resources Management auf der einen und der sich abzeichnende verstärkte Druck auf der anderen Seite zeigten überdeutlich, dass der Mitarbeiter als Vermögenswert und Risikofaktor zugleich zunehmend in den Fokus erfolgreichen Wirtschaftens rückt.

Eine neue Denkrichtung in der Rekrutierung und Führung der Mitarbeiter ist gefordert: Der Human Resources-Ansatz betrachtet den Mitarbeiter als Ressource. Ressourcen sind knapp und teuer und ihr Einsatz ist zu reduzieren. Sie werden verbraucht und stellen primär einen Kostenfaktor dar. Dagegen erfährt der Mitarbeiter in der Philosophie des Human Capital Managements (HCM) eine erweiterte Wertschätzung: Der Mensch, als entscheidender Vermögenswert, der an Wert gewinnen kann und der darüber hinaus die anderen Vermögenswerte des Unternehmens nutzt und steuert. Sicher ist es nur noch eine Frage der Zeit, bis das Human Capital eines Unternehmens als Vermögensbestandteil bilanziert werden wird. Derzeit fehlt es noch an plausiblen und einheitlichen Kennziffern und Methoden zur Kapitalisierung.

Wie dargelegt, nimmt einerseits die Bedeutung eines professionellen HCMs mit steigender Tendenz zu. Andererseits steckt das HCM in der Praxis noch in den Kinderschuhen. Es gilt, diese Divergenz zu reduzieren, bzw. auszugleichen. Dies impliziert eine gezielte Aus- und Weiterbildung der Führungskräfte im Unternehmen. Hierzu mehr in Kapitel 8.5 .

Wer sich zum Ziel gesetzt hat, den Wert seines Unternehmens nachhaltig zu steigern, wird dies nur mit den Elementen eines HCMs schaffen.

In diesem Buch gehen wir in Abschnitt 13.2.4 nur kurz auf die Messung des Human Capital ein, da dies ein eigenständiges und sehr komplexes Thema ist. Zudem sorgt es u.E. dafür, dass sich HCM in der Praxis so schwer tut!

3 Empirische Basis des Employer Branding

3.1 Empirische Studien zu Arbeitgeberpräferenzen

Die durch die Konsumentenverhaltensforschung erhaltene hohe Prognosevalidität des realen Entscheidungsverhaltens der Konsumenten führte schließlich auch zu Modellen zum Entscheidungsverhalten von Bewerbern bei der Arbeitgeberwahl. Die empirische Überprüfbarkeit der Präferenz nutzen Experten insbesondere seit Ende der 90er Jahre. So erscheint mittlerweile jedes Jahr eine Vielzahl an Veröffentlichungen von Arbeitgeberstudien, welche Unternehmen aus unterschiedlichen Perspektiven beurteilen.

Die Endresultate der Arbeitgeberstudien werden häufig in Form einer Reihenfolge, eines Rankings, und einer prozentualen Intensität dargestellt. Sie genießen, verstärkt durch die Medien, eine hohe Aufmerksamkeit sowohl von Arbeitnehmern als auch von Arbeitgebern. Für potentielle Arbeitnehmer können sie Einfluss auf die Arbeitgeberwahl haben. Für Arbeitgeber zeigen sie Präferenzen von Arbeitnehmern bezüglich der Unternehmenswahl. Die Instrumente des Personalmarketing können auf die Kommunikation abgestimmt werden.

Arbeitgeberstudien tragen zu Verbesserung des Bekanntheitsgrades, des Images und der Reputation von Unternehmen bei. Sie erleichtern dadurch die Rekrutierung neuer Mitarbeiter. Zudem tragen sie zur Mitarbeitermotivation und -bindung bei, denn eine Auszeichnung bestätigt die Mitarbeiter darin, für den richtigen Arbeitgeber tätig zu sein. Studien zur Arbeitgeberqualität helfen bei der Identifikation von Defiziten im Personalbereich durch den Vergleich mit anderen Unternehmen. Sie sollen generell eine öffentliche Anerkennung der Personalarbeit darstellen. Potentiellen Arbeitnehmern sollen Arbeitgeberstudien Orientierung, Transparenz und Vertrauen geben. Jedoch ist stets kritisch darauf zu achten, um was für eine Arbeitgeberstudie es sich handelt.

Die Arbeitgeberstudien gliedern sich in Studien zur Arbeitgeberqualität und Studien zum Arbeitgeberimage. Im Folgenden werden beide Arten mit konkreten in der Personalarbeit etablierten Studien zur Arbeitgeberwahl vorgestellt. Anschließend erfolgt eine kritische Betrachtung.

3.1.1 Studien zur Arbeitgeberqualität

Bei Studien zur Arbeitgeberqualität wird das *Innere* eines Unternehmens geprüft, d.h. die tatsächliche Qualität des Arbeitgebers. Verschiedene Kriterien werden durch die aktuellen Mitarbeiter sowie ein beauftragtes Institut bewertet. In Deutschland führend ist die Studie *TOP JOB* der compamedia GmbH sowie *Deutschlands beste Arbeitgeber* des Great Place to Work® Institute Deutschland.

Die compamedia GmbH hat sich auf die Organisation von Benchmarkingprojekten für den Mittelstand und den Aufbau mittelständischer Netzwerke spezialisiert. Die Studie TOP JOB wurde im Jahr 2002 ins Leben gerufen. Alljährlich werden hierbei mittelständische Arbeitgeber ermittelt, die herausragende Personalarbeit leisten. Mentor der Studie ist Wolfgang Clement. Für die wissenschaftliche Umsetzung ist Dr. Heike Bruch, seit 2001 Professorin und Direktorin am Institut für Führung und Personalmanagement der Universität St. Gallen, verantwortlich.

Die Auswahl der besten mittelständischen Arbeitgeber erfolgt zum einen durch eine Mitarbeiterbefragung und die Auskunft des Personalleiters zu den Instrumenten ihrer Personalarbeit. Zum anderen durch eine unabhängige Jury, die aus Vertretern der Unternehmenspraxis besteht, und das Benchmarking mit anderen Unternehmen. Die Kategorien der Studie lauten Führung und Vision, Motivation und Dynamik, Kultur und Kommunikation, Mitarbeiterentwicklung und -perspektive, Familienorientierung und Demografie sowie internes Unternehmertum.

Seit 2002 gibt es auch in Deutschland die Suche nach dem besten Arbeitgeber des Great Place to Work® Institutes. Das Konzept der Arbeitgeberstudie, die in 27 Ländern läuft, stammt aus den USA. In Deutschland wird es durch die psychonomics AG vertreten, ein international tätiges Institut für wirtschaftspsychologische Forschung und Beratung im Bereich Markt und Organisation. Jedes Jahr führt das Great Place to Work® Institute Deutschland Wettbewerbe zur Ermittlung ausgezeichneter Arbeitgeber durch: *Deutschlands Beste Arbeitgeber* und *Beste Arbeitgeber im Gesundheitswesen*. Jährlich werden die Rankings der besten Arbeitgeber veröffentlicht. Auf Grundlage der nationalen *Beste Arbeitgeber*-Wettbewerbe in Europa koordiniert das Great Place to Work® Institute Europe einen jährlichen Wettbewerb zur Ermittlung der *100 besten Arbeitgeber in Europa*.

Im Verlauf einer zweistufigen Bewertung begutachten Experten des Institutes die jeweiligen Aussagen und Programme in Sachen Unternehmens- und Führungskultur. Ob und inwieweit diese tatsächlich gelebt werden, wird in einer anonymen Mitarbeiterbefragung, dem Great Place to Work® Trust Index©, evaluiert. Zudem dient das Kultur Audit©, eine Befragung des Managements zu den Maßnahmen, Programmen und Konzepten im Personal- und Führungsbereich, zur Bewertung. Einbezogen werden in die Bewertung auch vom Unternehmen eingereichtes ergänzendes Dokumentationsmaterial sowie Informationen anderer vertrauenswürdiger Quellen, wie zum Beispiel Medienberichte über das Unternehmen. Entscheidend bei der Beurteilung sind Kriterien wie Anerkennung durch den direkten Vorgesetzten, respektvoller Umgang oder faire Bezahlung. Dabei spielt die Größe des Unternehmens keine Rolle.

> *Jedes Unternehmen kann unabhängig von seiner Größe und Branche ein Great Place to Work werden. Jedes Unternehmen schafft dies auf seinem persönlichen Weg. Es gibt nicht DEN Weg.*,

so Frank Hauser, Leiter des Great Place to Work® Institutes Deutschland, auf dem Fachkongress Arbeitgeberattraktivität 2008, München.

3.1.2   Studien zum Arbeitgeberimage

Bei Studien zum Arbeitgeberimage wird die Wahrnehmung eines Unternehmens in der Öffentlichkeit bewertet. Verschiedene Kriterien zum Image vorher definierter Unternehmen werden durch potentielle Mitarbeiter bewertet, von einem Institut ausgewertet und gerankt. Die Studien zum Arbeitgeberimage gliedern sich in summarische und analytische Präferenzstudien. Summarische Präferenzstudien lassen sich nach der Ausprägung der Präferenz und der befragten Personen in zwei Gruppen unterteilen: Absolventenstudien und Young-Professional-Studien.

Absolventenstudien befragen noch nicht auf dem Arbeitsmarkt befindliche, abschlussnahe Studenten. Ziel der Befragungen ist, mehr über die Bewerbungsabsicht zu erfahren und welche Kriterien bei den Absolventen für einen Arbeitgeber ausschlaggebend sind. Nicht nur deutschlandweite, sondern auch europäische Absolventstudien werden in den letzten Jahren immer beliebter. Durch das Erfragen der Kriterien, auf welche Hochschulabgänger Wert legen sowie der Wahlpräferenzen, werden mögliche Wunscharbeitgeber bestimmt. Bei den Ergebnissen zeigen sich fachgruppenspezifische und geschlechtsspezifische Unterschiede. So zeigen sich deutliche Unterschiede zwischen Kaufleuten und Technikern besonders bei der Branchenwahl. Frauen lassen sich im Gegensatz zu Männern eher von dem Unternehmensimage leiten. Des Weiteren unterscheiden sich High Potentials durch deren besondere Wertschätzung der Bekanntheit und der Reputation des Unternehmens.

Zu den Absolventenstudien gehört die jährlich durchgeführte Studie *Absolventenbarometer* des Trendence Instituts für Personalmarketing, welche ca. 6.000 Studenten aus ganz Deutschland befragt. Ebenfalls jährlich wird der *Universum Graduate Survey* von Universum durchgeführt, welcher Studenten von 92 deutschen Universitäten und Fachhochschulen zu ihren präferierten Arbeitgebern befragt.

Young-Professional-Studien befragen dagegen Hochschulabsolventen mit Berufserfahrung zu ihren Präferenzausprägungen. Entsprechende Befragungen geben Auskunft über die Einschätzung der HR-Kompetenz und Attraktivität großer Unternehmen. Darüber hinaus wird auf Besonderheiten und Unterschiede verschiedener Akademikergruppen eingegangen. Zu den Young-Professional-Studien gehört beispielsweise die Studie *HR-Profile*, welche 2003 von der Access AG und der Frankfurter Allgemeinen Zeitung durchgeführt wurde.

Analytische Präferenzstudien betrachten detailliert die Teilnutzenwerte der Beschäftigung bei einem Unternehmen für einen Bewerber. Ziel der Studien ist es, diejenigen personalpolitischen Leistungsmerkmale zu bestimmen, welche für potentielle Arbeitnehmer zu einem maximalen Gesamtnutzenwert, dem Präferenzwert, für ein Stellenangebot führen. Nutzenwerte sind beispielsweise Gehalt, Zusatzleistungen oder Work-Life-Balance. Zwischen dem Präferenz- und dem Nutzenkonstrukt besteht eine enge Verbindung, da der Bewerber bei der Wahl des Arbeitgebers eine Maximierung seines Beschäftigungsnutzens anstrebt. Die Unternehmen, welche diese Leistungen vermutlich am ehesten erfüllen können, erhalten dementsprechend die höchste Priorität.

Es gibt nicht viele Studien, die sich in der Personalforschung speziell mit der Zusammensetzung dieses präferenzwirksamen Gesamtnutzens beschäftigen. Zu den analytischen Präferenzstudien gehört jedoch die Präferenzanalyse nach Eva Grobe des Lehrstuhls Marketingmanagement der HHL Leipzig. Die empirische Basis der Untersuchung bildet eine Online-Befragung von 2.821 Studenten, Absolventen und Young Professionals des Stipendiatennetzwerks e-fellows.net. Die Ergebnisse über die Arbeitgeberpräferenzen zeigen, dass sowohl ein gutes Arbeitsklima als auch herausfordernde Aufgaben, Förderung, Weiterbildung, gute Aufstiegschancen, aber auch das Unternehmensimage und die Work-Life-Balance eine besondere Bedeutung haben. Monetäre Faktoren wie ein hohes Gehalt und Zusatzleistungen rücken dagegen stark in den Hintergrund. Ein weiteres Beispiel für eine analytische Studie ist das Präferenzmatching nach Hinzdorf, Primuth und Erlenkämper. Es basiert auf der Gegenüberstellung von Anforderungsprofilen potentieller Mitarbeiter und von Profilen, welche von Unternehmen angegeben wurden.

3.1.3   Kritische Betrachtung der Arbeitgeberstudien

Aufgrund der zunehmenden Aufmerksamkeit, verstärkt durch die Medien, haben die Arbeitgeberstudien zunehmend an Professionalität gewonnen. Trotz der erläuterten Vorteile, sind sie jedoch dennoch kritisch zu betrachten.

Die verschiedenen Studien weisen aufgrund des unterschiedlichen Erhebungsdesigns auch unterschiedliche Rankings auf. Dadurch können Irritationen beim Vergleich der Ergebnisse bestehen, welche die Glaubwürdigkeit der Studien negativ beeinflussen können.

Die Ergebnisse der Studien werden in Rankings veröffentlicht und können von Unternehmen als Basis für ihre externe Employer Branding Kommunikation genutzt werden. Aufgrund dessen besteht die Gefahr, dass die befragten Mitarbeiter vorab von dem Unternehmen beeinflusst werden. Dies verfälscht die Ergebnisse und macht sie nicht repräsentativ.

Die Präferenzangaben der befragten Absolventen in Studien zum Arbeitgeberimage begründen sich meist nicht auf selbst gesammelten Informationen und Erfahrungen über die gelisteten Unternehmen, sondern sind das Resultat von Vermutungen und einer allgemeinen Präferenz bezüglich des Unternehmens. Diese Präferenz basiert auf der Branche, dem Produkt oder dem Standort des Unternehmens. Somit spiegelt das Rankingergebnis nicht zwangsläufig die Qualität der Personalpolitik oder die erfolgreiche Leistung des Personalmarketings wider. Ein Unternehmen ist nicht automatisch ein guter Arbeitgeber, nur weil viele Absolventen dort gerne arbeiten würden

Die angegebenen Präferenzen in Studien zum Arbeitgeberimage beziehen sich lediglich auf die im Fragebogen angegebenen Unternehmen. Kleine und mittelständische Unternehmen sowie weniger bekannte Unternehmen werden nicht berücksichtigt. Der Arbeitsmarkt wird somit nur bruchstückhaft und nicht repräsentativ abgebildet. Die Nichtteilnahme eines Unternehmens impliziert aber nicht automatisch schlechte Eigenschaften.

Europaweite Studien zum Arbeitgeberimage kommen der Internationalisierung und Globalisierung der Unternehmen entgegen. Jedoch ist zu beachten, dass nicht von einer Europastudie gesprochen werden kann, wenn lediglich ein Bruchteil der europäischen Länder in die Studie integriert werden. Zudem ist die Repräsentativität der länderspezifischen Ergebnisse zu hinterfragen, die in der Summe die Arbeitgeberpräferenzen der europäischen Studenten ergeben. Wie auch bei den nationalen Studien können lediglich die landesweit größten Unternehmen berücksichtigt werden. Ebenfalls beziehen sich die Präferenzen aufgrund der mangelnden Erfahrung, insbesondere wenn das Unternehmen im eigenen Land nicht vertreten ist, eher auf das Unternehmens- oder Produktimage. Bezüglich der analytischen Präferenzstudien ist zu bemerken, dass das Aufwand-Ertrags-Verhältnis nicht gerechtfertigt ist. Es gibt wenige analytische Präferenzstudien, wodurch man sie als Versuch sehen kann, etablierte Marktforschung aus dem Marketing in die Personalarbeit zu übertragen. Jede weitere aufwändige Studie leistet daher einen Beitrag zur Weiterentwicklung und Professionalisierung der Personalmarktforschung. Der Innovationsgedanke geht jedoch meist nicht mit dem erhaltenen Mehrwert der Studienergebnisse einher.

3.2 Die Gallup Loyalitätsstudie

Zielsetzungen des Employer Branding sind einerseits extern, wie die Rekrutierung von geeigneten Mitarbeitern, andererseits intern, d.h. die Loyalität der Mitarbeiter. Daher ist an dieser Stelle auch eine Betrachtung angebracht, wie stark die emotionale Bindung der aktuellen Mitarbeiter an ihren Arbeitgeber einzuschätzen ist. Seit 2001 misst die forschungsbasierte Unternehmensberatung Gallup GmbH die emotionale Bindung von Mitarbeitern an ihren Arbeitgeber.

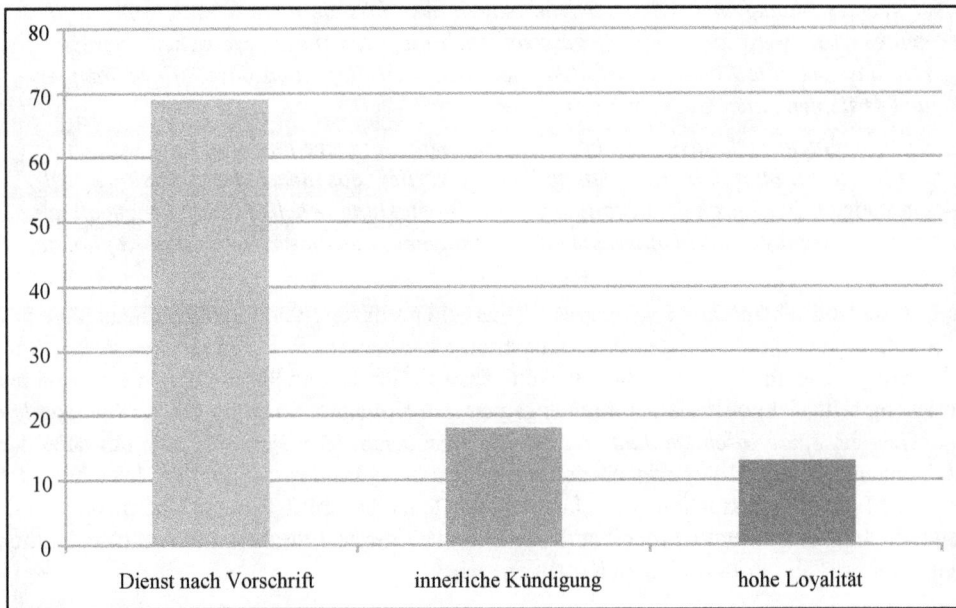

Abb. 3.1:   Die Gallup Loyalitätsstudie

Demzufolge beträgt der Anteil der Mitarbeiter in Deutschland, die eine hohe emotionale Bindung an ihre berufliche Aufgabe und zum Arbeitsumfeld bzw. gegenüber ihrem Arbeitgeber aufweisen nur 13%. Auf konstant niedrigem Niveau fällt die Mitarbeiterloyalität deutlich niedriger aus als im restlichen deutschsprachigen Raum. Weltweiter Spitzenreiter unter den von Gallup untersuchten Ländern sind mit 29% loyaler Mitarbeiter die Vereinigten Staaten von Amerika. Die Studie kommt in den zurückliegenden Jahren immer wieder zu dem erschreckenden Ergebnis, dass in Deutschland durch die im weltweiten Vergleich sehr niedrige Mitarbeiterloyalität ein jährlicher volkswirtschaftlicher Schaden von rund 250 Milliarden Euro zu verzeichnen ist. Das würde annähernd dem gesamten Bundeshaushalt entsprechen. Oder auch gut 10% des Bruttosozialproduktes! Wenn man als Pendant zur volkswirtschaftlichen Größe *Bruttosozialprodukt* einmal die betriebswirtschaftliche Kennzahl *Umsatz* betrachtet, kann man leicht nachvollziehen, welche Manövriermasse im betreffenden Unternehmen brach liegt und erschlossen werden könnte. Hierzu meint Gerald Wood, Geschäftsführer der Gallup GmbH:

Die emotionale Bindung der Arbeitnehmer in Deutschland in ihrem Arbeitsplatz ist immer noch erschreckend niedrig. Betrachtet man die erheblichen negativen Auswirkungen auf die Produktivität der Unternehmen und die hieraus resultierenden wirtschaftlichen Schäden, müssen die Unternehmen endlich reagieren. Aus unserer Forschung sowie unserer Arbeit für eine Vielzahl von Unternehmen wissen wir, dass sich die Produktivität von Unternehmen durch entsprechende Maßnahmen zur Steigerung der emotionalen Mitarbeiterbindung nachweisbar und erheblich verbessern lässt.

Weiterhin heißt es in einer Pressemitteilung von Gallup:

Der wichtigste Grund für das fehlende Engagement derart vieler Mitarbeiter ist schlechtes Management. Arbeitnehmer sagen aus, dass sie nicht wissen, was von ihnen erwartet wird, dass ihre Vorgesetzten sich nicht für sie als Menschen interessieren, dass sie eine Position ausfüllen, die ihnen nicht liegt, und dass ihre Meinungen und Ansichten kaum Gewicht haben.

Noch schlimmer ist, dass Mitarbeiter wahrscheinlich immer unengagierter werden, je länger sie bei ihren Unternehmen bleiben. So verliert das menschliche Kapital – welches eigentlich durch Weiterbildung und Entwicklung wachsen sollte – zu oft an Wert, da Manager und Unternehmen es versäumen, aus dieser Investition Kapital zu schlagen.

In Deutschland fehlen *aktiv unengagierte* Mitarbeiter aufgrund von Krankheit neun Tage pro Jahr, verglichen mit fünf Tagen bei engagierten Mitarbeitern. Bei *aktiv unengagierten* Mitarbeitern ist zudem die Wahrscheinlichkeit, dass sie ihr Unternehmen binnen eines Jahres verlassen, sehr viel höher als bei ihren engagierteren Kollegen. So stimmten der Aussage *Ich beabsichtige, heute in einem Jahr noch bei meiner derzeitigen Firma zu sein* nur 41% der *aktiv unengagierten* Mitarbeiter absolut zu, gegenüber 90% der engagierten. Dies bedeutet höhere Mitarbeiterfluktuation, die Unternehmen teuer bezahlen. Einem Unternehmen mit rund 10.000 Mitarbeitern würden bei dieser Fluktuationsrate zwischen drei und neun Millionen Mark pro Jahr an zusätzlichen Kosten entstehen.

3.3   Markenpolitik im Personalbereich

Eine Auswertung deutscher und angelsächsischer Publikationen zum Employer Branding macht deutlich, dass der derzeitige Forschungsstand bestenfalls als rudimentär bezeichnet werden kann. In der bisher existierenden Literatur finden hauptsächlich praxisorientierte Diskussionen statt. Die Literatur beschränkt sich fast ausschließlich auf Artikel in Fachzeitschriften.

Der Markengedanke wird häufig pauschal und undifferenziert auf den Personalbereich übertragen. Die Eigenschaften von Produktmarken und deren positiven Effekte werden ungeprüft der Marke Arbeitgeber zugeschrieben. Dem komplexen und sensiblen Aufbau der Arbeitgebermarke wird keine eigenständige Bedeutung zugemessen. Eine theoretische Analyse und Fundierung fehlen gänzlich und es sind keine Konzepte sowie modellartige Darstellungen zum Employer Branding vorhanden.

Aufgrund der mangelnden Fundierung kann schnell der Verdacht aufkommen, Employer Branding sei lediglich ein Modewort, mit welchem versucht wird, das bereits etablierte Personalmarketing neu zu benennen. Employer Branding wird auch nach wie vor in der Literatur oft mit Personalmarketing gleich gesetzt. Jedoch zeigen die vorhandenen Ausführungen zur wissenschaftlichen Auseinandersetzung mit der Arbeitgebermarke, dass der Markengedanke für den Bereich Personal definitiv neu entdeckt wurde.

4 Funktionen und Wirkungsbereiche des Employer Branding

Wie die Definition des Employer Branding zeigt, handelt es sich um eine gesamtstrategische Lösung. Grund hierfür: Das Employer Branding wirkt sich nicht nur positiv auf die HR-Wertschöpfungskette aus, sondern hat auch positive Effekte für den Erfolg aller anderen Unternehmensbereiche und führt so auch zu besseren operativen Ergebnissen. Employer Branding zeigt grundlegende Wettbewerbsvorteile sowie positive Effekte, welche zueinander in Wechselwirkung stehen, in einer Vielzahl von Bereichen. Sie lassen sich anhand der Funktionen einer Employer Brand aufzeigen.

Die Diskussion um die Funktionen einer Marke ist nicht neu, sondern lässt sich auf den funktionsorientierten Ansatz nach Koppelmann (1994) zurückführen. Dieser Ansatz beabsichtigt, Markenfunktionen für verschiedene Marktteilnehmer zu bestimmen und zu systematisieren. Idealerweise ergibt das Markenkonzept für alle eine Win-Win-Situation.

Die Marktteilnehmer lassen sich grundsätzlich nach der Perspektive des Betrachters unterscheiden. Übertragen auf die Arbeitgebermarke bedeutet dies, eine Unterscheidung aus Sicht des Arbeitgebers und des Arbeitnehmers.

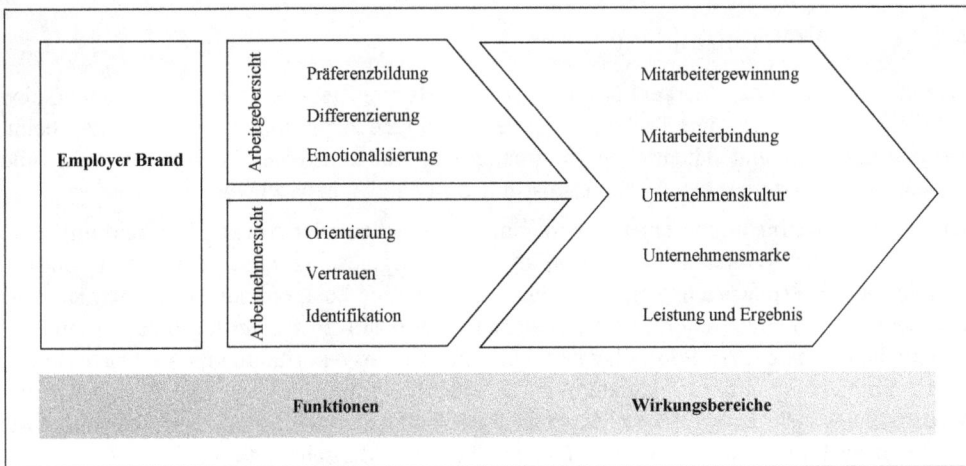

Abb. 4.1:   Funktionen und Wirkungsbereiche der Employer Brand

4.1   Funktionen und Wirkungsbereiche aus Arbeitgebersicht

Auch wenn der Fokus der Markenbetrachtung der Arbeitgebermarke auf der wirkungs- und somit nachfrageorientierten Sichtweise der Arbeitnehmer liegt, kann die Angebotsorientierung nicht ausgegrenzt werden. Es ergeben sich drei Hauptfunktionen, wie im Folgenden dargestellt.

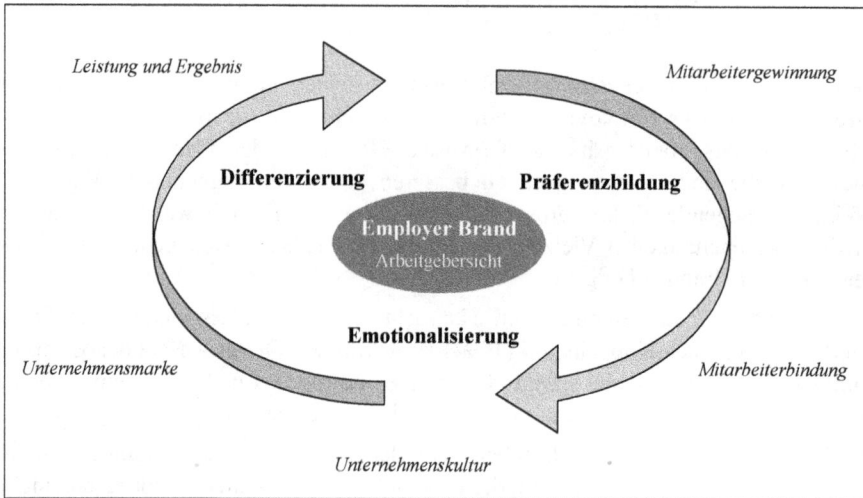

Abb. 4.2:   Funktionen und Wirkungsbereiche aus Arbeitgebersicht

4.1.1   Präferenzbildung

Wie in der allgemeinen Markenkonzeption ist das oberste Ziel des Employer Branding, eine möglichst stark ausgeprägte Präferenz bei der jeweiligen Zielgruppe zu erzielen. Das heißt, bei den aktuellen und potentiellen Mitarbeitern im Rahmen eines komplexen Wahl- und Entscheidungsprozesses der Employer-of-Choice zu bleiben bzw. zu werden.

Die positive Wahrnehmung eines Unternehmens als potentieller Arbeitgeber wird mit Hilfe von umfassenden Maßnahmen zum Employer Branding gesteigert. Schon lange vor der tatsächlichen Arbeitsplatzsuche kommt es durch eine richtige Positionierung des Unternehmens und deren Kommunikation auf dem Arbeitsmarkt zu positiven Berührungspunkten mit dem potentiellen Mitarbeiter. Beispielsweise bei Informationsveranstaltungen in Hochschulen, durch Empfehlung eines Bekannten, durch eine Imageanzeige oder die Unternehmens-Website. Dies zieht eine größere Masse an Bewerbungen nach sich, steigert aber durch die Präferenz auch die Bewerberqualität. Es bewerben sich Menschen, die von ihrer Persönlichkeit und ihren Wertvorstellungen zum Unternehmen passen. Es wird daher von den *Besten unter den Passenden* gesprochen. Das wird auch durch die Bezeichnung *professional and cultural fit* zum Ausdruck gebracht.

Die Mitarbeiter, die das Unternehmen bei ihrer Wahl präferierten, werden motivierter und damit leistungsbereiter sein, insofern ihre erweckten Erwartungen und Vorstellungen erfüllt werden. Zudem verhindert das Aufrechterhalten der Präferenz beim Mitarbeiter ein Abwandern zu einem anderen Unternehmen. Es ist zu beachten, dass das Markenversprechen, welches gegeben wird, stets nach innen sowie nach außen zu halten ist. Die Werte, die über das Versprechen emotional aufgebaut und kommuniziert werden, müssen realisierbar und glaubwürdig sein. Es muss das gelebt werden, was versprochen und damit erwartet wird, das heißt: es muss authentisch sein. Ein Markenversprechen wirkt, selbst wenn es nur einmal gebrochen wird, als negativer Multiplikator. Damit werden Maßnahmen zum Employer Branding konterkariert.

Im Rahmen der Rekrutierung und der langfristigen Entgeltentwicklung zieht eine starke Arbeitgebermarke Kosteneinsparungsmöglichkeiten mit sich. Einerseits bewirbt sich bei einem attraktiven Arbeitgeber eine größere Anzahl an qualifizierten Fach- und Führungskräften andererseits suchen diese Arbeitnehmer nicht ausschließlich Einkommensverbesserungen an ihrem neuen Arbeitsplatz. So kann auch das Risiko teurer Fehlbesetzungen reduziert und die Effizienz im operativen Recruitingprozess gesteigert werden, was den mit der Personalbeschaffung verbundenen Aufwand deutlich senken kann.

4.1.2   Differenzierung

Die Funktion der Arbeitgebermarke zur Präferenzbildung bei aktuellen und potentiellen Mitarbeitern impliziert zwangsläufig eine weitere Funktion, nämlich die Differenzierung der Arbeitgebermarke gegenüber derer von Konkurrenten. Sie verbessert bzw. sichert die Wettbewerbsposition des Unternehmens. Nur die Unternehmen, die sich aus der Masse von anderen Unternehmen abheben, werden für die aktuellen und potentiellen Mitarbeiter attraktiv sein und bleiben. Ziel der Arbeitgebermarkenpolitik ist das Erreichen einer Monopolstellung in den Köpfen der Zielgruppe, das heißt zum Employer-of-Choice zu werden. Nur durch dieses Erreichen können sich weitere Auswirkungen der starken Arbeitgebermarke zeigen.

4.1.3   Emotionalisierung

In der Markenpolitik ist es gängig, sich über die emotionale Variante vom homogenen Angebot abzuheben Sie gleicht den Mangel an kognitiv-rationalem Differenzierungsvermögen bei homogenen Qualitäten aus. Laut Prof. Dr. Manfred Kirchgeorg, Inhaber der Lehrstuhls für Marketingmanagement an der HHL Leipzig Graduate School, auf dem Employer Branding Kongress 2007, ist die Arbeitgeberwahl viel öfter eine emotionale Entscheidung als gedacht und zugegeben. So macht eine Employer Brand durch ihre Emotionalisierung potentielle Mitarbeiter auf sich aufmerksam und unterstützt sie bei der Arbeitgeberwahl.

Eine emotional geladene Marke führt bei aktuellen Mitarbeitern zum Aufrechterhalten der Markentreue. Dies steigert die Identifikation der Mitarbeiter mit dem Unternehmen und ihre Loyalität. Durch geeignete Maßnahmen, welche an der Arbeitgebermarke ausgerichtet sind, wird die Mitarbeiterzufriedenheit gesteigert. Es entsteht eine freiwillige Mitverantwortung seitens der Mitarbeiter. Letztendlich werden die Qualität der Arbeitsergebnisse und die Effizienz erheblich erhöht. Die motivationsbedingte Fluktuation sowie die Anfälligkeiten gegenüber Maßnahmen des Abwerbens durch die Konkurrenz werden reduziert. Die wichtigen Faktoren Know-how, Erfahrung und Innovationskraft bleiben dem Unternehmen erhalten.

Besonders vor dem Hintergrund der Studienergebnisse der Unternehmensberatung Gallup GmbH, welche seit 2001 die emotionale Bindung von Mitarbeitern misst, kommt diesen Maßnahmen eine besonders hohe Bedeutung zu. Wie die Jahre zuvor, lag auch im Jahr 2008 der Anteil der emotional gebundenen Mitarbeiter gegenüber ihrer beruflichen Aufgabe und dem Arbeitsumfeld bzw. gegenüber ihrem Arbeitgeber in Deutschland bei lediglich 13%. Grund dafür ist oftmals eine Führungskultur, welche nicht die Bedürfnisse und Wertvorstellungen der Mitarbeiter berücksichtigt.

Aufgrund der durch Employer Branding erzielten höheren Identifikation der Mitarbeiter mit dem Unternehmen wirkt es auch als ein interner kultureller Faktor. Durch eine an der Arbeitgebermarke ausgerichtete *Kultivierung* der vorhandenen Unternehmenskultur (Corporate Culture) sollen ein transparenter Führungsstil, ein verbessertes Arbeitsklima und eine effizientere innere Kommunikation generiert werden. Vor allem in Veränderungsprozessen zeigt sich, dass Employer Branding als zusammenhaltendes und vertrauensstiftendes Element wirkt. Auch hierdurch werden der Krankenstand und die Fehlzeiten gesenkt.

Employer Branding sorgt für eine Bekanntheitserhöhung der Unternehmensmarke (Corporate Branding) und verbessert somit das Unternehmensimage. Die Mitarbeiter werden zu Botschaftern der Marke, denn ihr Verhalten lässt das Markenimage des Unternehmens sowie seiner Produkte und Leistungen für andere Zielgruppen erlebbar machen. So strahlt es in alle Aktionsfelder des Unternehmens ab. Der Unternehmenswert wird nachhaltig gesteigert.

4.2   Funktionen und Wirkungsbereiche aus Arbeitnehmersicht

Den Ausführungen zu den Funktionen und Wirkungsbereichen der Employer Brand aus Arbeitgebersicht ist zu entnehmen, dass die Marke ein vom Anbieter geschaffenes Konstrukt ist, welches als Ziel hauptsächlich die Verwirklichung dessen Interessen verfolgt. Um diese Interessen zu verwirklichen, muss jedoch verstanden werden, wie sich die Interessen aus Arbeitnehmersicht gestalten. Es ergeben sich drei Hauptfunktionen, wie im Folgenden dargestellt.

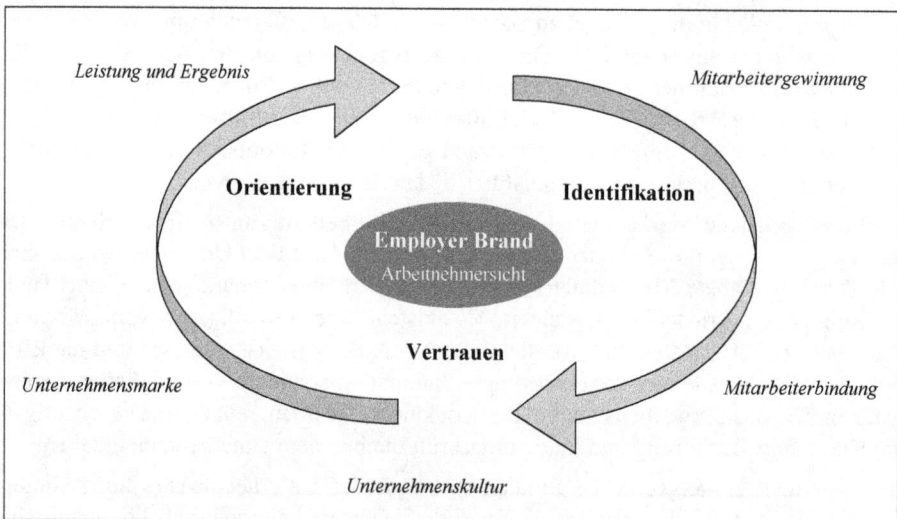

Abb. 4.3:   Funktionen und Wirkungsbereiche aus Arbeitnehmersicht

4.2.1 Orientierung

Eine starke Arbeitgebermarke verschafft potentiellen Mitarbeitern Orientierung bei der Arbeitgeberwahl. Der Such- und Auswahlprozess gestaltet sich als schwierig durch Informationsasymmetrien und Intransparenz auf dem Arbeitgebermarkt. Ein potentieller Mitarbeiter wird mit einer Informationsvielfalt seitens zahlreicher Unternehmen konfrontiert. Das menschliche Gehirn ist jedoch aus verhaltenstheoretischer Sicht grundsätzlich nur zur Aufnahme einer bestimmten Menge an Informationen fähig. Eine Marke dient hierbei als Informationsträger einer Schlüsselbotschaft. Das heißt, sie bündelt emotionale und funktionale Informationen und vereinfacht somit den Entscheidungsprozess. Der Name des Unternehmens signalisiert als so genanntes *Information Chunk* bestimmte Anforderungskriterien und führt zu Assoziationen beim Bewerber. Sie zeigt dem Bewerber ebenfalls, ob sein über die Fachkompetenz hinausgehendes Profil zu dem Arbeitgeberprofil passt. Der Mitarbeiter weiß aufgrund dessen vor Antritt seiner neuen Arbeit bereits, wie das Unternehmen tickt, das heißt wo die Wertvorstellungen des Unternehmens liegen und welche Unternehmenskultur gelebt wird. Er kann sich schnell integrieren, wird sich wohl fühlen und wird leistungsbereit sein.

4.2.2 Vertrauen

Den meisten Bewerbern fehlen Informationen und Erfahrungen über Unternehmen als potentiellen Arbeitgeber. Die Arbeitgeberwahl ist eine langfristige Entscheidung und für das Leben eines Menschen bedeutsam. Deshalb sollte sie auf einer möglichst transparenten und umfassenden Entscheidungsgrundlage basieren. Jedoch lassen sich die tatsächlichen Gegebenheiten im Unternehmen erst nach einer gewissen Zeit feststellen, worin das Risiko der Entscheidung liegt. Für Personen mit früheren schlechten Erfahrungen bei der Arbeitgeberwahl liegt die Barriere noch höher. Eine frühzeitige Trennung vom Arbeitgeber hinterlässt Fragen im Lebenslauf, welche bei einer Bewerbung bei einem neuen Unternehmen negativ interpretiert werden können. Insofern dient eine starke Arbeitgebermarke einer Risikominimierung bei der Auswahl des *richtigen* Arbeitgebers. Davon ausgehend, dass die Arbeitgebermarke ein einzuhaltendes Werteversprechen darstellt und einen Kontext signalisiert, der die intrinsische Motivation stützt, vertraut der potentielle Mitarbeiter hierauf. Aufgrund dieses Vertrauens in die Qualität des Arbeitgebers nimmt die Arbeitgebermarke auch eine Qualitätsfunktion ein. Dieses Versprechen begleitet fortwährend auch aktuelle Mitarbeiter. Nur wenn ein Mitarbeiter dem Arbeitgeber vertraut, wird er sich wohl fühlen und zufrieden sein, das heißt loyal sein.

4.2.3 Identifikation

Die Arbeitgeberwahl ist, wie beschrieben, nicht nur abhängig von objektiven Unternehmens- und Arbeitsplatzfaktoren, sondern wird in einem hohen Maße von einer emotionalen Komponente beeinflusst. Insofern kommt dem Identifikationspotential mit dem Arbeitgeber eine besondere Rolle zu. Die Wertvorstellungen des Unternehmens werden über die Arbeitgebermarke vermittelt. Wenn sich der potentielle Mitarbeiter mit denselben Attributen beschreiben kann wie das Unternehmen, also sich mit der Unternehmenskultur und den Wertvorstellungen identifizieren kann, wird er auf das Unternehmen aufmerksam werden und sich bei ihm bewerben. Nur wenn ein Mitarbeiter sich mit dem Arbeitgeber identifiziert, wird er sich wohl fühlen und zufrieden sein, das heißt loyal sein. Die Identifikationsfunktion der Employer

Brand wirkt somit zum einen hinsichtlich des Bewerberprofils selektiv und zum anderen loyalitätsfördernd.

Bestätigt sich nach Arbeitsaufnahme die getroffene Arbeitgeberwahl erzielt die Arbeitgebermarke eine verstärkte Bindung zu dem Unternehmen. Durch die Aufrechterhaltung der Markentreue, ein weiteres Ziel, werden die Identifikation der Mitarbeiter mit dem Unternehmen und ihre Markenloyalität gesteigert. Wenn die Wünsche und Erwartungen des Arbeitnehmers im Unternehmen erfüllt werden, erweist sich die Wahl des Arbeitgebers dauerhaft als richtig getroffene Entscheidung. Die Arbeitnehmer werden als Botschafter des Unternehmens von ihrem Employer-of-Choice Anderen erzählen und ihn weiterempfehlen.

Nach außen hin generiert die Arbeitgebermarke dem Arbeitnehmer ebenfalls gewisse Wirkungen. Sie ermöglicht eine Art Selbstdarstellung des Mitarbeiters in seinem sozialen Umfeld. Das Image der Arbeitgebermarke wird dazu verwendet, selbst ein gewisses Image und Prestige bei Freunden oder Bekannten aufzubauen. Ihr kommt damit eine Demonstrations- und Prestigefunktion zu.

4.3   Erfolgskritische Faktoren

Trotz der positiven Wirkungen birgt das Employer Branding auch nicht zu vernachlässigende Risiken. Vor allen Dingen, wenn Fehler bei der Entwicklung und Verankerung der Arbeitgebermarke begangen werden.

Die Implementierung einer Employer Brand geht nicht von heute auf morgen. Dieser Prozess verlangt die Bereitstellung von Zeit und finanziellen Ressourcen. Weiterhin unterliegt die Implementierungsphase Risiken, die durch die Emotionalität begründet sind und bereits im allgemeinen Marken-Branding zu unerwünschten Ergebnissen führten. Durch die verstärkte Beachtung emotionaler Faktoren soll zu den Zielgruppen eine nachhaltige Beziehung aufgebaut werden. Auf diesem Weg zur Loyalität kann das Employer Branding aus einer anderen Disziplin, dem Customer Relationship Management (CRM) lernen. Näheres hierzu ist in Kapitel 5 beschrieben.

4.3.1   Ressourcen planen

Vor der Implementierung einer Employer Brand entsteht ein nicht zu unterschätzender Zeit- und Kostenaufwand. Die verantwortlichen Mitarbeiter müssen sich zusätzlich Zeit für diese Thematik nehmen. Des Weiteren fallen Kosten im Bereich der Marktforschung an. Ein höherer Etat für Marketing und Kommunikation ist unumgänglich. Weiterhin empfiehlt sich – zumindest in der ersten Phase – die Einbindung eines professionellen externen Projektverantwortlichen. (s. auch 10.3.6)

4.3.2   Austauschbarkeit der Marke

Im Gegensatz zu einer Vertriebsmarke ist die Arbeitgebermarke nicht mit einem Produkt oder einer Dienstleistung verbunden, sondern ist ein Gebilde, welches in den Köpfen der aktuellen, potentiellen und ehemaligen Mitarbeiter entsteht. Es entfällt somit die Möglichkeit, die Arbeitgebermarke bei einem Misserfolg schlichtweg zu erneuern oder auszutauschen. (s. auch 10.3.3)

4.3.3   Authentizität

Die Voraussetzung für den Erfolg einer Arbeitgebermarke ist die Identifikation aller aktuellen und potentiellen Mitarbeiter mit ihr. Dies kann nur erreicht werden, wenn ihre Bedürfnisse und Vorstellungen bei der Markenbildung konkret mit einbezogen werden.

Die Arbeitgebermarke und das Unternehmen werden schnell unglaubwürdig für die Zielgruppen, wenn die Grundsätze und Werte, welche extern und intern über die Marke kommuniziert werden, nicht eingehalten und auch tatsächlich gelebt werden. Dies kann nur geschehen, wenn auch die Unternehmensspitze hinter der Arbeitgebermarke steht und sie lebt. (s. auch 8.5.2)

Um den Erfolg des Employer Branding zu sichern, müssen neben den Symbolen der Arbeitgebermarke auch die Anreizstrukturen entsprechend ausgerichtet sein. Beispielsweise macht ein kooperatives Arbeitsklima nur Sinn, wenn das finanzielle Anreizsystem ebenfalls derart gestaltet ist, dass Einzelkämpfer durch die Entlohnung nicht bevorzugt werden.

4.3.4   Klare Botschaften

Werden über die Arbeitgebermarke klare Botschaften vermittelt, welche Bewerber zu dem Unternehmen passen, zieht eine starke Arbeitgebermarke nur die Bewerber an, die das Unternehmen auch ansprechen möchte. Ansonsten führt die unerwünscht hohe Menge an Bewerbungen zu einem erhöhten Aufwand bei der Bewerberauswahl und somit zu erhöhten Kosten für die Personalauswahl allgemein.

Zusammenfassend ist festzustellen, dass der Ausfall eines einzelnen Elements der Arbeitgebermarke das Gesamtgefüge gefährden kann. Es handelt sich um ein komplexes und eng gekoppeltes System von Symbolen.

5 Der Mitarbeiter als interner Kunde

Den Ausführungen in Kapitel 4 folgend, kann Employer Branding nur dann als zielführende Strategie betrachtet werden, wenn die Interessen von Arbeitgeber und Arbeitnehmer synchronisiert sind und Zielkonflikte vermieden werden. Nicht nur die Gallup-Studie, sondern auch andere Erhebungen zeigen, dass es für Unternehmensleitungen und die Führungskräfte auf allen Ebenen noch erheblichen Nachhol- und Umorientierungsbedarf gibt.

Allzu oft und zu sorglos wird beispielsweise Führungskräften der Grundsatz ins Brevier geschrieben

Wir behandeln unsere Mitarbeiter so, wie wir behandelt werden möchten.

Verspricht diese Definition wirklich Mitarbeiterorientierung? Nein, man macht sich mit dieser Aussage selbst zum Maß der Dinge, nicht aber den Mitarbeiter! Dabei ist es so einfach: Wird im zweiten Halbsatz *wir* durch *sie* ersetzt, stimmt der Fokus. Dann erinnert der Satz nicht mehr an den Angler, der Schokolade als Köder verwendet, weil er selbst keine Würmer mag.

Seit der Erfindung des Toyota-Produktionssystems kennt das japanische Management die Kaizen-Methode. Im Westen hielt Kaizen unter dem Namen Kontinuierlicher Verbesserungsprozess (KVP) in den achtziger Jahren Einzug in die Managementphilosophie und -praxis. Insgesamt gesehen soll Kaizen oder KVP zu einer höheren Identifikation der Mitarbeiter mit dem Unternehmen und dadurch zu einer ständigen Verbesserung der Wettbewerbsposition beitragen. Kaizen erweiterte das Managementvokabular um den Begriff des internen Kunden. Im Gegensatz zum Total Quality Management, bei dem die Prozessorientierung im Vordergrund steht, rückt Kaizen die Mitarbeiterorientierung ins Zentrum des unternehmerischen Handelns. Es wird als ein Bewusstsein verstanden, das von allen Mitarbeitern getragen werden muss und als System, das die Mitarbeiter aller Hierarchiestufen an den Veränderungen im Unternehmen beteiligt.

Nach der Erweiterung des herkömmlichen Kundenbegriffes um den internen Kunden ist in den letzten Jahren verstärkt die Diskussion aufgetreten, wer denn nun oberste Priorität genießt, der interne oder der externe Kunde. Eine interessante Betrachtung in diesem Zusammenhang stellte Branham[12] an: Die Antwort auf die Frage, wer an erster Stelle steht, Kunde oder Mitarbeiter, sieht er als das grundlegende Dilemma der Unternehmensführung an.

Branham argumentiert, dass Unternehmen, die den Kunden immer an erster Stelle sehen, sich hiermit ein Alibi verschaffen, ihre Mitarbeiter im Namen von Kundenservice unzureichend gut zu behandeln. Diese wiederum übertrügen ihre Frustrationen – bewusst oder unbewusst – auf die Kunden. Daher empfiehlt Branham, die Mitarbeiter als Nr. 1 zu behandeln, so dass sie die Bedürfnisse der Kunden erfüllen und übertreffen können.

---

[12] Vgl. Branham, F.L., (2001): Keeping the People Who Keep You in Business

Dieser Argumentation folgen zunehmend Unternehmen aller Größenordnungen: Dem internen Kunden, der in der Summe das Humankapital eines Unternehmens ergibt, wird in einer Welt der austauschbaren Produkte und Dienstleistungen klar die Position Nr. 1 eingeräumt. In zahlreichen Geschäftsberichten nimmt man zu dieser Positionierung eindeutig Stellung.

Der lange Zeit euphorisch gepriesene Shareholder Value-Ansatz verkümmerte leider recht bald zu einer Methode der kurzfristigen Gewinnmaximierung. Aber der langfristige Unternehmenserfolg muss auch die langfristige Erhaltung und Steigerung der Werte im Auge behalten. Unternehmen, die vergessen, dass der Shareholder Value nur eine Komponente des umfassenderen Stakeholder-Value-Ansatzes ist, verfolgen eine wenig Erfolg versprechende Strategie. Die Mehrung des Shareholder Value als Basis für die variablen Einkommensbestandteile der Manager ist nur ein praktisches Ergebnis dieser Fehlentwicklung. Die aktuelle Wirtschafts- und Finanzkrise ist ein Ergebnis der Fehlentwicklung und wird auch in dieser Hinsicht zu einem Umdenkungsprozess führen.

Offensichtlich folgt die Unternehmenspraxis dieser Erkenntnis noch zu wenig oder halbherzig. Traditionelle, antiquierte Strukturen und Führungsmuster halten sich beharrlich in den deutschen Unternehmen. Beleg hierfür ist das bereits erwähnte Ergebnis der Gallup-Loyalitätsstudie.

Vielleicht liegt es daran, dass man noch nicht erkannt hat, wie viel der externe und der interne Kunde gemeinsam haben, und wie viel man demzufolge aus dem Customer Relationship Management für den Aufbau einer Employer Brand lernen kann.

5.1   Lernen vom Customer Relationship Management

Die Chancen eines CRM sind faszinierend vielfältig, wie die jahrzehntelange Erfahrung zeigt. Trotzdem zeigen zu viele Beispiele, dass CRM auch risikoreich sein kann. Glücklicherweise können Unternehmen heute beim Aufbau einer Employer Brand aus den Erkenntnissen des CRM lernen. Es muss niemand mehr Gefahr laufen, Zeit und Geld in ein Projekt zu investieren, das im Vorhinein zum Scheitern verurteilt ist.

Drei Pioniere des CRM, Darrell K. Rigby, Frederick F. Reichheld und Phil Schefter haben im Auftrag von Bain & Company mehr als zehn Jahre intensiver Arbeit in die Beantwortung der Frage *Why do CRM initiatives fail so often?* gesteckt. Sie analysierten hierfür erfolgreiche und erfolglose CRM-Modelle in mehr als 200 Unternehmen unterschiedlicher Branchen und Größen.

Deren Erkenntnissen folgend, ergeben sich auch für die Implementierung einer Employer Brand die nachstehenden Forderungen:

1. Die Entwicklung einer klaren Strategie

Vor allen anderen Aktivitäten steht zunächst die Strategie.

Employer Branding kann nur dann die erwarteten Resultate bringen wenn vorab eine traditionelle, auf die Zielgruppen fokussierte Strategie entwickelt und implementiert wurde. Hierzu gehören eine akkurate Ist-Analyse hinsichtlich der Unternehmenskultur, der gelebten Wertvorstellungen sowie der Stärken und Schwächen als Arbeitgeber. Hieraus entwickelt sich dann die eigentliche Strategie, die sowohl eine klar definierte Zielsetzung als auch zielführende interne und externe Maßnahmen beinhaltet. (s. auch Kap. 10)

2. Interne Veränderungen vor externen Aktivitäten

Ausgehend von den im CRM gemachten Erfahrungen, kann geschlussfolgert werden, dass in dieser Thematik die größten Risiken liegen. So können sich gut gemeinte und ressourcenintensive externe Aktivitäten dann als großer Fallstrick erweisen, wenn die interne Organisation nicht vorher in allen Belangen auf das Projekt Employer Branding eingestellt wurde.

Hierzu gehört die Identifizierung von notwendigen Veränderungen der internen Strukturen, Systeme und Menschen. Zu ungeduldig und zu schnell verzettelt man sich in zahlreichen Aktivitäten, ohne dass Employer Branding von den verantwortlichen Führungskräften als mitarbeiterorientierte Philosophie erkannt und verstanden wird.

In diesem Zusammenhang kamen die CRM-Experten zu der Erkenntnis:

That's like trying to repaint a house without sanding the walls first.

Die erfolgreichsten Unternehmen in ihrer Studie arbeiteten oft mehrere Jahre an der notwendigen Veränderung ihrer Strukturen und Menschen. (s. auch Kap. 11)

Es ist unschwer nachvollziehbar, dass es einem Unternehmen mehr Nachteile als Vorteile bringt, wenn sich ein Bewerber wegen des externen Employer Brands für das Unternehmen interessiert, dieses aber nach seiner Einstellung schon bald wieder wegen seines direkten Vorgesetzten verlässt.

3. Wirkliches Interesse an loyalen Mitarbeitern

In Unternehmen, deren CRM-Aktivitäten nicht zu den erwünschten Resultaten führten, ist festzustellen, dass sie nicht wirklich um Kunden werben, sondern diese eher zum Kaufabschluss drängen. Als *Stalking, not wooing, customers* ging dies in die Liste der elementaren Fehler ein.

Leicht können die hinreichend bekannten und oft gehörten CRM-Forderungen *Höre auf Deinen Kunden* oder *Übertreffe die Erwartungen Deiner Kunden* auf das Employer Branding übertragen werden. Jedoch werden sie zu selten wirklich angewandt. Viele Manager neigen dazu, die vorstehenden Überlegungen zu ignorieren mit der Folge, Beziehungen mit den falschen Kunden zu pflegen oder dem Versuch, mit unzureichenden Methoden Beziehungen zum richtigen Kunden aufzubauen. (s. auch Kap.5)

CRM – egal ob nach innen oder außen – bedingt Manager, die in der Lage sind, ihren Standpunkt, wie ein Unternehmen erfolgreich geführt werden kann, zu verändern, Hierzu gehört Offenheit für die Veränderungen in den Bedürfnissen der Mitarbeiter. In erster Linie, wie diese geführt werden wollen, und die Fähigkeit, den eigenen Führungsstil zu adaptieren. Ansonsten laufen sie Gefahr, das für Erfahrung zu halten, was sie seit vielen Jahren falsch machen.

Die Philosophie des CRM wird in zahlreichen Unternehmen seit Jahren praktiziert. Die daraus entstandene kundenzentrierte Kultur führte zu positiven Erfahrungen und überzeugenden betriebswirtschaftlichen Ergebnissen. Es ist offensichtlich, dass eine Adaption der Philosophie, der Methoden und Instrumente des CRM zu ebensolchen Ergebnissen im Employer Branding führen wird. Employer Branding wird dann funktionieren, wenn es als Basis über eine mitarbeiterzentrierte Unternehmensphilosophie und -kultur verfügen kann. In diesem Kontext nämlich wird verstanden, dass erst über die emotionalen Elemente der Führung, Arbeitnehmer zu loyalen Mitarbeitern entwickelt werden.

In Anlehnung und Erweiterung eines Modells aus dem CRM führt der Weg zur Mitarbeiterloyalität über fünf Stufen, wie in Abbildung 5.1 dargestellt:

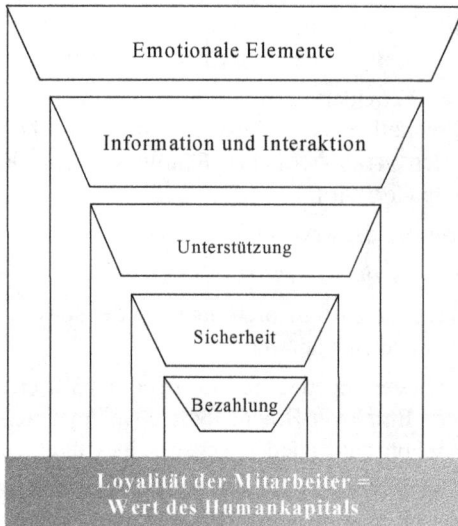

```
            Emotionale Elemente


         Information und Interaktion


              Unterstützung


                Sicherheit


               Bezahlung


         Loyalität der Mitarbeiter =
             Wert des Humankapitals
```

Abb. 5.1:   Wert des Humankapitals

1. Stufe: Bezahlung

Hiermit ist die monetäre Kompensation für die geleistete Arbeit gemeint. Oft tariflich vorge-
schrieben und leicht zu überbieten, stellt sie zu Recht die unterste Stufe dar.

2. Stufe: Sicherheit

Die Sicherheit des Arbeitsplatzes und die Sicherheit, in eine berechenbare Organisation eingebunden zu sein stehen auf der 2. Stufe

3.Stufe: Unterstützung

Neben der Unterstützung bei auftretenden Problemen, ist hierunter die Möglichkeit zur fachlichen und persönlichen Entwicklung zu verstehen.

4. Stufe: Information und Interaktion

Nicht nur eine ausreichende Quantität, sondern ebenfalls ein hohes Maß an Qualität von
Information und Möglichkeiten zur Interaktion mit Kollegen und Vorgesetzten muss in dieser Stufe gewährleistet werden.

5. Stufe: Emotionale Elemente

In erster Linie gehören hierzu die Anerkennung für Leistung und Verhalten. Ihrer Bedeutung
wegen wird diese Stufe in den folgenden Kapiteln immer wieder aufgegriffen und intensiv
betrachtet.

Carl W. Buechner[13] fasste es in einem Satz zusammen:

They may forget what you said, but they will never forget how you made them feel.

Betrachtet man diese fünf Stufen, so ergibt sich im Zusammenhang der Einfluss auf die Loyalität der Mitarbeiter und damit gleichzeitig auf den Wert des Humankapitals, zu dem zweifellos auch der Employer Brand gehört.

In den Kapiteln 10 und 11 werden diese Forderungen erneut aufgegriffen und erläutert, wie ein professionelles Employer Branding implementiert werden kann ohne Gefahr zu laufen, irreparable Fehler zu machen.

5.2   Kundenbindungsprogramme

Wegen der Übertragbarkeit auf das Employer Branding, sei auch noch ein Blick auf die zunehmenden Kundenbindungsprogramme geworfen:

Ob *Frequent-Flyer* Programme oder die zahlreichen Club- und Bonuskarten, alle verfolgen das Ziel, aus Laufkunden Stammkunden zu machen. Nicht selten werden diese Aktivitäten als *Loyalty Programs* angepriesen. Im Standardwerk für erfolgreiches CRM[14] wird über eine Untersuchung berichtet, die alle Protagonisten in Unternehmensleitungen und Marketingabteilungen zum Nachdenken anregen sollte: Mit 83% hat England den höchsten Anteil aller Kunden, die an einem *frequent-shopper loyalty program* teilnehmen. 52% davon sind in zwei oder drei solcher Programme eingebunden. Allerdings ist die Rate der loyalen Kunden in Großbritannien europaweit am niedrigsten: 24% wechseln den Anbieter öfter. Bei der Befragung bezeichneten 40% der britischen Kunden die Programme als nicht wirklich wertvoll. Indessen sieht die Situation im Schweizer Kundenverhalten anders aus: Dort gibt es die niedrigste Teilnahme an Kundenbindungsprogrammen und gleichzeitig die niedrigste Rate an Wechselkunden: Nur 7% suchen sich hin und wieder neue Anbieter.

Barnes kommt zu dem Schluss, dass all diese Programme alleine noch nicht zu wahren, echten Kundenbindungen führen. Sobald der Wettbewerb ein lukrativeres Bonusprogramm anbietet, wechselt der Kunde. Eine gleichgelagerte Untersuchung zum Thema Employer Brand käme zweifellos zu einem sehr ähnlichen Ergebnis. Entscheidend für die Gewinnung von wirklich loyalen *Kunden* ist vielmehr die emotionale Bindung. Dies wurde in den zurückliegenden Kapiteln differenziert dargestellt.

---

[13]   Barnes, J.G.,(2001): The Secrets of Customer Relationship Management, Vorwort
[14]   Barnes, J.G. (2001): The Secrets of Customer Relationship Management, S. 16

6 Differenzierung durch Employer Branding

Es wird immer wieder die Thematik des so genannten *War for Talent* diskutiert. Stellt der Fachkräftemangel ein reales Problem dar? Ist seine Bedeutung überbewertet? Im folgenden Abschnitt wird auf diese Frage näher eingegangen sowie auf den Umschwung des Arbeitsmarktes. Anschließend wird auf die daraus resultierende Bedeutung des Employer Branding durch seine Differenzierungsmöglichkeiten eingegangen.

6.1 War for Talent

Über den Begriff *War for Talent* gibt es geteilte Meinungen. Er wurde 1998 geprägt im Artikel *The War for Talent* im *The McKinsey Quarterly* durch die Herren Chambers, Foulon, Handfield-Jones, Hankin und Michaels. Eine kontroverse Meinung hierzu hat beispielsweise Fredmund Malik:

> *Eine der größten Irreführungen der vergangenen Jahre im Personalwesen wurde durch den großsprecherischen Slogan War for Talent herbeigeführt. Schon das martialische War sollte stutzig machen. Wenn schon vom Krieg gesprochen wird, dann ist es eher ein War for Performance als for Talent, ein Krieg um Leistung.[15]*

Aus der hitzigen Diskussion heraus stellt sich die berechtigte Frage, ob die Propaganda um den War for Talent berechtigt ist, also uns in der Tat die ernsthafte Problematik eines existentiellen Talentwettbewerbs bevorsteht, oder ob er eher überbewertet ist und es eventuell gar ein Thema ist, aus welchem Berater Profit schlagen wollen. Wie kann es sein, dass auf der einen Seite drei bis vier Millionen Menschen in Deutschland keine Tätigkeit finden und die Universitäten voll ausgelastet sind, wenn andererseits ein immenser Mangel an qualifizierten Fach- und Führungskräften propagiert bzw. erwartet wird? Nachfolgende Thesen sollen diese Grundsatzfrage ausleuchten.[16]

6.1.1 Soziodemographischer Wandel

Unter dem Titel *War for Talent* hat die Unternehmensberatung McKinsey Ende der neunziger Jahre ein Szenario beschrieben (s. Abbildung 6.1). Wie die Abbildung über die demographische Entwicklung in ausgewählten Industrienationen in der Altersgruppe der 35- bis 44-Jährigen verdeutlicht, wird sich auch in Deutschland die Zahl der Arbeitskräfte in dieser Altersgruppe von 2005 bis 2020 um 27% verringern. Gerade diese Altersgruppe bietet das größte Potential für die Rekrutierung von leistungsfähigen Führungskräften.

---

[15] Malik, F. (2004): Talent und Potential sind nicht genug.
[16] In Anlehnung an Kirchgeorg, M./Günther, E. (2006): Employer Brands zur Unternehmensprofilierung im Personalmarkt, Eine Analyse der Wahrnehmung von Unternehmensmarken auf der Grundlage einer deutschlandweiten Befragung von High Potentials, Leipzig.

Index

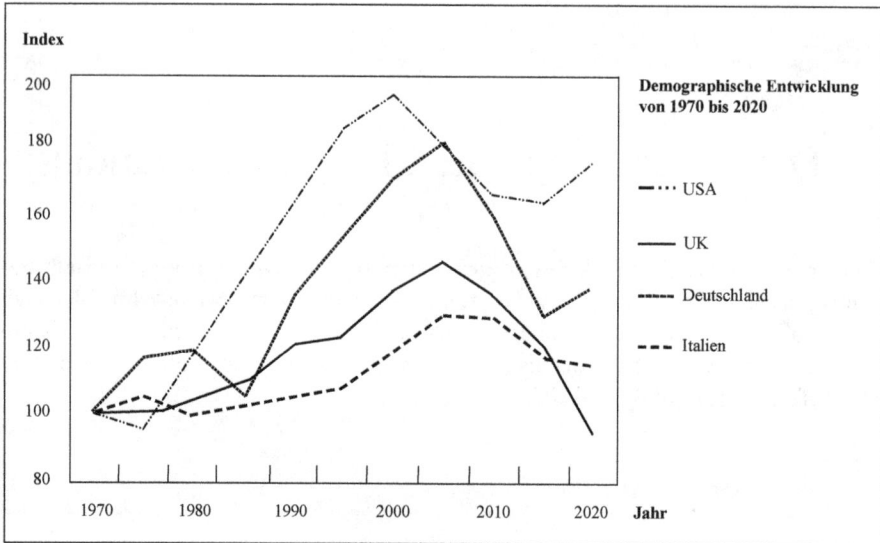

Abb. 6.1:   Demographische Entwicklung in der Altersgruppe 35–44 [17]

Während im Jahr 2000 die Bevölkerung in Deutschland noch 82 Millionen Menschen zählte, so wird sich diese Zahl nach den Berechnungen des Statistischen Bundesamtes bis zum Jahr 2050 auf 70 Millionen Menschen verringern. Dies sind rund 8,5 Millionen Personen (10,13%) weniger als heute. Demographie-Szenarien der Prognos AG sehen den Bevölkerungsbestand im Jahre 2050 ohne Zuwanderung sogar bis auf 60 Millionen Menschen schrumpfen. Die Geburtenrate liegt in Deutschland mit durchschnittlich 1,4 Kindern pro Frau am unteren Ende im internationalen Vergleich. Aufgrund dessen verzeichnet auch die Entwicklung in der Altersgruppe der Schulabgänger in Deutschland, welche bis zum Jahr 2006 noch mit einem Anstieg verzeichnet war, einen starken Rückgang.

Diesen Prognosen liegt die Annahme zugrunde, dass die Lebenserwartung weiterhin steigt, denn bis zum Jahr 2050 werden die altersspezifischen Überlebenswahrscheinlichkeiten schrittweise erhöht, so dass die Lebenserwartung für Frauen und Männer einen Basiswert von 88,0 Jahren bzw. 83,5 Jahren annimmt. Hier wird auch die zweite Dimension im soziodemographischen Wandel Deutschlands ersichtlich: der sich fortsetzenden Prozess der demographischen Alterung, die *Aging Workforce*. Nach den Trendrechnungen des Statistischen Bundesamtes wird der Anteil der unter 20-Jährigen an der Gesamtbevölkerung bis zum Jahr 2050 um rund 5% sinken. Gleichzeitig wird der Anteil der über 60-Jährigen um rund 20% steigen. Im Jahr 2050 sind 50% der Bevölkerung älter als 50 Jahre.

Besonders brisant wird diese soziodemographische Entwicklung vor dem Hintergrund, dass die Mitarbeiterqualifikation in erheblichem Umfang die Unternehmensperformance beeinflusst. Die Abnahme der Bevölkerungszahl bei gleichzeitiger Verlängerung der Lebensdauer bewirkt demnach, dass die Verfügbarkeit von qualifizierten Arbeitnehmern zum Engpassfaktor wird. Angesichts des sich abzeichnenden Engpasses wird ein Wettbewerb um Talente die Arbeitgeber in allen Bereichen betreffen und diese Entwicklung wird sich auch langfristig fortsetzen.

---

[17]   McKinsey&Company (2001)

Die demographische Entwicklung trifft zunächst Unternehmen, die bekannt sind für ihr vergleichsweise geringes Durchschnittsalter der Mitarbeiter, für ihre vergleichsweise niedrigen Entgelte oder auch für ihre wenig attraktiven Arbeitszeiten. Das alles trifft auf die Hotellerie zu. In Kapital 14 sind daher einige Beispiele aus dieser Branche aufgenommen. Hier ist der Leidensdruck bereits so hoch, dass qualifizierte Mitarbeiter händeringend gesucht werden. Aus dem *War for Talents* ist längst ein *War for Hands* geworden. In den Unternehmensleitungen der Branche ist es längst kein Geheimnis mehr: Wer der Entwicklung nicht durch neue, geeignete Strategien begegnet, riskiert, dass Betriebsteile oder ganze Betriebe geschlossen werden müssen. Nicht, weil keine Gäste mehr kommen, sondern weil keine Mitarbeiter mehr da sind, die den Gästen den erwarteten Service bieten.

6.1.2   Entwicklung zu einer Wissensgesellschaft

Die aufgezeigte soziodemographische Entwicklung vollzieht sich in einem Umfeld, welches durch den Umschwung von einer Industrie- in eine Wissensgesellschaft gekennzeichnet ist. Arbeitsintensive Herstellungsprozesse werden, getrieben vom Lohngefälle, mehr und mehr ins kostengünstigere Ausland verlagert. Die internationale Arbeitsteilung mit ihren ökonomischen Vorteilen sowie den länderspezifischen Nachteilen der Freisetzung von Arbeitskräften manifestiert sich mehr und mehr. Somit befinden sich die Wertschöpfungsbereiche der Zukunft verstärkt in wissensintensiven als in arbeitsintensiven Branchen.

Eine solche Wissensgesellschaft bringt es mit sich, dass die Anforderungsprofile der Arbeitnehmer sich verändern. Die so genannten *knowledge worker* erlangen eine besondere Bedeutung. Es handelt sich hierbei um hoch qualifizierte Menschen, welche in wissensintensiven Branchen tätig sind und in hohem Maße persönliche Qualifikation in den Wertschöpfungsprozess einbringen. Aufgrund dessen sind diese Menschen in vielen Ländern sehr begehrt. Das internationale *job hobbing* und *nomadische Arbeitsstile* sowie *Patchwork-Karrieren* werden für diese Arbeitskräfte charakteristisch werden. In diesem Zusammenhang erlangen die Ergebnisse der OECD-Studie *Bildung auf einen Blick* eine besondere Beachtung, weil sie für Deutschland aufgrund der geringen Akademikerquote einen Mangel an hochqualifizierten Arbeitskräften voraussagen. Bereits jetzt sind 50% der deutschen Emigranten unter 35 Jahren alt und der Anteil aller Promovierten liegt zehnmal höher als im Bevölkerungsschnitt.

Diesen Argumenten stehen die folgenden Punkte entgegen:

6.1.3   Produktivitätszuwachs in Managementfunktionen

In den Prognosen zum Fach- und Führungskräftemangel wurde die Thematik des Produktivitätszuwachses bisher nicht ausreichend reflektiert. Die stetige Entwicklung von neuen Arbeits- und Managementtechniken, die fortschreitende Integration der Technologie in Managementfunktionen bis hin zu netzwerkartigen Organisationsformen können zu einer erheblichen Steigerung der Managementeffizienz führen. Hierdurch könnte der Bedarf an qualifizierten Arbeitskräften reduziert werden.

6.1.4   Verlagerung arbeitsintensiver Produktionsprozesse

Wie bei der Entwicklung zu einer Wissensgesellschaft bereits angesprochen, beschleunigen die Globalisierung und das Lohngefälle die Verlagerung von arbeitsintensiven Produktionsaktivitäten in Niedriglohnländer. Damit geht ein geringerer Bedarf an weniger qualifizierten Arbeits- und Führungskräften im Inland einher. Gemessen an der Gesamtzahl der Arbeitskräfte beläuft sich der Arbeitplatzabbau in Deutschland durch Verlagerung von Produktionsaktivitäten ins Ausland jedoch mit weniger als 1% der abgebauten Stellen.

6.1.5   Internationalisierung des Arbeitsmarktes

Die steigende Internationalisierung des Arbeitsmarktes wird vielfach als Lösung für eine Entlastung des länderspezifischen Fach- und Führungskräftemangels angesehen. Eine Migration von qualifizierten Arbeitskräften aus dem Ausland kann einem verringerten inländischen Arbeitskräfteangebot entgegenwirken. Der Arbeitsmarkt wird sich innen- wie außengerichtet weiterhin flexibilisieren. Grundsätzlich zeigt sich in vielen Ländern jedoch gleichermaßen, dass es Schwierigkeiten gibt, qualifizierte Arbeitskräfte zu finden. Eine Untersuchung zeigt in vielen Ländern das gleiche Szenario:

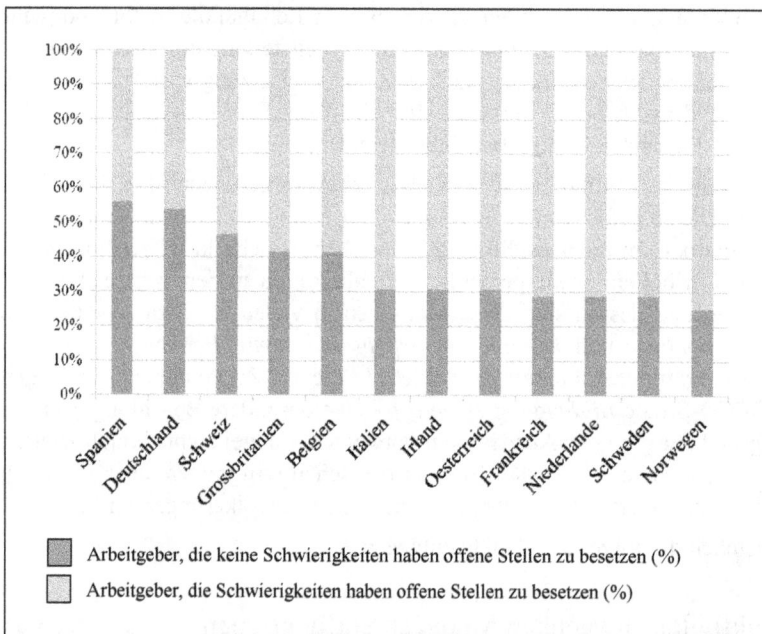

Abb. 6.2:   Besetzung von Arbeitsplätzen mit neuen Mitarbeitern[18]

Es zeichnet sich demnach ab, dass diese Entwicklung zu einem verstärkten Wettbewerb um internationale Fachkräfte und Talente führen wird. Allerdings sind es vor allem qualifizierte deutsche Fach- und Führungskräfte die zunehmend attraktive Angebote im Ausland wahrnehmen. Oft ist das Ausland attraktiver bezüglich Steuern oder Lebenshaltungskosten. Besonders deutlich zeigt sich dies bei deutschen Ingenieuren. Selbst bekannte Arbeitgeber können nicht alle Stellen besetzen und laufen Gefahr, Marktanteile zu verlieren.

---

[18]   Manpower (Hrsg.) (2006): Talent Shortage Survey, Milwaukee, S. 5.

Deswegen wird aktuell in der deutschen Politik diskutiert, attraktivere Bedingungen für ausländische Arbeitnehmer zu schaffen, beispielsweise mit der Einführung einer *Blue Card*, mit welcher ein Zwei-Jahres-Aufenthalt beantragt und problemlos verlängert werden kann. Deutschland sollte die Zuwanderung von hochqualifizierten Fachkräften erleichtern und um sie werben. Indien wirbt beispielsweise mit *Think India, think Innovation* um qualifizierte Fach- und Führungskräfte.

Es ist unter Abwägung der obigen Argumente davon auszugehen, dass die Thematik des War for Talent als reales Problem wahrgenommen werden sollte. Nicht nur vorherig aufgeführte Argumente bestätigen dies. Auch der Lehrstuhl Marketingmanagement der HHL Leipzig geht von diesem Negativtrend aus. Seit 2000 beschäftigt er sich mit Forschungen zum Thema Employer Branding und führt eine Vielzahl an Studien, Workshops und Expertengespräche durch.

6.2 Umschwung in einen Käufermarkt

Die Umfeldbedingungen des Arbeitsmarktes haben sich verändert und werden sich in den nächsten Jahren weiterhin drastisch verändern, wie im vorherigen Punkt dargestellt wurde. Der Arbeitsmarkt für akademischen Nachwuchs verändert sich in Abhängigkeit der konjunkturellen Lage von einem Verkäufer- zu einem Käufermarkt.

Der Arbeitsmarkt hat sich um die Jahre 1999/2000 nach der Konsolidierung der Internetökonomie und der sich abzeichnenden Rezession zu einem Käufermarkt entwickelt. In einer Käufermarktsituation ist die Nachfrage nach qualifizierten Arbeitskräften größer als das Angebot. Es konkurrieren viele Unternehmen um die begehrten und intensiv umworbenen qualifizierten Fach- und Führungskräfte. Das hat zur Folge: Potentielle Mitarbeiter sind einer Informationsüberflutung seitens der werbenden Unternehmen ausgesetzt.

In den Jahren 2001–2004 hat sich der Käufermarkt in einen Verkäufermarkt verwandelt. Unternehmen konnten nun aus einer Vielzahl junger und qualifizierter Hochschulabsolventen wählen. In einer Verkäufermarktsituation ist das Angebot an qualifizierten Arbeitskräften größer als die Nachfrage. Die Umworbenen begeben sich selbst aktiv auf Informationssuche und sind von einer höheren Bereitschaft zur Informationsaufnahme geprägt. Zudem kommunizieren sie aktiv innerhalb der Gruppe ihrer Bekannten, welche sich in einer vergleichbaren Situation befinden und können somit als hochwertige Multiplikatoren für die Markenbotschaft eines Unternehmens dienen.

Seit 2007 zeichnet ist wieder ein Käufermarkt zu erkennen. Der Mangel an qualifizierten Arbeitskräften beginnt sich, wie aufgezeigt, bereits stark abzuzeichnen.

6.3 Relevanz des Employer Branding

Der Erfolg eines Unternehmens resultiert maßgeblich aus der Fähigkeit, die technologischen, wirtschaftlichen, ökologischen und sozialen Herausforderungen der Gegenwart sowie der Zukunft rechtzeitig zu erkennen und zu bewältigen. Die Erkenntnis, dass Mitarbeiter durch ihre Kreativität, Innovations- und Umsetzungskraft hierbei einen zentralen Erfolgsfaktor für ein Unternehmen darstellen, ist seit einigen Jahren in Wissenschaft, aber vor allem der Unternehmenspraxis bestätigt.

Wie bereits dargelegt, wird es in Zukunft immer weniger qualifizierte Mitarbeiter geben. Es wird deutlich, dass Industrienationen zukünftig nicht nur um Rohstoffe im Wettbewerb zueinander stehen, sondern dass qualifizierte Arbeitskräfte zu einem international relevanten Wettbewerbsfaktor werden. Vor allem in Ländern wie Deutschland, die sich als Wissensgesellschaft mit Wertschöpfungsperspektiven in hoch qualifizierten Berufen auseinandersetzen müssen, da sie sich nicht durch natürliche Rohstoffvorkommen oder günstige Lohnniveaus profilieren können, wird der Wettbewerb um Talente große Konsequenzen haben. Es liegt an den Unternehmen, ob sie daraus eine Chance für sich entwickeln.[19]

In der Informationsflut der werbenden Unternehmen in einem Käufermarkt geht die Botschaft eines einzelnen Unternehmens leicht unter. Die Umworbenen schützen sich durch eine Art Informationsfilter. Es erscheint einleuchtend, dass in einer Käufermarktsituation eine profilierte Unternehmensmarke eine wichtige Orientierungsfunktion für potentielle Mitarbeiter bei der Arbeitgeberwahl bildet. (s. Kapitel 4) Ebenso bestärkt sie aktuelle Mitarbeiter in ihrer Arbeitgeberwahl und bindet sie an das Untermnehmen. So wird verhindert, dass sie von der Konkurrenz abgeworben werden. Die Employer Brand stellt somit einen Differenzierungsfaktor im Wettbewerb um die begehrten Arbeitskräfte dar.

Es kommt gerade jetzt, in der erneuten Umschwungphase von einem Verkäufer- in einen Käufermarkt, den Aktivitäten des Employer Brandings eine besondere Bedeutung zu. Die Markenführung einer Employer Brand besitzt unabhängig von der konjunkturellen Situation im Arbeitsmarkt eine hohe Relevanz. Jedoch steigt die Effizienz der Kommunikation, so dass Investitionen in diesen Bereich besonders sinnvoll erscheinen.

Dr. Timo Kracht, Geschäftsführer Kienbaum Executive Consultants GmbH, ist sich sicher, *dass in den kommenden Jahren Unternehmen mit einer starken Arbeitgebermarke und guten Kommunikationskonzepten deutlich bessere Chancen haben, ihren Bedarf zu decken als solche, die sich um ihr Employer Branding nicht kümmern.* Zudem steht für ihn fest, dass diese Entwicklung nicht unter der Rubrik *nice to have* für prosperierende Unternehmen stehen wird, sondern eine notwendige Voraussetzung darstellt.

Die Positionierung einer Arbeitgebermarke in den Köpfen der Zielgruppe erfordert Zeit und zudem Kontinuität im Zeitablauf.[20] Es heißt daher, bereits jetzt entsprechende strategische Maßnahmen im Rahmen eines Employer Branding Konzepts zu entwickeln, um sich auf Fragen wie *Warum soll ich gerade bei ihnen arbeiten?* oder *Was bieten sie mir an Vorteilen gegenüber anderen Arbeitgebern?* in Bewerbungsgesprächen vorzubereiten.[21]

---

[19]   Vgl. Kracht, T. (2007), Globaler „War of Talent", in Arbeit und Arbeitsrecht, Personalprofi, Mai 2007, S. 271.

[20]   Vgl. Meffert, H./Backhaus, K./Becker, J. (2003): Identitätsorientierter Ansatz der Markenführung – eine entscheidungsorientierte Perspektive, o.O., S. 6; Grobe, E. (2003), S. 7.

[21]   Vgl. Frigge, C./Houben, A. (2002): Mit der Corporate Brand zukunftsfähiger werden, in: Harvard Business Manager, Nr. 1, S. 29; Lloyd, S. (2002): Why Employer Branding is Booming, in: BRW (Australische Ausgabe, Melbourne), Vol. 24, No. 10, S. 64–66

7 Diversity Management

Sowohl in national als auch in global operierenden Organisationen werden die Unterschiede zwischen Mitarbeitern mehr und größer. Globalisierung und Europäische Integration führen zu *Multi-Kulti* am Fließband, in derselben Abteilung und zu einer steigenden Anzahl von Projektteams mit multikultureller Besetzung. Ein zunehmendes Konfliktpotential entsteht: Egal ob es sich um unterschiedliche Regionalität, Nationalität, Geschlecht, Alter, sexuelle Ausrichtung, unterschiedlichen Sinn für Humor oder um die momentane familiäre Situation handelt: Menschen wollen nach ihren individuellen Gegebenheiten wahrgenommen und behandelt werden. Das gilt auch für Organisationen, die auf den ersten Blick als scheinbar homogen wahrgenommen werden. Damit verbunden sind spezielle Bedürfnisse, deren Befriedigung auf den Grad der Zufriedenheit wirken. Die individuelle Zufriedenheit ist wiederum ausschlaggebend für die quantitative und qualitative Leistung eines Mitarbeiters und somit für den Erfolg des Unternehmens.

7.1 Was ist Diversity Management?

Durch die zunehmende Internationalisierung von Arbeits- und Absatzmärkten sehen sich die Unternehmen vermehrt mit einer externen Vielfalt konfrontiert, auf die sie flexibel reagieren müssen. Dies fällt homogenen, monokulturell ausgerichteten Organisationen, in denen eine dominante Gruppe die Werte, Normen und Regeln für alle Mitarbeiter bestimmt und die Mehrzahl der Führungspositionen besetzt, zum Teil schwer. Diversity Management zielt darauf ab, die Eigenheiten von Individuen und Gruppen gezielt als strategische Ressource zu nutzen.

Diversity Management bzw. Vielfaltsmanagement (auch Managing Diversity) bezeichnet ein Prinzip der Unternehmensführung, welches die Vielfalt, die Heterogenität bzw. die Unterschiede von Menschen berücksichtigt und in diesen den Schlüssel zum unternehmerischen Erfolg sieht. Diversity Management toleriert nicht nur die individuelle Verschiedenheit der Mitarbeiter, sondern hebt diese im Sinne einer positiven Wertschätzung besonders hervor. Es steht jedoch nicht die Minderheit selbst im Fokus, sondern die Gesamtheit der Mitarbeiter in ihren Unterschieden und Gemeinsamkeiten.

Bei Diversity Management handelt es sich um mehr als nur die Umsetzung von Antidiskriminierungsvorschriften. Es ist ein Gesamtkonzept des Umgangs mit personaler Vielfalt in einem Unternehmen zum Nutzen aller Beteiligten, also auch des Unternehmers. Diversity Management ist damit sehr viel mehr als eine Unternehmenskultur. Anhänger dieses Ansatzes der Unternehmensführung gehen davon aus, dass sich aus den Unterschiedlichkeiten der Beschäftigten ökonomische Vorteile ergeben können, wenn sie richtig gehandhabt werden. Diversity Management ist keine eigenständige Disziplin, denn es liegt diesem Konzept keine geschlossene Theorie zu Grunde.

In der Praxis eines funktionierenden Employer Branding ist Diversity Management integraler Bestandteil der mitarbeiterzentrierten Aktivitäten und gehört zu den Kernaufgaben der Vorgesetzten. Führungskräfte werden über die generelle Mitarbeiterorientierung auch für die Thematik Diversity sensibilisiert und erkennen die Erfordernis, unterschiedliche Mitarbeiter und Mitarbeitergruppen auch unterschiedlich zu führen.

Zukünftig kommt dem Diversity Management zudem vor dem Hintergrund der Verknappung qualifizierter Fach- und Führungskräfte eine hohe Bedeutung zu. Es gilt, Talente vorurteilsfrei zu gewinnen und in das Unternehmen zu integrieren. Vor allem im Fokus stehen Frauen, ältere Mitarbeiter und Menschen mit Migrationshintergrund. Bei den Top 500 der international tätigen Unternehmen zählte die Financial Times Deutschland seinerzeit für die zurückliegenden zehn Jahre zwischen fünf und 15 weibliche Vorstandsvorsitzende. Einige Sozialwissenschaftler sprechen davon, *den Silberschatz in den Unternehmen zu heben*, d.h. ältere Mitarbeiter zu reintegrieren und ihr Wissen stärker zu nutzen. Skandinavische Länder wie Dänemark und Schweden haben eine sehr viel höhere Beschäftigungs- und Einstellungsquote älterer Mitarbeiter als Deutschland. Seit kurzem gibt es jedoch die Initiative *Alter schafft Neues*[22] des Bundesministeriums für Familie, Senioren, Frauen und Jugend, welche im Rahmen von drei Projekten (*Aktiv im Alter, Wirtschaftsfaktor Alter, Freiwilligendienste aller Generationen*) die Potentiale der Generation 50+ heben und systematisch fördern will.

In Deutschland gibt es derzeit bereits über 10% Menschen mit deutscher Staatsbürgerschaft, die einen Migrationshintergrund haben, und weitere 10% Ausländer mit oder ohne Aufenthaltsgenehmigung. Diese Ressourcen sollten genutzt werden!

Bei flüchtiger Betrachtung mag der Diversity Management Ansatz an die Arbeit zur Gleichstellung oder Chancengleichheit erinnern. Neu an dem Diversity Management Ansatz ist die zielgerichtete Ausrichtung auf die Geschäftsstrategie und die Prozessorientierung des Unternehmens. Es handelt sich um eine gleichermaßen langfristige wie auch nachhaltige Veränderung der Unternehmenskultur, durch die neue Ideen und Sichtweisen eingebracht und genutzt werden können. Diversity Management ist damit kein *Förderprogramm für Minderheiten* bzw. kein defizit-orientierter Ansatz, sondern wird von Unternehmen als Chance gesehen, um sich im Wettbewerb positiv abzuheben.

Die wesentlichen Merkmale (Primärdimensionen), und damit auch die Unterschiede von Individuen, sind teilweise leicht wahrnehmbar:

Primärdimensionen	
Alter	Behinderung
Geschlecht	Lebensstil
Ethnische Herkunft	Raucher / Nichtraucher
Nationalität	Karriereorientierung

Abb. 7.1:   Primärdimensionen

---

[22]   Bundesministerium für Familie, Senioren, Frauen und Jugend, http://www.alter-schafft-neues.de/

Andere Merkmale verschließen sich dem oberflächlichen Betrachter oft (Sekundärdimensionen):

Sekundärdimensionen	
Persönlichkeit	Bildungsgrad
Religion	Akademischer Grad
Kulturelle Werte	Fachkompetenz
Sexuelle Orientierung	Betriebszugehörigkeit
Soziale Klasse	Berufserfahrung
Sprachen	etc.

Abb. 7.2:   Sekundärdimensionen

Die Vielfalt der Erfahrungen, Fähigkeiten und Einstellungen von Gruppenmitgliedern soll z. B. bei der Lösung komplexer Probleme aktiv genutzt werden. Dazu müssen in der Regel zunächst einmal alte Denk- und Handlungsmuster aufgebrochen werden, denn die Wertschätzung von Unterschieden ergibt sich in Arbeitszusammenhängen nicht automatisch.

Komplizierend für die Praxis wirkt zudem die Erkenntnis, dass Diversity eine komplexe, sich ständig erneuernde Mischung von Eigenschaften, Verhaltensweisen und Talenten darstellt. Aus all dem wird deutlich, dass nicht alle internen Kunden mit den gleichen Produkten und Leistungen des Personalmanagements zufrieden sein können. Es gibt ebenfalls nicht *das* Konzept oder eine Standard Publikation zum Diversity Management. Eine Vielzahl von theoretischen und praktischen Positionen beleuchtet das Phänomen Vielfalt jeweils aus einer anderen Perspektive, die für eine Organisation jeweils passend oder nicht passend erscheinen mögen.

7.2   Ziele

Diversity Management zielt darauf ab, die Eigenheiten von Individuen und Gruppen als strategische Ressource zu nutzen. Daher wird es auch über den Status einer kurzlebigen Modeerscheinung herauswachsen.

Ziele von Diversity Management sind:

- eine produktive, effiziente und synergetische Gesamtatmosphäre im Unternehmen zu erreichen,
- soziale Diskriminierungen von Minderheiten zu verhindern und
- die Chancengleichheit zu verbessern.

Mit Diversity Management verbinden sich operationale und strategische Zielsetzungen. Die strategische Zielsetzung besteht in der Erhöhung der Anpassungsfähigkeit an sich verändernde Marktbedingungen durch den Aufbau eines einzigartigen, schwierig imitierbaren Humankapitals. Diversity Management zielt in der operationalen Ausrichtung auf erhöhte Problemlösefähigkeit heterogener Gruppen.

Ziel des Diversity Ansatzes ist es, die Personalprozesse und Personalpolitik von Unternehmen so auszurichten, dass einerseits die Belegschaft die demografische Vielfalt des Geschäftsumfeldes widerspiegelt und andererseits alle Mitarbeiter Wertschätzung erfahren, um ihr Potential zum Nutzen des Unternehmen einzubringen.

7.3 Nutzen

Warum Unternehmen in Diversity Management investieren, hat vielfältige Hintergründe. In der Fachliteratur werden in der Regel fünf wichtige Argumente für das Diversity Management genannt:

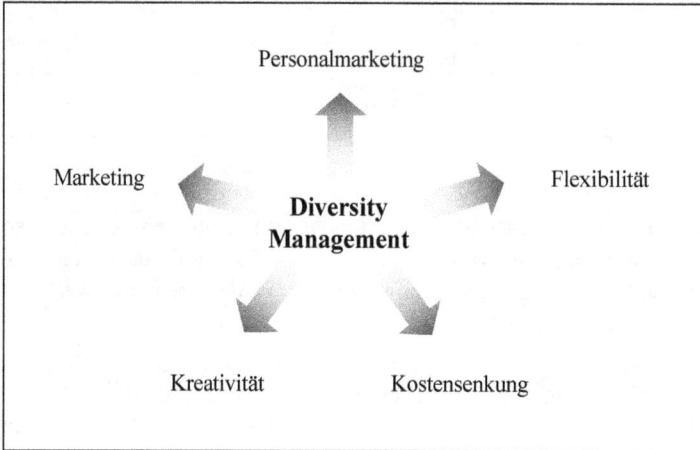

Abb. 7.3: Nutzenfelder des Diversity Management

Personalmarketing

Durch die Verknüpfung der Personalmarketing Aktivitäten mit Diversity Management lassen sich Angehörige von Minderheiten auf dem Arbeitsmarkt ganz im Sinne des Employer Branding gezielter rekrutieren und langfristig binden. Dies wird immer wichtiger, weil die bisher im Berufsleben dominante Gruppe (Männer, Inländer, verheiratet, akademische Ausbildung) sowie allgemein Talente auf dem Arbeitsmarkt tendenziell weniger werden. Der Diversity Ansatz bezeugt (Welt-)Offenheit für die unterschiedlichsten Talente und wirkt damit bei der Rekrutierung ansprechend und erfolgreich. Durch die im Diversity Management verankerte Wertschätzung aller Mitarbeiter wird die Bindung der Belegschaft zum Unternehmen erhöht.

Kostensenkung

Durch die Wertschätzung und ganzheitliche Integration der unterschiedlichen Mitarbeitergruppen steigen deren Motivation und Leistungsbereitschaft und somit die Zufriedenheit und Loyalität. Ihre Arbeitsweise ist allgemein effizienter, was letztendlich kostensenkend wirkt.

Flexibilität

Homogene Entscheidungsgremien reagieren wegen des hohen Konformitätsdrucks weniger flexibel als heterogene Gruppen auf Umweltveränderungen. Heterogenität kann zudem eine gewisse Betriebsblindheit reduzieren.

Kreativität bei Problemlösungen

Viele Unternehmen leben von der Kreativität und Innovationsfähigkeit ihrer Belegschaft. Gemischt zusammengesetzte Teams kommen zu innovativeren und kreativeren Problemlösungen als homogene Gruppen. Voraussetzung dafür ist, dass Teams aus unterschiedlichen Talenten zusammengesetzt werden und alle im Team die Kompetenz haben, in heterogenen Arbeitsgruppen erfolgreich zusammen zu arbeiten. Untersuchungen des Harvard Professors David Thomas zeigen, dass von der Norm abweichende Mitarbeiter nie voll integriert, daher nur unzureichend motiviert und nicht ausreichend loyal sind. Trotz oftmals hohem Potential können sie keine entsprechende Leistung erbringen. Andererseits belegen Untersuchungen den Mehrwert der Vielfalt: Teams, in denen nicht alle Mitarbeiter ähnliche Eigenschaften besitzen, die bunt zusammengesetzt sind, liefern effizientere, innovativere Ergebnisse als homogene Gruppen.

Marketing

Ein wachsender Teil der Konsumenten ist nichtdeutscher Herkunft. Ein vielfältig zusammengesetztes Team kann sich wesentlich besser auf die Wünsche und Bedürfnisse der heterogenen Kunden einstellen. Bei der Erschließung neuer Märkte oder Zielgruppen wird ein vielfältig zusammengesetztes Team, in welchem das Know-How, z. B. im internationalen Bereich im Hinblick auf interkulturelle Fähigkeiten oder im nationalen Bereich bei der Ansprache spezieller Zielgruppen (wie z. B. Frauen mit Migrationhintergrund) wesentlich erfolgreicher sein, wenn nicht sogar erfolgsentscheidend.

7.4 Risiken

Trotz dieser Vorteile ist das Thema Vielfalt nicht in allen betrieblichen Situationen automatisch positiv zu bewerten. Unterschiedliche Zielvorstellungen, Kommunikationsschwierigkeiten und geringere affektive Bindungen können auch als Belastung wahrgenommen werden.

Risiken liegen zudem in der Umsetzung. Wie allgemein beim Employer Branding sollte nur das nach außen kommuniziert werden, was nach innen auch gelebt wird. Wohlklingende Websites, Unternehmensleitbilder und Veröffentlichungen in der Betriebszeitung, machen potentiellen Mitarbeitern Hoffnungen, welche nicht erfüllt werden können und zerstören das Vertrauen der aktuellen Mitarbeiter in das Unternehmen. Zudem ist ein konsequentes Leben der Philosophie wichtig sowie eine individuelle Ansprache der verschiedenen Zielgruppen.

Allerdings fällt die Diversity Management Gesamtbilanz in den US-amerikanischen Unternehmen deutlich zugunsten des neuen Managementkonzepts aus.

7.5 Rechtlicher Hintergrund

Die juristische Komponente und Notwendigkeit des Diversity Managements ist durch das Allgemeine Gleichbehandlungsgesetz zum Schutz vor Diskriminierungen (Antidiskriminierungsgesetz) gegeben. Viele Unternehmen nehmen die Intention des Gesetzes als Anlass, um die Chancen des Diversity Managements zu nutzen.

Seit in Kraft treten einiger Anti-Diskriminierungsrichtlinien in der Europäischen Union hat das Thema Diversity Management eine Compliance-Dimension erhalten, denn bei Nichteinhaltung bestimmter Standards werden nun Sanktionen auferlegt. In Deutschland und Österreich hat sich der Gesetzgeber zur Erreichung einer Abschreckungswirkung gegenüber diskriminierenden Unternehmen dazu entschieden, Opfern eine zivilrechtliche, immaterielle Entschädigung zuzubilligen.

Die Einhaltung von Regeln des Diversity Managements bedeutet daher zukünftig nicht mehr automatisch einen Wettbewerbsvorteil, sondern die Nichteinhaltung auch einen Wettbewerbsnachteil, da Marktteilnehmer, die sich nicht diversity-konform verhalten, mit erheblichen finanziellen Strafen rechnen müssen und so im Wettbewerb zurückgeworfen werden.

Somit wird ein gender- und diversitygerechter Managementstil zu einer maßgeblichen Schlüsselqualifikation für Führungspositionen – was sich in einer wachsenden Anzahl von Qualifizierungsangeboten und Fachveranstaltungen zeigt. So gibt es seit 2007 bereits einen ersten universitären Master-Studiengang an der Universität Witten/Herdecke, der Führungskräfte für diese neuen Aufgaben in Organisationen aller Art vorbereitet.

7.6   Entwicklung in Deutschland und der EU

Diversity Management begann ursprünglich als sozio-politische Bewegung in den USA der 1960er Jahre als Zusammenfluss der U.S. Frauenrechtsbewegung und der Bürgerrechtsbewegung. Im deutschsprachigen Raum tritt die Vokabel *Diversity* etwa seit den 1990er Jahre vermehrt auf. Seit Anfang des neuen Jahrtausends ist der Begriff verstärkt auch im Kontext betrieblichen Managements zu finden. Im Rahmen der Globalisierung sahen sich die Unternehmen im Umgang mit Vielfalt in der Belegschaft, Kundschaft und bei Geschäftspartnern herausgefordert. So wird Diversity Management immer mehr zum Qualitätsmerkmal von Unternehmenskonzepten und ist bei öffentlichen Ausschreibungen, z. B. im Rahmen des Europäischen Sozialfonds, Voraussetzung.

Die Beschäftigung mit Diversity Management im europäischen Raum folgt der Dynamik der Internationalisierung. Die Einsicht, dass die gesellschaftliche Vielfalt etwas Wertvolles ist und dass es für die Gesellschaft sinnvoll, ja sogar erforderlich ist, ihre Potentiale zu nutzen, setzt sich nur langsam durch. International tätige Konzerne werden im Zuge von Unternehmenszusammenschlüssen mit Zielen und Leitlinien des Diversity Management amerikanischer Prägung konfrontiert. Sie fungieren als Katalysator bei der Entwicklung eines europäisch geprägten Diversity Management, das der unterschiedlichen Genese der Managementsysteme und Organisationskulturen in beiden Kulturräumen Rechnung trägt.

Durch die Initiierung des *Europäischen Jahrs der Chancengleichheit* für alle, will die EU-Kommission Debatten darüber anstoßen, was Vielfalt im heutigen Europa bedeutet und wie Unterschiede in der Gesellschaft als Bereicherung erfahren werden können. Die Anerkennung und Würdigung von Vielfalt wird ein wichtiger Bestandteil der EU-Strategie zur Durchsetzung von Chancengleichheit werden.

Bezeichnenderweise war es die Wirtschaft, die hierzulande zuerst auf die EU-Initiative reagierte: Die von der Beauftragten der Bundesregierung für Migration, Flüchtlinge und Integration, Staatsministerin Prof. Dr. Maria Böhmer gemeinsam mit der Deutschen BP AG, Deutschen Bank AG, Daimler AG und Deutschen Telekom AG ins Leben gerufene Unternehmensinitiative *Charta der Vielfalt* hat einen umfassenden Diversity-Ansatz, der ethnische Herkunft, Religion, Geschlecht, sexuelle Orientierung, Alter und Behinderung umfasst. Mit einer Vielzahl von Veranstaltungen – unter anderem Wettbewerben, Workshops und Konferenzen – wurden zum Beispiel bis Ende 2008 bundesdeutsche Unternehmen und Institutionen darüber informiert, wie sie erfolgreich das Potential von Migranten nutzen können.

Während die Privatwirtschaft den Wert von Diversity für die effektivere Erreichung der Unternehmensziele durch die leistungssteigernde Nutzung von Individualität und Unterschieden zunehmend anerkennt, tun sich andere wichtige Institutionen und Organisationen wie Bildungseinrichtungen, öffentliche Verwaltungen, Parteien, soziale Organisationen und Projekte noch schwer, für sie passende Diversity Konzepte zu entwickeln und einzusetzen. Dass eine *Politik der Vielfalt* auch emanzipatorische Ziele verfolgt und eine gesamtgesellschaftliche Bedeutung haben kann, bleibt weitgehend noch unerkannt.

7.7 Beispiele für Diversity Management

International tätige Unternehmen mit einem US-amerikanischen Hintergrund sind mit der Forderung nach Diversity Management vertraut und bieten unterschiedliche Maßnahmen in den Bereichen Training, Mentoring, Netzwerkbildung und Kommunikation an. Beim Automobilbauer *Ford* war die Förderung von Vielfalt bereits vor 20 Jahren im amerikanischen Mutterkonzern ein Thema. Am Kölner Standort arbeiten Menschen 55 unterschiedlicher Nationen. Ein Drittel der Auszubildenden im Kölner Werk hat einen Migrationshintergrund. In Köln tauschen sich die Mitglieder von Ford GLOBE (Gay Lesbian or Bisexual Employees) regelmäßig mit dem Management aus, unterstützen Marketing-Aktionen für ihre Zielgruppe und nehmen an Veranstaltungen wie dem Christopher Street Day teil.

Die *Metro Group* reagiert auf den demographischen Wandel und die Internationalität der Belegschaft in dem sie bewusst das Ziel verfolgt, möglichst viele Nationalitäten unter einem Dach zu integrieren. Zudem wird damit der Situation Rechnung getragen, dass die Kundschaft älter und kulturell vielfältiger wird. Die Tatsache, dass im Unternehmen mehr als 150 Nationen zusammen arbeiten, wird bei der *Metro* als strategischer Vorteil angesehen.

In einem Unternehmensbereich der *Siemens AG* (A&D – Automation and Drive) läuft ein größeres Forschungsprojekt der Universität Potsdam zum Diversity Management. Siemens legt den Schwerpunkt seiner Diversity-Aktivitäten auf die Gleichberechtigung von Frauen. Aus gegebenem Anlass: Mit einem Frauenanteil im Top-Management von sechs Prozent liegt Siemens Deutschland deutlich unter dem weltweiten Konzernschnitt. Telearbeitsplätze, Teilzeitmodelle, Familienservices und Kinderbetreuung sollen den Mitarbeiterinnen den Weg nach ganz oben erleichtern.

Bei der *Lufthansa AG* wird das Thema Diversity Management seit Januar 2001 in der Organisationseinheit *Change Management und Diversity* zusammengefügt und von einer Diversity-Managerin in der Personalabteilung geleitet. Es werden zahlreiche interne Maßnahmen durchgeführt, wie z. B. Mentoring für Menschen mit Behinderung, Artikel in der Mitarbeiterzeitung, Informationen im Intranet. Ebenso erfolgt nach außen eine aktive Kommunikation, die sich v.a. an potentielle Mitarbeiter und an die interessierte Öffentlichkeit richtet. Sie erfolgt über Pressemitteilungen, das Internet und durch Präsentationen bei Tagungen. Der quantifizierbare Nutzen der zahlreichen Maßnahmen äußert sich in einer stärkeren Mitarbeiterbindung, höherer Produktivität, Kostenreduktion, Kundenbindung und zusätzliche Attraktivität als Arbeitgeber seitens der Bewerber.

Bei der *Deutschen Bank* wurden seit 1999 weltweite Teams für Diversity Management aufgebaut, um die Praxis des Diversity Managements in alle wichtigen Geschäftsprozesse zu integrieren und ein Arbeitsumfeld zu schaffen, welches die Vielfältigkeit der Mitarbeiter fördert. Sie arbeiten als Consultants mit direktem Report an den Vorstand. In Deutschland gibt es für Frauen zum Beispiel das *Cross-Company Mentoring for women* oder das *One to One Mentoring for women*. Als Highlight gilt der Preis *Women in European Business*. Des Weiteren gibt es in den Zentralen London und New York verschiedene private Religionsräume, in die sich Mitarbeiter zum Gebet zurückziehen können.

„Viele deutsche Firmen haben gemerkt, dass sie in Sachen Demographie, Geschlecht und Internationalität nicht mehr zukunftsfähig sind", sagt der Unternehmensberater und Diversity-Fachmann Hans Jablonski. Auch öffentliche Organisationen gehören dazu. Hunderte Firmen und Kommunen wie Köln, Hamburg und Stuttgart haben daher die *Charta der Vielfalt* unterschrieben. Sie ist eine Absichtserklärung zur Förderung und Wertschätzung gesellschaftlicher Unterschiede. Schirmherrin der Bundesinitiative ist Bundeskanzlerin Angela Merkel.

8   Die Bedeutung der Führungskräfte im Employer Branding Prozess

Menschen kann man nicht managen. Man kann Menschen führen. Wo immer es in einem Unternehmen um Menschen geht, muss Management zur Führung werden.

(Nokter Wolf, Abtprimas des Benediktinerordens in Rom)

Aus den bisherigen Ausführungen ist bereits deutlich geworden, dass auf dem Weg zur Employer Brand zunächst innerhalb des Unternehmens ein hoher Grad an Mitarbeiterzufriedenheit bzw. Mitarbeiterloyalität Voraussetzung ist. Dies können nicht die in einer zentralen Personalabteilung angesiedelten HR-Professionals alleine aufbauen. Die Beziehung zu seinem Vorgesetzen ist nämlich für einen Mitarbeiter ausschlaggebend. So wächst allen Mitarbeitern mit Führungsverantwortung unter dieser Philosophie die Rolle der *keyplayer* innerhalb des Employer Branding zu.

Dabei gilt, dass der klassische Vorgesetzte, der hierarchisch legalisierte, durchsetzungsstarke und produktive *Macher*, nicht mehr angesagt ist. Die qua Organigramm zugewiesene Autorität funktioniert in einem strategischen Personalmanagement nicht mehr. Die Aufgaben einer Führungskraft haben sich im Laufe der Jahre gewandelt. Zudem sind die Anforderungen an Führungskräfte in den letzten Jahrzehnten deutlich gestiegen.

8.1   Die Rolle der Führungskraft

Die Literatur differenziert erst seit Anfang der neunziger Jahre zwischen Management und Leadership. In der Praxis werden Management und Leadership auch heute nicht immer als zwei unterschiedliche Wege in der Interaktion mit Mitarbeitern erkannt.

Zur Herleitung der Erklärung eignen sich die folgenden Beispiele, welche viele Leser aus der eigenen Erfahrung nachvollziehen können: Eine Person, hochintelligent, hervorragende Ausbildung und viele Jahre Erfahrung in einem Fachgebiet, wird in eine Position mit Personalverantwortung befördert, und scheitert dort über kurz oder lang. Oder auch das Gegenteil: Eine Person mit durchschnittlichen intellektuellen Fähigkeiten und einer soliden, keinesfalls überragenden Ausbildung, wird in eine vergleichbare Position befördert und entwickelt sich dort sehr erfolgreich. – Was sind die Gründe für diese auf den ersten Blick unverständlichen Entwicklungen?

Damit die Rollen-Terminologie im weiteren Verlauf eindeutig verstanden wird, hier zunächst eine differenzierte Betrachtung:

Management ist sehr stark zielorientiert. Es stammt vom englischen *to manage*, also verwalten, leiten. Resultate werden mit Hilfe von Planung, Organisation, Prozesssteuerung und -kontrolle angestrebt. Den Beziehungen zwischen Vorgesetztem und Mitarbeitern wird kaum Bedeutung beigemessen.

Leadership auf der anderen Seite ist stark personenorientiert. Das englische Wort entspricht dem deutschen *Führen*. Gemeinsam festgelegte Ziele werden durch die Schaffung eines motivierenden Umfeldes und durch Inspiration der Mitarbeiter erzielt. Eine gute Beziehung zum Mitarbeiter ist unabdingbar.

Die Komplexität des gesamten organisatorischen und personalen Umfeldes erfordert von einer erfolgreichen Führungskraft die Übernahme mehrerer Rollen. Ein Vorgesetzter sollte die in Abbildung 8.1 aufgezeigten Rollen ausfüllen können, deren Funktion und Bedeutung erkennen und beherrschen können.

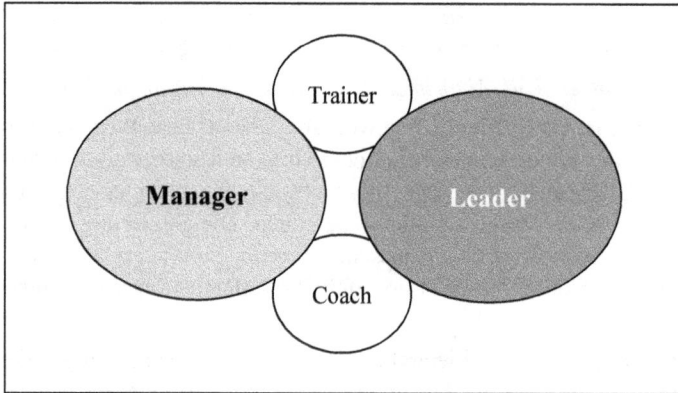

Abb. 8.1:   Die Rollen des Vorgesetzten

Abb. 8.1 soll verdeutlichen, dass es zwei Hauptrollen gibt, nämlich

- Manager und
- Leader

sowie zwei Nebenrollen:

- Trainer und
- Coach

Die wesentlichen Definitionen und Merkmale der einzelnen Rollen lassen sich wie folgt zusammenfassen:

Manager
Vorgesetzter, der mit hoher Aufgabenorientierung die Erreichung vorgegebener Ziele und Resultate zu erreichen versucht. Neben exakter Planung und Budgetierung spielen für ihn die Prozessorientierung und die Kontrolle eine wichtige Rolle. Für weniger wichtig erachtet er die Beziehungen zu seinen Mitarbeitern. Er denkt und handelt rational. Mit sehr guter fachlicher Ausbildung und methodischer Vorgehensweise geht er Aufgabenstellungen an.

Leader
Vorgesetzter, der über den Aufbau leistungsfördernder Beziehungen seine Mitarbeiter motiviert und inspiriert. Bewusst beschäftigt er sich mit *investing in relationships*. Er schafft ein Umfeld, in dem sich seine Mitarbeiter wohlfühlen und ihr fachliches wie persönliches Potential gleichermaßen voll entfalten können. Ausgeprägte emotionale Intelligenz und hohe Sozialkompetenz sind bei ihm wichtiger als ausgezeichnete fachliche Expertise.

Trainer

Besser, schneller, höher, weiter – das ist seine Passion. Auf Grund individueller Stärken und Schwächen kann er einen Trainingsplan entwickeln, in dessen Umsetzung er sich aktiv einbindet. Sowohl die fachliche als auch die persönliche Weiterentwicklung gehören zu seinem Tätigkeitsfeld. Eine persönliche Beziehung zum Trainee wird auf dem Weg zur Zielerreichung eher als belastend angesehen.

Coach

Mit Hilfe zur Selbsthilfe ist seine Aufgabe treffend beschrieben. Über Fragen bringt er den Coachee zur Reflexion und Selbstkenntnis. Motivatoren werden offen gelegt, Stärken und Schwächen erkannt. Er gibt keine Ratschläge und Beurteilungen ab. Seine Aufgabe ist eher psychologischer Natur. Eine vertrauensvolle Beziehung zum Coachee ist von großer Bedeutung.

Somit ist auch deutlich gemacht, warum die Rollen Trainer und Coach eher Nebenrollen sind, bzw. beim erfolgreichen Vorgesetzten Nebenrollen sein müssen. Trainer- und Coachfunktion kann und muss ein Vorgesetzter nur in geringem Umfang wahrnehmen. Beide Funktionen können auf interne oder externe, speziell hierfür ausgebildete Personen, delegiert werden. Nicht delegieren darf und kann ein Vorgesetzter seine Hauptrollen als Manager und Leader. Er muss sie beide beherrschen und situationsgerecht einsetzen und variieren. So kann seine Vorgehensweise, sein Verhalten in bestimmten Situationen, wie aus den Abb. 8.2 und 8.3 ersichtlich, aussehen.

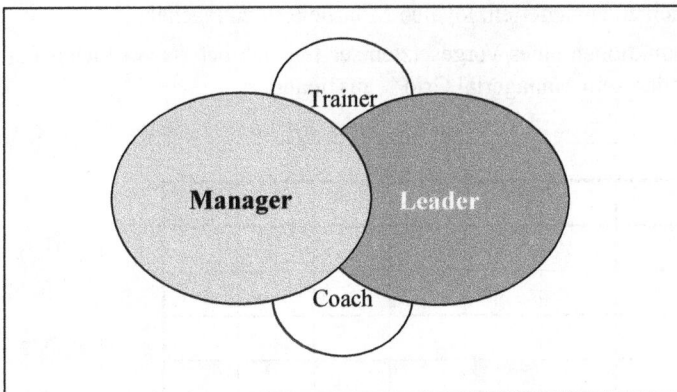

Abb. 8.2:   Managerrolle im Vordergrund

Dies kann punktuell der Fall sein, wenn Sicherheitsgesichtspunkte oder derzeit nicht kommunizierbare Aspekte es erfordern. Aber Vorsicht: langfristig kann diese Rollenkonstellation nicht erfolgreich sein. Sie ist lediglich für Ausnahmesituationen geeignet. Das in dieser Form punktuell gezeigte Verhalten muss umgehend im Sinne der Konstellation in Abb. 8.3 aufgearbeitet werden.

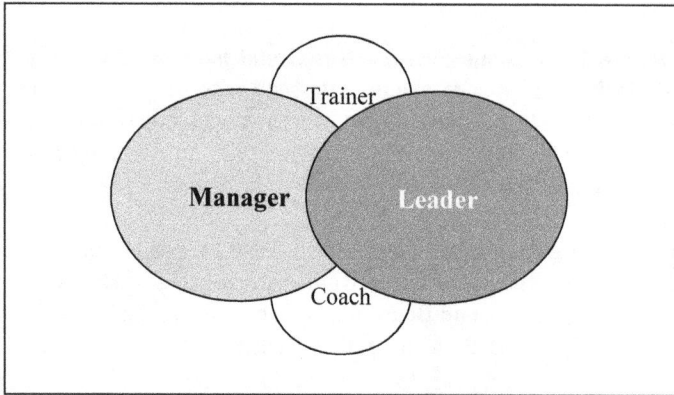

Abb. 8.3:   Leaderrolle im Vordergrund

Die Konstellation wie in Abb. 8.3 dargestellt ist überwiegend gefordert und langfristig in mehrfacher Hinsicht erfolgsversprechend:

Wenn es um Change Management geht, wenn interkulturelle Hürden zu nehmen sind, konfliktträchtige oder kommunikationsintensive Projekte anstehen, ist eine primäre Ausübung der Leaderrolle gefordert. Dies gilt auch für alle Tätigkeiten, die ein innovatives und kreatives Umfeld erfordern. Diese Rollenkonstellation ist unverzichtbar, wenn strategische Wettbewerbsvorteile (Differenzierung vom Wettbewerb, Employer Brand) angestrebt werden. Nur dann handelt es sich um die Führungspersönlichkeit, die in der Lage ist, effiziente und zufriedene Mitarbeiter letztlich zu engagierten, loyalen Mitarbeitern zu machen.

Mit den unterschiedlichen Funktionen eines Vorgesetzten setzten sich bereits vor vielen Jahren Blake und Mouton modellhaft im Managerial Grid [23] auseinander:

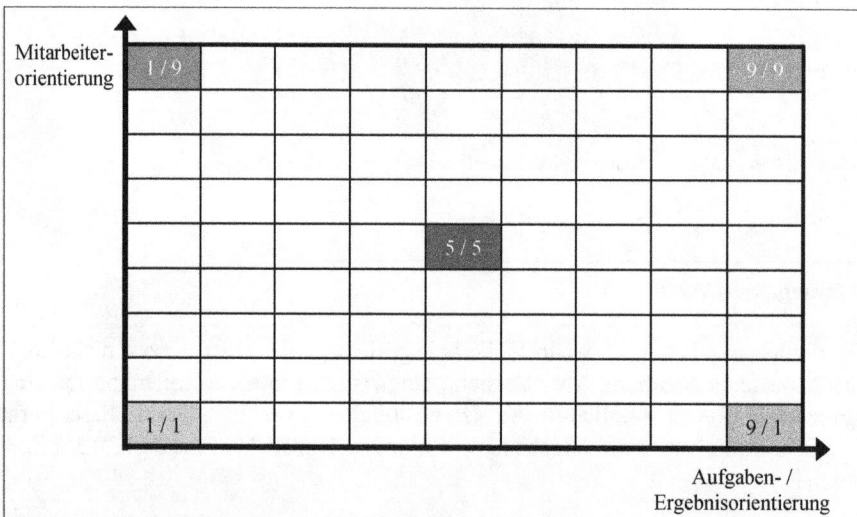

Abb. 8.4:   Managerial Grid

---

[23]   Robert Blake und Jane Mouton, 1964

Nach Blake und Mouton findet sich der reine Manager in 9/1 und der reine Leader in 1/9 wieder.

Der 9/1-Typ agiert autoritär und legt keinen Wert auf gute Beziehungen zu seinen Mitarbeitern. Er erwartet, dass seine Mitarbeiter das tun, was er ihnen sagt. Geht etwas schief, ist er bestrebt, den Schuldigen zu finden und zur Verantwortung zu ziehen. Intoleranz ist ein weiteres Merkmal dieses Typs.

Nur der 9/9 – Typ führt durch den Aufbau von leistungsfördernden Beziehungen seine Mitarbeiter und schafft ein Umfeld, indem alle ihre fachlichen und persönlichen Potentiale entfalten können und möchten.

Viele Adaptionen dieses Modells wurden in den Folgejahren kreiert, diskutiert und wie das Ursprungsmodell kritisiert. Eines bleibt jedoch deutlich: Die beiden Dimensionen Management und Leadership können nicht unabhängig voneinander gesehen werden. Sie müssen kombiniert werden, um ein Maximum an Ergebnissen mit motivierten, zufriedenen Mitarbeitern zu erzielen.

Jede Führungskräfteentwicklung muss den Ausführungen zufolge bei einer ganzheitlichen Betrachtung ansetzen. Erst wenn die für dieses Führungsverständnis erforderliche Einstellung eines Vorgesetzten sichergestellt ist, können Entwicklungsmaßnahmen erfolgreich durchgeführt werden. In diesem Zusammenhang ist ein Statement von John Amatt[24] bemerkenswert, das er unmittelbar nach erfolgreicher Besteigung des welthöchsten Berges zu Protokoll gab:

Attitude is the key to success. Not skill, not knowledge, not education. Attitude!

8.2 Situatives Führen

Diese Erkenntnis bewegten sicher auch Hersey & Blanchard bei ihrer Theorie der Situativen Führung[25]. Das Konzept bezieht unterschiedliche Einflüsse in die Wahl des Führungsstils ein. Es empfiehlt einen Führungsstil, der hinsichtlich der zu erledigenden Aufgaben die speziellen Fähigkeiten und die Motivation des Mitarbeiters einbezieht. Hersey/Blanchard unterscheiden bei ihren Überlegungen vier Führungsstile:

Im Führungsstil **Telling** wird der Mitarbeiter durch Anweisungen und Vorschriften geführt. Der Vorgesetzte definiert die Rollen seiner Untergebenen und sagt ihnen, was, wie, wann und wo zu tun ist. Dieser Führungsstil ist gekennzeichnet durch geringe Beziehungs- und hohe Aufgabenorientierung.

Eine hohe Beziehungs- und gleichzeitig hohe Aufgabenorientierung zeichnet den Führungsstil **Selling** aus. Der Vorgesetzte bietet seinen Mitarbeitern rationale Argumente an, um sie zur Akzeptanz der Aufgabenstellung und zur Leistung zu bewegen.

Partizipating bedeutet, dass der Vorgesetzte seine Mitarbeiter in Zielfindungsprozesse und Implementierungsfragen einbindet. Entscheidungen werden gemeinsam getroffen, Lösungen gemeinsam erarbeitet. Hohe Beziehungs- und niedrige Aufgabenorientierung herrschen vor. Der Vorgesetzte hält jedoch die Fäden in der Hand.

---

[24]   John Amatt (2000): Voices from the Summit
[25]   Paul Hersey u. Kenneth Blanchard (1969, 1977): Management of Organizational Behaviour

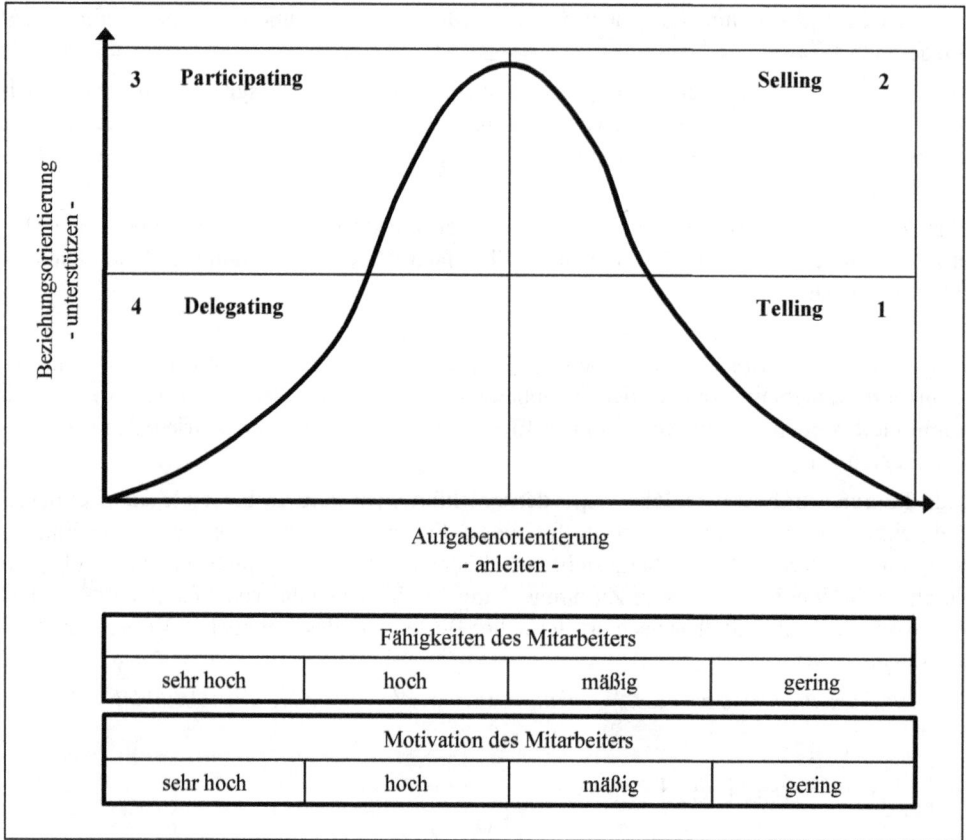

Abb. 8.5:   Situative Leadership Model

Beim Führungsstil **Delegating** überlässt der Vorgesetzte nach Zieldefinition die Aufgabener-füllung seinen Mitarbeitern und beschränkt sich auf gelegentliche Kontrollen. Beziehungs-und Aufgabenorientierung sind gleichermaßen gering ausgeprägt.

Welcher Führungsstil nun angewandt wird, ergibt sich aus der spezifischen Aufgabenstellung und der Situationsvariablen *Reifegrad der Mitarbeiter*. Der Reifegrad setzt sich aus dem Potential und der Motivation der Mitarbeiter zusammen. Unter Potential sind das Wissen, die Fertigkeiten und Erfahrungen, über die ein Mitarbeiter in Bezug auf eine Aufgabe verfügt, zu verstehen. Mit Motivation wird die Leistungsbereitschaft hinsichtlich der Bewältigung einer Aufgabe bezeichnet.

Somit ergibt sich aus dem Modell in Abbildung 8.5 die Schlussfolgerung, dass es nicht den richtigen oder den falschen Führungsstil gibt. Hersey und Blanchard wollen aufzeigen, dass je nach Aufgabenstellung und mitarbeiterbezogenen Ausgangssituation unterschiedliche Vorgehens- und Verhaltensweisen des Vorgesetzten erforderlich sind.

8.3   Der Reifegrad der Führungskraft

Hersey & Blanchard machen die Wahl des Führungsstiles unter anderem vom Reifegrad der Mitarbeiter abhängig. Wie aber steht es mit dem Reifegrad der Führungskraft? Hat sie die Fähigkeit, leistungsfördernde Beziehungen zu ihren Mitarbeitern aufzubauen? Wie steht es mit ihren Voraussetzungen, ein inspirierendes, motivierendes Umfeld schaffen zu können? Kann man von der hierarchischen Stellung in der Organisation, vom tadellosen Outfit und den Präsentationsfähigkeiten bereits auf eine gereifte Persönlichkeit schließen, die dies umzusetzen vermag?

Basierend auf seiner jahrelangen Beratungs- und Coachingerfahrung hat Dr. Larry Liberty[26] den Maturity Factor entdeckt und beschrieben. Verschiedene Beobachtungen, allesamt nicht ungewöhnlich, beschäftigten Liberty und waren Auslöser für gezielte Untersuchungen. Nachstehend sind einige dieser Beobachtungen wiedergegeben:

- Mitarbeiter sind häufig sauer über das Verhalten und die Aktionen ihrer Vorgesetzten
- Vorgesetzte können oder wollen nicht erkennen, dass ein Untergebener wichtige Informationen und Beiträge zu wesentlichen Themen anbietet. Sie können oder wollen nicht zuhören.
- Vorgesetzte finden in ihrer verbalen und schriftlichen Darstellung hohen Zuspruch ihrer Mitarbeiter. Ihr eigenes Verhalten steht jedoch in völligem Widerspruch zu den kommunizierten Visionen und Wertvorstellungen.
- Motivierte und kompetente Mitarbeiter werden bei Beförderungen übergangen und in ihrer Weiterentwicklung nicht gefördert.
- Ein hoher Level von *Unmoral* und sogar Korruption ist oft gegeben.
- Menschen, die sich vehement für *streamlining*, Effizienz und Rationalisierung aussprechen, sind in ihrer eigenen Arbeit höchst bürokratisch und stellen große Barrieren hinsichtlich Veränderungen und Fortschritt dar.
- Vorgesetzte zeigen eine starke Tendenz, die Komplexität, Ernsthaftigkeit und Schwierigkeit von Problemen zu beschönigen oder gar zu vertuschen. Sie wollen die schnelle Lösung.

Beispiele für diese Muster lassen sich in jedem Unternehmen finden. Aber wie sind sie zu erklären? Ist schneller und zunehmender Wandel der Auslöser? Sind es zunehmende multikulturelle Strukturen? Oder der Einfluss neuer Technologien?

Liberty versuchte in einem Teambuilding-Workshop, in dem sich die Teilnehmer bitter über die Unvernunft und Unfairness vieler Vorgesetzter beklagten, diesen Fragen nachzugehen. Er fragte die Teilnehmer, was die betreffenden Vorgesetzten miteinander gemeinsam haben.

Well, to tell you the truth, Larry, they act like a bunch of self-centered, immature teenagers war die Antwort eines Teilnehmers.

Liberty war zunächst sprachlos. Dann aber erkannte er die Lösung für die Frage, die ihn schon lange beschäftigte: Die Maturity der Vorgesetzten – besser gesagt die fehlende Maturity – nannte er die Bedrohung für Unternehmen. Virtuelle Teenager führen nach seiner Meinung einige von Amerikas größten Unternehmen. Nicht, dass sie schlechte Menschen wären;

---

[26]   Larry Liberty (2002): The Maturity Factor

sie sind nur emotional und mental irgendwo in der Pubertät stecken geblieben, schlussfolgert er. Ihre Körper sind gereift, die Reife der Persönlichkeit ist jedoch nicht entsprechend erfolgt.

For instance, less mature managers may pick up this book and look for tips on how to make themselves look good, to become more clever and shrewd in their disguises. Like actors, they want to be at the top of their game when performing their roles – masters of makeup and costuming and lighting, skilled in rhetoric and scripting so that their character will come across better to the audience.

(Larry Liberty)

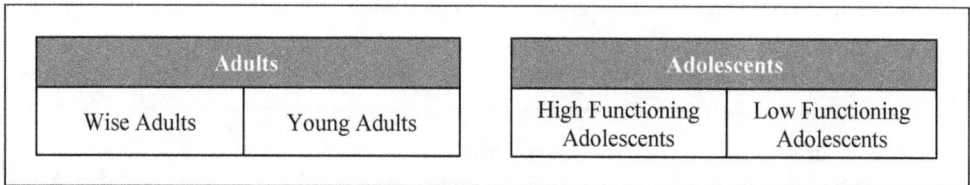

Adults		Adolescents	
Wise Adults	Young Adults	High Functioning Adolescents	Low Functioning Adolescents

Abb. 8.6:   Reifegrad von Vorgesetzten

Als **Low Functioning Adolescents (LFA)** werden Personen bezeichnet, bei denen einerseits die Fachkompetenz und andererseits die Persönlichkeits- und Sozialkompetenz nur ansatzweise entwickelt sind. Wie pubertäre Teenager tendieren sie zu Rebellion gegen Autoritäten, sind häufig intolerant gegenüber Personen, die anders sind. Tiefsitzende Ängste führen oft zu kindischen, für das erwachsene Umfeld unverständliche Reaktionen. Sie sind überwiegend emotional gesteuert und haben ein geringes Selbstwertgefühl. Oft anzutreffen ist selbstschädigendes Verhalten wie Überreaktionen, Aggressionen, Drogen-, Alkoholmissbrauch und Spielleidenschaft. Sie verstehen die Welt um sich herum nicht und haben keine Ahnung, warum es gerade ihnen schlecht geht. Ihr selbstzentriertes Leben ist von spontanen Aktionen geprägt. Dauerhafte Beziehungen können sie bestenfalls mit Menschen eingehen, die den gleichen Standpunkt haben. In Gesprächen zeigen sie oft wenig Einfühlungsvermögen für Situationen, Personen und vertrauliche Inhalte. Sie werden gequält von Selbstzweifeln und dem Gefühl der Unsicherheit. Das schlimmste von allem ist ihre Unfähigkeit, selbst einen Weg aus der Situation heraus zu finden, selbst dann, wenn sich ihnen gute Möglichkeiten bieten.

Auch die **High Functioning Adolescents (HFA)** zeigen deutlich pubertäre Züge. Allerdings haben sie es geschafft, Fähigkeiten und Kenntnisse zu entwickeln, die es ihnen ermöglichen, einen guten Job zu machen. Sie halten ihre gute Funktionalität gleichzeitig für Stärke der Persönlichkeit. Ethische und moralische Wertvorstellungen sind bei ihnen deutlich unterdurchschnittlich ausgeprägt. Häufig täuschen und belügen sie Menschen in ihrer nächsten beruflichen und persönlichen Umgebung.

They speak with clarity and say what you want to hear, but they almost always have a hidden agenda – to find some form of acceptance. Bill Clinton is a good example – a man clearly skilled enough to become elected to the highest public office in the U.S. but behaviourally still very much an Adolescent.

(Larry Liberty)

HFAs sind auf Grund ihrer hierarchischen Position und ihres gewandten Auftretens schwer auszumachen und daher für eine Organisation deutlich gefährlicher als die unglückseligen

LFAs. HFAs werden buchstäblich alles unternehmen, um zu überleben und Erfolg zu haben. Auch HFAs leben mit inneren Ängsten und Zweifeln, aber sie stellen sich jedem entgegen, der ihnen in die Quere kommt.

So einen wie Sie habe ich schon lange gesucht, Wagner. Sie haben den Job!

Abb. 8.7:   Ebenbild gesucht

Würde Personalauswahl und -beurteilung nicht allzu häufig – auch in den obersten Etagen – nach dem Muster der Abb. 8.7 ablaufen, wäre es zum Schmunzeln. Leider führt dieses adoleszente Verhalten zu schwerwiegenden bis existenzbedrohenden Folgen in Unternehmen.

Young Adults (YAs) haben alters- und verhaltensgemäß das Terrain der Pubertät verlassen und beginnen, Erkenntnisse und Erfahrungen zu sammeln und zu nutzen. Ihre gute Ausbildung befähigt sie oft recht früh, verantwortungsvolle Positionen zu übernehmen. Sie sind begierig dabei, Neues zu lernen und zu sehen, welchen Einfluss sie in Teams geltend machen können. Sie lösen sich bewusst von Verbindungen, die sie bremsen oder in eine unerwünschte Richtung leiten wollen (LFAs und HFAs). Früher vorhandene Ängste und Selbstzweifel weichen zunehmend und Selbstbewusstsein und Selbstwertgefühl stellen sich ein.

> *In their relationships, YAs are shifting from self-serving egocentricity to a desire to be with more mature people and learn from them. Having Adolescent "fun" becomes less important than being with companions one can really count on.*
>
> *(Larry Liberty)*

Fragen wie *Was ist wirklich wichtig für mich?* und *Welche Werte schätze ich wirklich?* beschäftigen den YA. Die beruflichen und privaten Planungen werden zunehmend langfristiger. Auch wenn ihnen noch – oft unverständliche – Fehler passieren: der Aufbau leistungsfördernder Beziehungen ist ihnen wichtig; sie wollen Erfolg haben, aber ohne sich selbst oder andere zu opfern. Selbstkenntnis, -einschätzung und -kritik sind bereits in einem gesunden Maß ausgeprägt.

Wise Adults (WAs) sind die besten Vorgesetzten: Sie haben ihre Persönlichkeit und Sozialkompetenz sehr weit entwickeln können und lassen nicht nach im Bestreben, ständig dazuzulernen und noch besser zu werden. Ihr Fokus ist nicht mehr *my job,* sondern *our job.*

Achtung: Nicht jeder WA ist reich oder erfolgreich in finanzieller Hinsicht. Oft haben sie andere persönliche Bedürfnisse und Wertvorstellungen. Sie suchen die *work-life-balance* und sind tendenziell gute Eltern und Partner. Workaholics findet man nicht unter den WAs.

Eine treffende Selbstkenntnis und ein hohes Selbstwertgefühl zeichnen sie aus. Ihr Umfeld erlebt täglich, dass sich Maturity auf der einen Seite und Begeisterungsfähigkeit, Motivation, Engagement und Effizienz auf der anderen Seite nicht ausschließen müssen. Im Gegenteil, um es mit Kant zu sagen: Das Ganze ist mehr als die Summe seiner Teile. Ihre Weisheit resultiert nicht aus der Menge an schulischen und beruflichen Abschlüssen, nicht aus der Fülle an Informationen und Erfahrungen, die sie haben. Sie resultiert vielmehr aus der Art und Weise, wie sie ihre Kenntnisse und Erfahrungen anwenden. Dazu befähigt sie ein hohes Maß an emotionaler Intelligenz. Näheres hierzu in Kapitel 8.5 .

Sie haben ein gesundes Verhältnis zum Dienen und helfen gerne anderen, und zwar aus altruistischen Motiven. Sie übernehmen gerne freiwillig soziale oder gesellschaftliche Aufgaben. WAs haben eine optimistische Grundeinstellung und sehen in der Zukunft mehr Chancen als Risiken.

Gefährlich wird es in Organisationen dann, wenn *Adolescents* – warum und wie auch immer – Führungspositionen besetzen. Fachliche *High Potentials* müssen nicht zwangsläufig auch über die Persönlichkeits- und Sozialkompetenz verfügen, die *Adults* auszeichnet. *Adolescents* richten in Führungspositionen Schaden an, der unermesslich und existenzbedrohend werden kann. Daher kommt dem Maturity Level bei der Auswahl von Führungskräften eine wichtige Rolle zu.

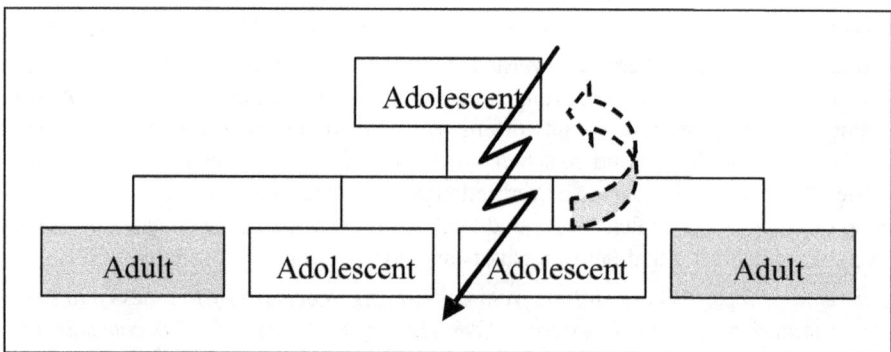

Abb. 8.8:   Beförderung des Adoleszenten

8.4   Kompetenz der Führungskraft

Welche Kompetenzen zeichnen neben den fachlichen Fähigkeiten eine gute Führungskraft aus?

Vor nicht allzu langer Zeit bedeutete Führung noch *zielorientierte Verhaltensbeeinflussung*. Mittels verschiedener Techniken, auch bekannt als *Management by...* Modelle, galt es, die Mitarbeiter zu den von der Unternehmensleitung gesetzten Zielen zu führen. Die Führungskraft zeichnete sich dadurch aus, dass sie schneller und umfassender informiert war als andere. Heutzutage haben die Vorgesetzten nicht mehr die Weisheit gepachtet, sondern müssen sich sogar noch mit Wissensmanagement beschäftigen und akzeptieren, dass ihre Untergebenen einen höheren oder aktuelleren Wissensstand haben:

*One of the „dirty little secrets" of modern business life is that bosses no longer know
the answers. It is not because they are dump and lazy – if they are they don't stay
bosses for long – but because they cannot know[27].*

Um als Mitarbeiter mit Führungsverantwortung erfolgreich zu sein, ist es vielmehr erforderlich, in der Lage zu sein, aus unterschiedlichen Perspektiven aus betrachten, verstehen und
handeln zu können. Zum *Handeln* steht der Führungskraft eine Vielzahl an Instrumenten zur
Verfügung. Doch mit Hilfe welcher Eigenschaften schafft eine Führungskraft dies? Die Antwort heißt: Durch seine emotionale Intelligenz.

Emotionale Intelligenz ist letztlich das Bewusstsein der eigenen Gefühle und das Erkennen
der Gefühle anderer. Hinzu kommen das Managen der eigenen Emotionen und der Aufbau
von Beziehungen zu anderen. Sie basiert auf vier Säulen:

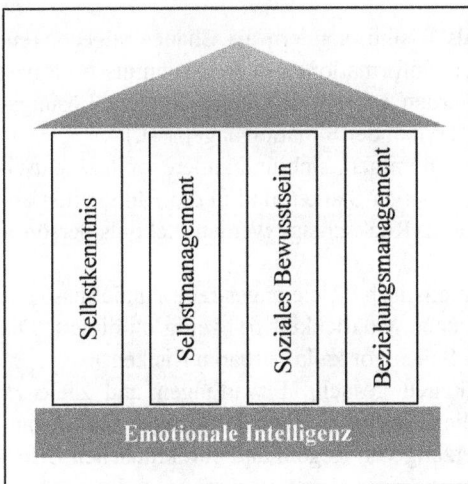

Abb. 8.9:   Säulen der Emotionalen Intelligenz

Wer andere führen will, muss sich selbst genau kennen. *Selbstkenntnis* beschreibt die Kenntnis aller für eine erfolgreiche Führungskraft erforderlichen Stärken und Schwächen, Verhal-
tenstendenzen, Wirkung auf Dritte, Potentiale und Grenzen. Die Einflüsse der eigenen Per-
sönlichkeitsstruktur auf das Führungs- und Entscheidungsverhalten und der daraus resultierende Risikofaktor sollen realistisch erkannt werden. Selbstkenntnis kann dreifach unterteilt
werden:

- emotionale Selbstkenntnis (Kenntnis eigener Gefühle und wann und warum diese entstehen. Die Auswirkungen der gezeigten Emotionen auf andere werden verstanden.)
- präzise Selbstbeurteilung (Kenntnis, welche persönlichen Stärken eingesetzt werden
  müssen, um Ziele zu erreichen und welche Schwächen es zu beseitigen gilt, um die Zielerreichung nicht zu gefährden. Offenheit für Kritik und Feedback ist gefragt.)
- Selbstvertrauen (Gelassenheit, engagiertes, nicht zauderndes Verhalten; Humor, Optimismus, Bereitschaft neue, herausfordernde Aufgaben zu übernehmen; das-schaffe-ich-
  schon-Mentalität.)

---

[27]   Fuchsberg, G. (1992): Quality Programs show Shoddy Results, Wall Street Journal

Die zweite Säule bildet das *Selbstmanagement*. Sich selbst zu organisieren fällt vielen Menschen schwer. Schon mittags ist der Akku leer und Geist und Körper rebellieren: Denkblockaden, unangebrachte Reaktionen oder ein roter Kopf sind die Folge. Bei Führungskräften können nicht nur die persönlichen Folgen sondern auch die Folgen auf die Mitarbeiter fatal sein. Nur ein gutes Selbstmanagement hilft, Energien zielführend einzusetzen und andere erfolgreich führen zu können. Die wesentlichen Elemente des Selbstmanagements sind:

- Emotionale Selbstkontrolle (Bei Provokationen und unter Druck erfolgen keine impulsiven Reaktionen oder Aktionen. Die Selbstbeherrschung wird auch in kritischen Situationen nie verloren, man bleibt ruhig, gelassen und positiv.)
- Vertrauenswürdigkeit und Berechenbarkeit (Die Forderungen *Walk like you talk* und *Practice what you preach* werden auch in unpopulären Situationen erfüllt. Authentizität zeigt sich in allen Belangen. Gemeinsam definierte Spielregeln werden eingehalten und die Einhaltung von anderen gefordert.)
- Anpassungsfähigkeit (Wandel wird nicht als Risiko, sondern als Chance angegangen. Eigene Vorstellungen werden aufgrund neuer Informationen oder Erkenntnisse variiert und optimiert. Sich ändernde Prioritäten werden erkannt und angenommen. Lösungswege, Pläne oder eigenes Verhalten werden flexibel der Situation angepasst.)
- Optimismus (Change wird als Chance wahrgenommen, sich und andere weiterzuentwickeln. Mit einem gesunden Vertrauen in die eigenen Stärken und in die Fähigkeiten anderer wird auch für die Zukunft Erfolg erwartet. Rückschläge werden nicht als persönlicher Makel empfunden.)
- Zielorientierung (Es werden messbare und realistische Ziele angestrebt. Hindernisse auf dem Weg zum Ziel werden antizipiert und nach Möglichkeit frühzeitig eliminiert. Die Handlungs- und Verhaltensweise zeigt keine Scheu vor kalkulierbaren Risiken.)
- Eigeninitiative (Aktiv wird nach Möglichkeiten gesucht, Erwartungen und Ziele zu übertreffen. Dabei werden auch ungewöhnliche Wege in Betracht gezogen und gegangen. Konflikte wegen der eventuellen Aussetzung von Regeln und bürokratischen Erfordernissen werden nicht gescheut.)

Wer seine Mitarbeiter erfolgreich führen will, muss ein *soziales Bewusstsein* haben. Er muss die Bedürfnisse, Sorgen und Gefühle seiner Mitarbeiter korrekt wahrnehmen und bei seinen Interaktionen berücksichtigen. Folgende drei Kompetenzbereiche gehören zum sozialen Bewusstsein:

- Einfühlungsvermögen (Interesse am Anderen wird offen gezeigt; geduldiges, aufmerksames Zuhören und Beobachten sind wichtige Merkmale. Dessen Perspektive wird verstanden und respektiert. Die emotionale Situation wird geteilt.)
- Bewusstsein für organisatorische und gruppendynamische Prozesse (Die politischen Kräfte im Unternehmen, deren soziale Beziehungsgeflechte werden erkannt und ihre Bedeutung realistisch eingeschätzt. Eigenes Handeln wird im Hinblick auf die Auswirkungen auf das Team reflektiert und falls nötig, korrigiert.)
- Service-Orientierung (Führungskräfte kennen die Bedürfnisse ihrer Kunden und bemühen sich aktiv, deren Zufriedenheit zu steigern. Sie sind jederzeit für ihre Mitarbeiter ansprechbar und zur Hilfe bereit.)

Für die Führungskraft bedeutet *Beziehungsmanagement* den Schlüssel zum Aufbau leistungsfördernder Beziehungen. Sie gliedert sich in folgende Dimensionen:

- Anderen helfen, Erfolg zu haben (Es wird differenziertes Feedback in Bezug auf Leistung und Verhalten gegeben. Situationsgerecht wird auch die Rolle des Coaches übernommen. Mitarbeiter werden ihren Stärken entsprechend eingesetzt.)
- Inspirieren (Bei Interaktionen und bei der Kommunikation werden bewusst Emotionen geweckt. Die Führungskraft begeistert andere für die eigenen Visionen. Sie lebt ihre Rolle vorbildlich.)
- Einfluss nehmen (Führungskräfte, welche diese Kunst beherrschen, antizipieren, wie einzelne oder Gruppen auf ihr Verhalten und Vorgehen reagieren und adaptieren ihre Argumentation entsprechend. Durch offene und umfassende Kommunikation gewinnen sie andere für sich und ihre Ziele.)
- Kommunikationsfreudigkeit, -fähigkeit (Neben einer guten Rhetorik und professioneller Präsentationstechniken sind alle Möglichkeiten der verbalen und nonverbalen Kommunikation bekannt, mit denen Emotionen bei Dritten geweckt werden.)
- Innovationsfreudigkeit (Führungskräfte nehmen selbst Change-Projekte in die Hand. Sie stellen den status quo in Frage und vermitteln ständig die Aufmerksamkeit für sich abzeichnenden oder notwendigen Wandel.)
- Konfliktmanagement (Unstimmigkeiten, Meinungsverschiedenheiten werden offen gelegt; mit Takt und Diplomatie gelingt es, bei drohenden Konflikten Verständnis für die unterschiedlichen Positionen zu erzielen. Unter Einbeziehung aller Betroffenen werden einvernehmliche Lösungen gefunden.)
- Teamorientierung (Diese Führungskraft nimmt sich bewusst zurück, sie dominiert nicht jedes Meeting und jede Aktion. Wenn das Team eine einvernehmliche Lösung findet und umsetzen will, akzeptiert sie auch einmal die aus ihrer Sicht zweitbeste Lösung. Jede Gelegenheit, andere frühzeitig einzubinden wird genutzt. Pläne und Informationen werden frühzeitig kommuniziert. Niemand wird vor vollendete Tatsachen gestellt.)
- Netzwerke schaffen und pflegen (Mit einer großen Zahl von Bekannten wird ein reger Kontakt gepflegt. Schulfreunde, Kommilitonen, ehemalige Kollegen, Bekannte durch gemeinsame Hobbies, Menschen unterschiedlicher Herkunft und Ausbildung gehören dazu. Am Arbeitsplatz werden informelle Kontakte geknüpft und gepflegt.)

Mit dieser Beschreibung der emotionalen Intelligenz ist modellhaft das Idealbild einer Führungskraft aufgezeigt. Daniel Goleman hat mit seinem Statement uneingeschränkt recht:

Emotional Intelligence is the sine qua non of the leadership. Without it a person can have the best training in the world, an exclusive, analytical mind, and an endless supply of smart ideas, but he still won't make a great leader.[28]

Die Praxis bestätigt seine Aussage in vollem Umfang. Ein strategisches Personalmanagement muss daher darauf bedacht sein, bereits bei der Auswahl von Vorgesetzten dem Faktor Emotionale Intelligenz die entsprechende Bedeutung beizumessen.

Besonders hervorzuheben sind die Kommunikationsfähigkeit und die Authentizität der Führungskraft. Auf diese wird in den folgenden Kapiteln näher eingegangen. Wesen, Merkmale und Tipps zur Entwicklung der Emotionalen Intelligenz sind detailliert im Buch Employee Relationship Management[29] beschrieben.

---

[28] Goleman, Daniel, 1998, What makes a leader?, Harvard Business Review 77, S. 94

[29] Stotz, W. (2007): Employee Relationship Management.

8.4.1   Kommunikationsfähigkeit der Führungskraft

Im wissenschaftlichen Sinne wird mit Kommunikation der Prozess des Austauschs von Nachrichten zwischen einem Sender und einem oder mehreren Empfängern bezeichnet. Im engeren sozialen Sinn versteht man unter Kommunikation die Verständigung zwischen mehreren Personen. Im Wesentlichen erfolgt diese Übertragung oder Verständigung im Geschäftsleben schriftlich, verbal und non verbal.

Spätestens seit Watzlawick[30] wissen wir, dass in jeder Kommunikation die Beziehung von Sender und Empfänger eine Rolle spielt, und kennen das metakommunikative Axiom, wonach es auch die nonverbale Kommunikation gibt.

Man kann nicht nicht kommunizieren.

> *Lange Zeit wurde angenommen, Kommunikation sei einfach die Vermittlung von Informationen. Aber dann haben wir gemerkt, dass in jeder Kommunikation auch ein zweiter Aspekt enthalten ist. Das heißt: Unweigerlich kommt in jede Kommunikation eine Definition der Beziehung hinein, wie sie der Sender der betreffenden Mitteilung sieht. Das ist nicht nur in der verbalen (mündlichen) Kommunikation so, sondern auch in der schriftlichen. (...) und in der non verbalen Kommunikation.*

> *(Paul Watzlawick)*

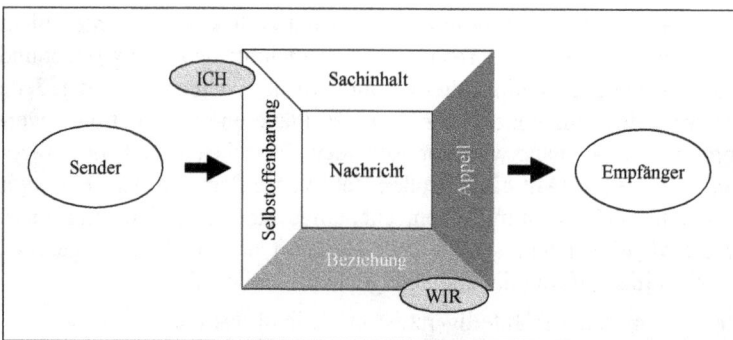

Abb. 8.10: Kommunikationsmodell

Wenn man also akzeptiert, dass alles Verhalten in einer zwischenpersönlichen Situation Mitteilungscharakter hat, d.h. Kommunikation ist, so folgt daraus, dass man, wie immer man es auch versuchen mag, nicht nicht kommunizieren kann. Handeln oder Nichthandeln, Worte oder Schweigen haben alle Mitteilungscharakter: Sie beeinflussen Andere, und diese Anderen können ihrerseits nicht nicht auf diese Kommunikation reagieren und kommunizieren damit selbst. Es muss betont werden, dass Nichtbeachtung oder Schweigen seitens des Anderen dem eben Gesagten nicht widerspricht. Der Mann im überfüllten Wartesaal, der vor sich auf den Boden starrt, oder mit geschlossenen Augen dasitzt, teilt den Anderen mit, dass er weder sprechen noch angesprochen werden will, und gewöhnlich reagieren seine Nachbarn richtig darauf, indem sie ihn in Ruhe lassen.

---

[30] Paul Watzlawick, 25. Juli 1921–31. März 2007, Österreich, Kommunikationswissenschaftler, Psychotherapeut und Autor

Aus dem bisher zur Kommunikation beschriebenen wird deutlich: Information ist nicht gleichzusetzen mit Kommunikation! Das wird im Alltag oft so nicht gesehen. Da bemängeln die Mitarbeiter (beispielsweise in der Mitarbeiterbefragung) *unzureichende Kommunikation*, was die Führungsverantwortlichen überhaupt nicht verstehen können. Regelmäßige Newsletter, Mitarbeiterzeitung, Intranet, Schwarzes Brett, Mailings: *Was sollen wir denn noch mehr tun? Wobei wir ja immer wieder feststellen, dass die Mitarbeiter die zur Verfügung gestellten Informationen bereits gar nicht alle lesen...* So, oder so ähnlich fallen die Reaktionen der Führungskräfte aus. Wenn die Mitarbeiter *Kommunikation* bemängeln, meinen sie aber: *man hört uns nicht zu, man nimmt uns nicht ernst, unsere Meinung ist nicht gefragt, man tauscht sich nicht mit uns aus.* Auch rechtzeitige und umfassende Information kann die Beziehung zum Mitarbeiter bei weitem nicht so stärken wie die Kommunikation.

Wie ist das nun im Zusammenhang mit den in Kap. 8.1 beschriebenen Rollen des Vorgesetzten zu sehen? Ein Blick auf die folgende Abbildung 8.11 verschafft Klarheit.

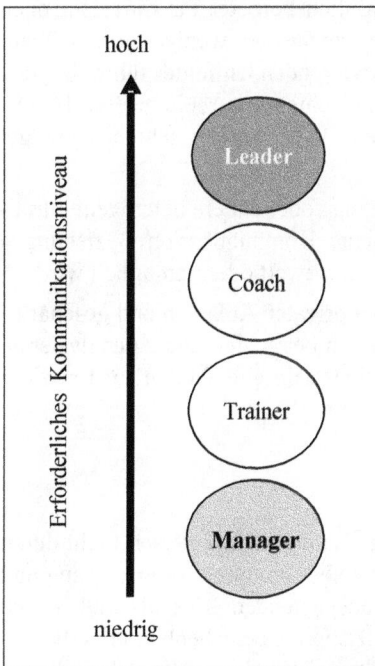

Abb. 8.11:   Erforderliches Kommunikationsniveau

Unterschiedliche Rollen des Vorgesetzten erfordern von ihm auch unterschiedliche Kommunikation.

In Situationen mit vergleichsweise niedriger Komplexität, die auch nicht auf den Aufbau leistungsfördernder Beziehungen zum Mitarbeiter zielen, kann der Vorgesetzte als Manager auftreten. Ein niedrig ausgeprägtes Kommunikationsniveau reicht aus; die Trennung zwischen Denken und Tun funktioniert in simplen Prozessen auch so. Der typische Manager hält

Information für Kommunikation. Die Verständigung mit seinen Mitarbeitern ist für ihn eine Einbahnstrasse. Entgegenkommender Verkehr wird nicht toleriert.

An die kommunikativen Fähigkeiten des Trainers sind schon höhere Ansprüche gestellt: Obwohl persönliche Beziehungen zum Trainee nicht erforderlich oder gewünscht sind, haben beide im Idealfall ein gemeinsames Ziel zu erreichen. Ob es um Fortbildung oder Anpassungsweiterbildung geht, der Trainer muss den Trainee an dessen Kenntnis- und Entwicklungsstand abholen, die Notwendigkeit der Maßnahmen erklären und seinen Trainingsplan, die Trainingsdauer und das angestrebte Ziel kommunizieren. Insbesondere wenn es sich um Trainings im Bereich der Persönlichkeitsentwicklung handelt, wird die Abgrenzung zum Coach fließend. Einfühlsame Unterstützung und sorgfältiges, motivierendes Feedback gehören auch zu den Aufgaben eines Trainers.

Eine sehr hohe Ausprägung der Fähigkeiten, mit anderen zu kommunizieren wird von einem Coach verlangt. Auch wenn er in erster Linie Fragen stellt, führt der Weg zu Reflektion und Selbstkenntnis beim Coachee über sensible, oft intime Gespräche. Die treffende, umfassende Analyse von persönlichen Stärken und Schwächen kann nur in einem von Vertrauen geprägten Klima erfolgen.

Coaches im klassischen Sinn werden überwiegend terminlich befristet für Einzelpersonen tätig. Dagegen hat der Leader das Tagesgeschäft mit einem mehr oder weniger großen Team zu erledigen. Die Schaffung eines inspirierenden und motivierenden Umfeldes führt über den Aufbau von vertrauensvollen, dauerhaften Beziehungen zu seinen Mitarbeitern. Bei der Implementierung und Aufrechterhaltung eines strategischen HCM werden sehr ausgeprägte kommunikative Fähigkeiten zum Erfolgsfaktor.

Je komplexer das Umfeld, sei es durch multikulturelle Teams, oder andere heterogene Strukturen, umso größer ist die Gefahr, dass durch unbedachte Kommunikation Beziehungen gestört und die Erreichung von zielführenden Ergebnissen erschwert oder unmöglich wird.

Es ist immer wieder interessant und lehrreich zugleich, bei privaten Anlässen und geschäftlichen Meetings die Kommunikation unter diesen Aspekten zu betrachten und zu analysieren. Das kann zum besseren Verständnis anderer beitragen und als sehr gute Übung zur Entwicklung der eigenen kommunikativen Fähigkeiten dienen.

8.4.2   Authentizität der Führungskraft

Angewendet auf Personen bedeutet Authentizität dass das Handeln einer Person nicht durch externe Einflüsse bestimmt wird, sondern aus der Person selbst stammt. Gruppenzwang und Manipulation sind bei einem authentisch Handelnden ausgeblendet. Eine als authentisch bezeichnete Person wird von ihren Bezugspersonen langfristig als berechenbar, unverbogen, ungekünstelt wahrgenommen. Der Grad der Authentizität ergibt sich aus der Schnittmenge von Individualität und Anpassung an Begebenheiten und Erwartungen des Umfeldes.

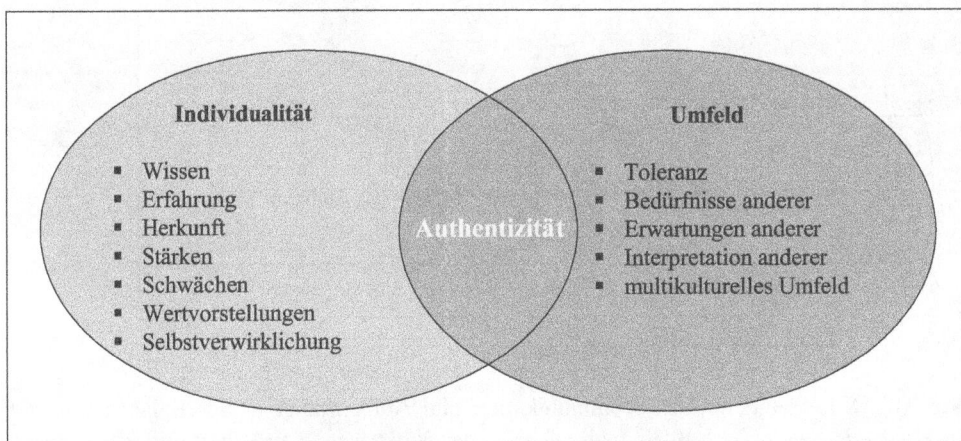

Abb. 8.12:   Schnittmenge Authentizität

Der Vorgesetzte muss sich darüber im Klaren sein, dass Authentizität auch bedeutet, dass er nicht mehr allein das Maß der Dinge ist, sondern die Auswirkung seines Handelns und Verhaltens auf andere berücksichtigen muss. Aber gerade die jüngere Vergangenheit und die aktuellen Berichterstattungen zeigen, dass es vielen Führungskräften an Berechenbarkeit an Echtheit, mangelt. Enron, Arthur Andersen, EM.TV, Comrad, Siemens, BMW, VW, Deutsche Bank, Post: die Liste der Unternehmen, die durch Führungskräfte mit einem hohen Maß an krimineller Energie in die Schlagzeilen kamen, ist lang geworden. Es ist nicht nur der Schaden, der in diesen Unternehmen entsteht, sondern hier erwächst auch eine volkswirtschaftliche Dimension. Wenn Unternehmensführungen zunehmend als korrupt und ausbeuterisch betrachtet werden, wenn sich der Leistungs- und Leidensdruck für die mittlere und untere Ebene der Unternehmen ständig vergrößert, wird insgesamt der Nährboden für eine gute und gesunde Unternehmenskultur vernichtet. Trotz hervorragend ausgebildeter Personaler wird der Aufbau einer Employer Brand in solchen Unternehmen im Keim erstickt.

Es ist leicht nachvollziehbar: Wer authentisch und damit glaubwürdig führt, arbeitet effizienter und kann zu seinen Mitarbeitern leistungsfördernde Beziehungen aufbauen. Authentizität ist aber nicht etwa angeboren, wie viele glauben. Sie kann erlernt und weiterentwickelt werden, auch wenn der Weg dorthin steinig und lang ist. Authentisches Handeln ist immer ein komplexer und bewusster Akt. Ein authentisch agierender Vorgesetzter täuscht seiner Umgebung nichts vor. In unterschiedlichen Situationen zeigen sich die unterschiedlichsten Facetten seiner Persönlichkeit. Wer in der Lage ist, sein persönliches Auftreten weiterzuentwickeln und zu beeinflussen, kann daher auch an einem authentischen Führungsstil arbeiten. Es kommt darauf an, dass alle Wesensmerkmale, die in unterschiedlichen Situationen gezeigt werden, echt sind. Das Imitieren von Vorbildern oder bekannten Führungspersönlichkeiten wird vom Umfeld schnell durchschaut und der Vorgesetzte nicht mehr als authentisch empfunden. Es müssen die eigenen Erfahrungen, Charaktereigenschaften und Interessen zum Vorschein kommen, um einen Mitarbeiter dauerhaft von der Integrität seines Vorgesetzten zu überzeugen. Mitarbeiter fühlen sich sonst über kurz oder lang von ihm hintergangen.

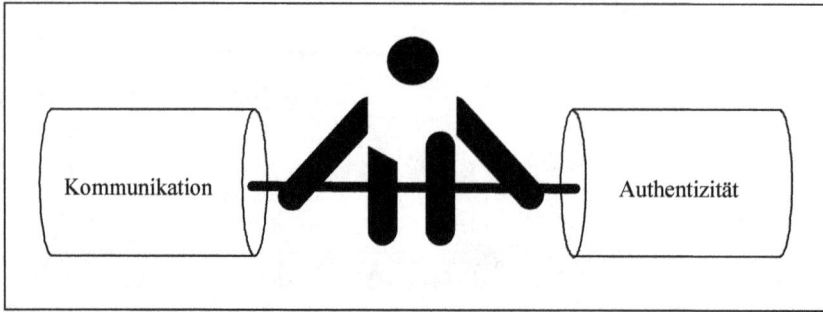

Abb. 8.13:   Schwergewichte der Führungsleistung

Wie Abb. 8.13 zeigt, müssen Kommunikation und Authentizität in der Balance sein. Ob *Practice what you preach, Walk like you talk* oder *Nicht Wasser predigen und Wein trinken*, diese Botschaften sind in ihrer Einfachheit und Klarheit nicht zu überbieten.

8.5   Führungskräfteentwicklung

Während in der Vergangenheit Führungserfahrung ein wesentliches Kriterium bei der Bewerbung um eine leitende Position war, erhält im Zuge des Human Capital Management das Führungswissen im Anforderungsprofil große Bedeutung. Doch wo haben etablierte und zukünftige Führungskräfte den Umgang mit der für ihr Unternehmen wichtigsten Ressource gelernt? Wo haben sie gelernt, dass der Aufbau leistungsfördernder Beziehungen zu den Mitarbeitern angewandte Betriebswirtschaftslehre ist? Wer hat sie wissen lassen, dass es nicht den optimalen Führungsstil gibt? Woher haben sie das eignungsdiagnostische Wissen, um ihre zentralen Aufgaben Mitarbeiterauswahl und -beurteilung professionell erfüllen zu können? Wo haben sie über die Bedeutung emotionaler Intelligenz und sozialer Kompetenz gehört? Wissen sie, dass sie den entscheidenden Beitrag zum Employer Branding im Unternehmen leisten müssen?

Prosperierende Karrieren und eine ausgewogene Work-Life-Balance sind ohne dieses Wissen zukünftig nicht mehr zu realisieren.

Unternehmen müssen verstärkt in die Aus- und Weiterbildung ihrer Führungskräfte investieren. Hierbei muss dem Führungswissen ein entsprechender Stellenwert eingeräumt werden. Denn ohne Führungswissen ist das komplexe HCM nicht professionell umsetzbar. Die Bedeutung von Führungswissen wird in der Relation zum Fachwissen deutlich höher.

Geeignete Maßnahmen

Bei vielen – auch namhaften – Anbietern für Führungskräfteentwicklung finden sich diese Erkenntnisse noch nicht in den Programmen wieder. Die einzelnen Maßnahmen sind überwiegend auf Führungstechniken fokussiert. Dabei geht häufig die Authentizität der Führungskraft verloren. Wichtig aber für die Entwicklung der Vorgesetzten ist, dass sie zunächst „entlernen", d.h., sich von Denkmustern und Verhaltensweisen befreien, die nicht mehr geeignet sind, erfolgreich Führungsleistung zu erbringen. Durch die Aufnahme aktuellen Wissens aus der Arbeits- und Betriebspsychologie sollen sie in die Lage versetzt werden, eigenes

Verhalten zu reflektieren und, wo nötig, nachhaltig zu verändern. Die emotionale Intelligenz und die Sozialkompetenz nehmen in ihrer Bedeutung die Schlüsselposition bei Führungskräften ein. Dort muss Führungskräfteentwicklung im Sinne des HCM ansetzen. Nur so kann im Unternehmen ein Umfeld erzeugt werden, in dem die Mitarbeiter bereit und in der Lage sind, ihr Potential zu entfalten. Das wirkt sich in der Folge auf den Employer Brand aus.

Hochschulen als Partner

Ein idealer Partner für die Führungskräfteentwicklung werden in der Zukunft die Hochschulen sein. Diese haben neben der Lehre und Forschung den offiziellen Auftrag, sich dem lebenslangen Lernen zu widmen. Noch tun sich staatliche Hochschulen im Bereich der berufsbegleitenden akademischen Weiterbildung oft schwer. Dennoch haben sie alle Möglichkeiten, sich auf dem Markt der quartären Bildung besser zu positionieren. Voraussetzung ist aber, dass sie ihre Angebote an der Praxis und den Bedürfnissen ihrer potenziellen Kunden und Nachfragern orientieren.

Aktuelle Beispiele

Neben der Hochschule Konstanz (MBA in HCM) und der Streinbeiss-Hochschule Berlin (Master Studiengang mit Schwerpunkt HCM) ist das Hochschulzertifikatsprogramm der Munich Business School, München, zu nennen: Schon der Programmname Human Capital Management & Leadership[31] macht deutlich, wer in der Verantwortung für HCM ist. In 8 Modulen werden Fach- und Führungskräfte auf die künftigen Anforderungen ausgebildet und vorbereitet.

Noch einen Schritt weiter geht die Hochschule Mittweida[32]: Ab dem Sommersemester 2013 hat sie eine Professur für Human Capital Management installiert. Neben der studentischen Ausbildung wird man sich in Mittweida zukünftig mit speziellen Programmen der gezielten Entwicklung von Fach- und Führungskräften im Sinne des HCM widmen. Diese Programme werden auf die Bedürfnisse einzelner Unternehmen und auf den vorhandenen Wissensstand der Führungskräfte zugeschnitten und von erfahrenen Dozenten praxisnah umgesetzt.

---

[31] http://www.munich-business-school.de/human-capital-management.html
[32] http://www.hs-mittweida.de/

9 Die Rolle der Mitarbeitervertretung im Employer Branding Prozess

Obwohl die Zusammenarbeit mit dem Betriebsrat eines Unternehmens oft sehr emotional geprägt ist, sei eingangs das Organ der Mitarbeitervertretung eher nüchtern betrachtet. So heißt die weit verbreitete Definition:

> *Der Betriebsrat ist das gesetzliche Organ zur Vertretung der Arbeitnehmerinteressen und zur Wahrung der betrieblichen Mitbestimmung gegenüber dem Arbeitgeber in Betrieben des privaten Rechts. Im Wesentlichen regelt das Betriebsverfassungsgesetz von 1972 (BetrVG) die Rechte des Betriebsrats. Gesetzlich sind ihm bei der Wahrnehmung seiner Aufgaben in sozialen, personellen und wirtschaftlichen Angelegenheiten Mitwirkungs- und Mitbestimmungsrechte eingeräumt.*

Egal wie man zu den Mitbestimmungsrechten des Betriebsrates steht und welche Blüten sie treiben, sie sind und bleiben ein fester und nicht verhandelbarer Bestandteil unserer Rechtsordnung.

9.1 Der Betriebsrat als Partner

Arbeitnehmervertretung durch Betriebsräte kann durchaus den strategischen und operativen Zielen des Unternehmens nutzen. Grundvoraussetzung hierfür ist jedoch ein starker, von gewerkschaftlicher Demagogie distanzierter Betriebsrat. Der Versuch, in Unternehmen mit in der Regel mehr als fünf wahlberechtigten Arbeitnehmern einen Betriebsrat nachhaltig zu verhindern, wird über kurz oder lang scheitern. Selbstbewusste, starke Betriebsräte sollten daher das Ziel der Unternehmensleitungen sein. Diese Betriebsräte gilt es als Partner zu akzeptieren, mit all ihren Rechten und Pflichten.

In vielen Unternehmen wird der Betriebsrat nur dann eingeschaltet, wenn das Betriebsverfassungsgesetz ein Mitwirkungs- oder Mitbestimmungsrecht vorsieht. Hier sei die Überlegung angeraten, was dagegen spricht, den Betriebsrat so oft wie möglich um seine Meinung zu bestimmten Vorgängen und Problemlösungen zu fragen. Das bringt oft interessante Informationen. Warum nicht auch einmal die aus der eigenen Perspektive zweitbeste Lösung akzeptieren, wenn die Belegschaft sie favorisiert? Der Betriebsrat wird dann bei der Implementierung in die aktive Verantwortung genommen. Das kann zu erstaunlichen Resultaten führen.

Das Employer Branding zeigt für die Betriebspartner einen Weg, auf dem sie – trotz möglicher Interessenskonflikte – einer erfolgreichen, zufrieden stellenden Zukunft entgegengehen können. Erfolgreiche Zukunft in diesem Sinne heißt, dass sich Arbeitnehmer und Unternehmer wieder näher stehen als Arbeitnehmer und Gewerkschaften.

Die in der Öffentlichkeit bekannt gewordenen Beispiele von VW und anderen Unternehmen zeigen es: Keinesfalls die Gunst von Betriebsräten kaufen! Das rächt sich langfristig! Viel sinnvoller ist es, den Betriebsrat über die gesetzlichen Erfordernisse hinaus in das Unternehmensgeschehen einzubinden. Er kann dann ein Verständnis für viele – auch unpopuläre – Maßnahmen entwickeln und der Belegschaft gegenüber argumentieren. Einem starken Betriebsrat glaubt man. Er kann am ehesten vermitteln, dass man die Kuh, die man hin und wieder melken will, auch gesund halten muss.

Management und Betriebsrat sollten hin und wieder auch ohne konkreten Anlass zusammenfinden. Sich gegenseitig auf der menschlichen Seite besser kennen zu lernen, führt zu mehr Verständnis und Vertrauen. Warum nicht den Betriebsrat zu Strategiemeetings oder zur Budgetpräsentation einladen?

9.2   Die Grundvoraussetzungen

Für diesen Weg gibt es vier Grundvoraussetzungen:

1. Akzeptanz der Institution Betriebsrat:

Viele Auseinandersetzungen mit dem Betriebsrat haben ihren Kern darin, dass dieses Gremium grundsätzlich abgelehnt wird und damit die von den Mitarbeitern gewählten Betriebsratsmitglieder zumindest argwöhnisch beäugt werden. Müssen aber die Betriebsratsmitglieder ständig um ihre Anerkennung und um die Beachtung ihrer Rechte kämpfen, führt das oft zu chronischer Konfrontation.

2. Kenntnis der kritischen Rechtsvorschriften:

Wer aus Unkenntnis der einschlägigen Rechtsvorschriften – juristisch gesprochen – gegen sie verstößt, riskiert unnötige Konflikte. Der Betriebsrat fühlt sich in seinen Rechten ignoriert, stellt sich dann aus Prinzip quer und blockiert mitbestimmungspflichtige Maßnahmen. Der Stoff, aus dem unüberbrückbare Gräben entstehen können.

3. Kenntnis der Wünsche und Erwartungen der Mitarbeiter:

Wenn beim Management hinsichtlich der Wünsche und Erwartungen der Mitarbeiter eine Fehleinschätzung besteht, werden die Mitarbeiter unzufrieden bleiben. Sie müssen dies als mangelnde Anerkennung und Ignoranz bewerten. Und zwar zu Recht. Die mangelnde Anerkennung den einzelnen Mitarbeitern gegenüber erzeugt insgesamt ein Vakuum, das diese versuchen durch die Wahl eines Betriebsrates zu beseitigen.

4. Keine Begünstigung der Betriebsratsmitglieder:

Der Weg des geringsten Widerstandes oder einfach nur die Ohnmacht vor gesetzlich legitimierten aber für die betriebliche Praxis blockierenden Bestimmungen, verleitet zahlreiche Manager zu Zugeständnissen für einzelne oder alle Betriebsratsmitglieder. Unabhängig von der Tatsache, dass es sich hierbei um einen Rechtsverstoß handelt, wird bei Bekanntwerden das Betriebsklima und somit die Anstrengungen des Employer Branding nachhaltig negativ beeinflusst.

Die vorstehend genannten Grundvoraussetzungen stellen sozusagen das kleine Ein-Mal-Eins der Zusammenarbeit mit dem Betriebsrat dar. Mit ihnen können unnötige, zeit- und ressourcenzehrende Konflikte vermieden werden.

Der Umgang der Unternehmensführung und des Managements mit dem Betriebsrat ist auch immer ein Gradmesser für das existierende Menschenbild im Unternehmen. Es gibt in der deutschen Wirtschaft eine Reihe von Beispielen für gekaufte und geschmierte Betriebsräte. Aber auch für den ständigen Kampf gegen die Errichtung von Betriebsräten. Wenn diese Unternehmen gleichzeitig mit viel Geld über externes Personalmarketing versuchen, sich als attraktiver Arbeitgeber zu positionieren, wirkt das eher grotesk. Die aktiven Mitarbeiter dieser Unternehmen werden nicht in einem loyalitätsfördernden Maß auf ihren Arbeitgeber stolz sein. Im Sinne der Gallup-Studie gehören sie bestenfalls zu dem Teil *Work To Rule*.

9.3 Zusätzliche Überlegungen und Hinweise

Darüber hinaus gibt es die Möglichkeit, den Betriebsrat konstruktiv in das unternehmerische Geschehen und als Promotor für das Employer Branding einzubauen. Nachstehend sind einige Hinweise, Überlegungen und Tipps hierfür aufgezeigt:

9.3.1 Bereitschaft zur Kandidatur

Wenn im Betrieb bekannt ist, dass das Management Betriebsräte generell als *Feinde* betrachtet, sie zur *persona non grata* abstempelt, darf man sich nicht wundern, wenn sich gute, vernünftige Mitarbeiter gar nicht erst zur Wahl stellen. Die Folge: Diejenigen, die sich von ihrer Gewerkschaft führen und steuern lassen, bestimmen das Gremium. Jeder Betrieb hat den Betriebsrat, den er verdient.

Beispiel 9.1
In einer Deutsch-Amerikanischen Unternehmensgruppe war bekannt, dass der Geschäftsführer eines Betriebes allgemein die Aufgabe hatte, einen Betriebsrat nach Möglichkeit zu verhindern. Einer der Geschäftsführer ließ die Mitarbeiter wissen, dass jeder, der sich für so etwas hergäbe, den Betriebsfrieden stören wolle. Für die trotzdem vom Gesamtbetriebsrat und der Gewerkschaft initiierte Betriebsratswahl wollten sich zunächst keine Bewerber finden. Im Endergebnis ergab sich eine Liste, die überwiegend aus Mitarbeitern bestand, die intellektuell als eher unterdurchschnittlich eingestuft werden durften und Hilfsarbeiten ausführten. Folglich gehörten dann dem dreiköpfigen Betriebsrat zwei Mitarbeiter an, die aufgrund ihres fachlichen Könnens und ihres Verhaltens zu den schwächsten zählten. Mit diesen musste sich dann der Geschäftsführer die nächsten vier Jahre über alle seinen Betrieb betreffenden wirtschaftlichen, sozialen und personellen Angelegenheiten auseinandersetzen. Das dritte Mitglied, eine langjährig beschäftigte, fachlich und menschlich geschätzte Mitarbeiterin, gab nach sechs Monaten resigniert auf und schied aus dem Gremium aus, weil sie die Zusammenarbeit mit ihren Betriebsratskollegen nicht mehr ertrug.

Wenn das Management sein Verständnis für den Betriebsrat, den Nutzen den dieses Gremium dem Betrieb und seinen Arbeitnehmern bringen kann, und die damit zusammenhängende Verantwortung der Betriebsratsmitglieder offen und umfassend mit der Belegschaft kommuniziert, wird die Liste der Kandidaten positiv beeinflusst.

Beispiel 9.2

Ausgehend von den zermürbenden Erfahrungen seines Kollegen, ging der Geschäftsführer eines anderen Betriebes den entgegengesetzten Weg: Bei den ersten Anzeichen für die Gründung eines Betriebsrates suchte er den Dialog mit der Belegschaft und legte seine Auffassung von Betriebsratsarbeit dar. Er gab seinem Wunsch Ausdruck, dass sich genügend verantwortungsbewusste Mitarbeiter für die Wahl in das Gremium finden würden. Ergebnis: Dem insgesamt sehr qualifizierten Betriebsrat gehörten sein Stellvertreter und zwei Abteilungsleiterinnen an. Trotz intensiver Bemühungen von externer Seite gestaltete sich die Zusammenarbeit erwartungsgemäß konstruktiv.

9.3.2   Reihenfolge der Informationen

Die Mitarbeiter müssen frühzeitig, offen und umfassend über alle sie betreffenden Themen informiert werden. Wenn eine Mitarbeitervertretung besteht, heißt die Reihenfolge: Erst der Betriebsrat, dann die Mitarbeiter. Je nach Thema kann überlegt werden, ob der Betriebsrat aktiv in eine Informationsveranstaltung eingebunden wird – auch wenn diese keine Betriebsversammlung im Sinne des Betriebsverfassungsgesetzes ist.

Insbesondere für Veränderungsprozesse jeglicher Art gilt: Die Mitarbeitervertretung sollte frühzeitig eingebunden sein. Und zwar grundsätzlich und nicht nur im Rahmen des Betriebsverfassungsgesetzes. Einerseits werden somit die Befindlichkeiten der Mitarbeiter rechtzeitig bekannt und können vor Entscheidungen Berücksichtigung finden. Andererseits wird die Position des Betriebsrates als Informationsträger gestärkt. Das wirkt sich positiv auf das Change-Management und andere Projekte aus.

So ist die Einbindung des Betriebsrates in den Employer Branding Prozess bereits in der Strategiephase (s. Kap. 10) anzuraten. Er kann dann in der Analyse-Phase wertvolle Beiträge zur realistischen Einschätzung von Stärken und Schwächen des Unternehmens hinsichtlich seiner Attraktivität als Arbeitgeber liefern. Bei bestimmten Prozessen, die einer Betriebsvereinbarung bedürfen, zeigt sich zudem, dass der Gremiendurchlauf schneller und konstruktiver zu bewerkstelligen ist.

9.4   Grenzen der Kooperation

Auch der Versuch, generell kooperativ mit dem Betriebsrat zusammenzuarbeiten, wird schon mal an seine Grenzen stoßen. Gibt es mit dem Betriebsrat, oder mit einzelnen Mitgliedern, einfach kein Weiterkommen mehr, sollte man keine Scheu haben, die Auseinandersetzung offen in die Belegschaft zu tragen. Richtig gesteuert, kann das zu einer *win-win-* Situation für alle Beteiligten führen.

Wenn dies alles Berücksichtigung findet, gibt es in der Belegschaft keine unnötigen Spekulationen oder Gerüchte. Das Arbeitsumfeld wird transparent und berechenbar. Eine zunächst vielleicht befürchtete Verlangsamung der Prozesse und Entscheidungen wird im weiteren Verlauf mehr als wettgemacht.

In dieser Art und Weise kann der Betriebsrat auf dem Weg zum Employer of Choice eine wertvolle Hilfe sein.

10 Die Employer Branding Strategie

Wie aus der allgemeinen Managementlehre hinreichend bekannt, empfiehlt sich eine sorgfältig erarbeitete Strategie, bevor operative Maßnahmen einsetzen. Dies gilt ebenso für das Employer Brand Management. Allerdings darf die Employer Branding Strategie kein Selbstzweck sein, sondern sie muss sich aus der HR-Strategie ableiten. Noch treffender gesagt: Strategisches HCM beinhaltet Employer Branding.

10.1 Mit Strategie zum Erfolg

Nur mit einem strategischen HCM kann die Personalabteilung als Businesspartner für das Management einer Organisation dienen. Auf die fehlende HR-Strategie angesprochen, wenden Personalleitungen gerne ein, dass es nicht möglich sei, in ihrem Unternehmen eine solche zu entwickeln. Als Begründung wird eine fehlende oder nicht offen kommunizierte allgemeine Unternehmensstrategie genannt. Dies kann nur ansatzweise akzeptiert werden. Natürlich ist die allgemeine Unternehmensstrategie wichtig für die Ableitung der HR-Strategie. Viel wichtiger ist jedoch eine klare Festlegung der Unternehmensleitung, welches Bild sie von ihren Mitarbeitern hat:

Sieht das Unternehmen seine Mitarbeiter als größten Kostenfaktor, den es gezielt und kontrolliert einzusetzen gilt (Image C), oder sieht das Unternehmen seine Mitarbeiter als größten Kostenfaktor, zu dem man allerdings etwas nett sein sollte, da Fluktuation und Fehlzeiten zu Produktivitätsverlusten führen können (Image B), oder sieht das Unternehmen seine Mitarbeiter als wichtigstes Element in der Wertschöpfungskette und als Differenzierungsfaktor vom Wettbewerb an? (Image A)

Zugegeben, diese Betrachtung ist recht undifferenziert, trifft aber den Kern. In Betriebsversammlungen, den Geschäftsberichten oder in sonstigen Publikationen werden die Mitarbeiter oft als wichtigstes Element und als Differenzierungsfaktor benannt. Aber im Tagesgeschäft geht dieser Anspruch in nennenswertem Umfang verloren. Dort erfahren die Mitarbeiter durch ihre Führungskräfte eher, dass der größte Kostenfaktor minimiert oder immer produktiver eingesetzt werden muss.

Unabhängig von einer vorhandenen oder nicht vorhandenen allgemeinen Unternehmensstrategie ist die klare Positionierung der Mitarbeiter unerlässlich für die HR-Strategie. Egal, wie diese Positionierung ausfällt – nur dahingehend kann die HR-Strategie entwickelt werden. In einem Unternehmen, in dem in Wirklichkeit das Image C existiert, sollte tunlichst von Aktivitäten zum Employer Branding abgesehen werden. Nicht nur, dass unnütz Geld und sonstige Ressourcen verschwendet würden, man würde sich sogar kontraproduktiv verhalten. Im Image B-Unternehmen ist es nur mit viel Mitteleinsatz möglich, einen Ruf als Arbeitgeber aufzubauen, der aber nie die erhofften Auswirkungen einer Employer Brand voll erzielen kann. Nur im Image A -Unternehmen kann eine HR-Strategie entwickelt werden. die auch zu einer nachhaltigen Employer Brand führt. Wie bereits in Kapitel 2.2 ausgeführt, ist die Employer Brand das Ziel von diversen Employer Branding Maßnahmen. Diese Maßnahmen müssen, um zielführend wirken zu können, als strategischer Prozess konzipiert und sorgfältig implementiert werden. Hierfür kann sich das Employer Branding der allgemeinen Marketingtheorie bedienen, wonach der Führungsprozess einer Marke die zielgerichtete Analyse, Planung, koordinierte Umsetzung und Evaluation aller Aktivitäten bzw. Gestaltungsparameter beinhaltet.

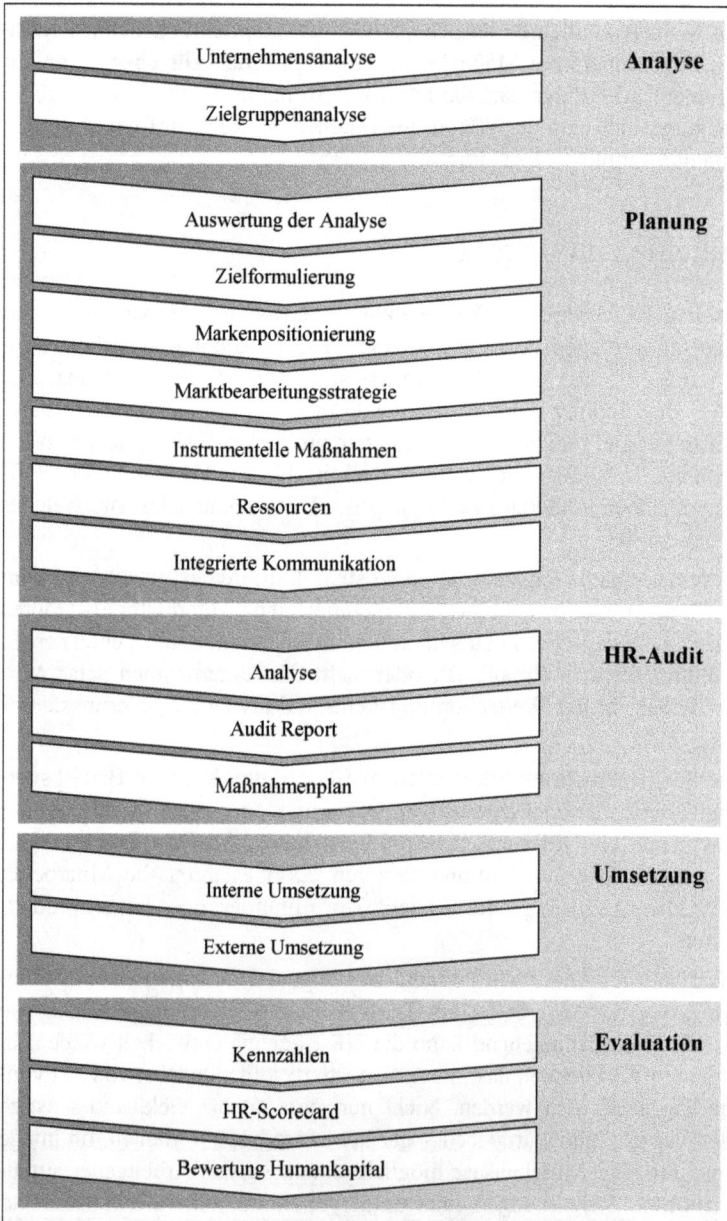

Unternehmensanalyse	**Analyse**
Zielgruppenanalyse	
Auswertung der Analyse	**Planung**
Zielformulierung	
Markenpositionierung	
Marktbearbeitungsstrategie	
Instrumentelle Maßnahmen	
Ressourcen	
Integrierte Kommunikation	
Analyse	**HR-Audit**
Audit Report	
Maßnahmenplan	
Interne Umsetzung	**Umsetzung**
Externe Umsetzung	
Kennzahlen	**Evaluation**
HR-Scorecard	
Bewertung Humankapital	

Abb. 10.1:   Idealtypischer Employer Branding Prozess

Zur Visualisierung des Employer Branding Prozesses empfiehlt sich das im Folgenden dargestellte Ablaufschema. Es besteht aus fünf Ebenen: der Analyse, der Planung, dem HR-Audit, der Umsetzung und der Evaluation. In diesem Kapitel werden die beiden erstgenannten Ebenen beschrieben. Den Themen HR-Audit, Umsetzung und Evaluation sind jeweils eigene Kapitel (11–13) gewidmet.

Die Erfahrungen des Autorenteams zeigen deutlich, dass in der Praxis bereits mit dem Start der ersten Ebene Fehler gemacht werden, deren Folgen den gesamten Prozess beeinträchtigen, im schlimmsten Fall sogar scheitern lassen. Ein interdisziplinäres Projektteam kann folgenschwere Fehler vermeiden helfen (s. 14.7.4: interdisziplinäres Projektteam bei Travel Charme AG). Auch wenn das Projekt *Employer Branding* gerade zu Beginn hierdurch vermeintlich nur langsam an Fahrt aufnimmt, wird sich bei der Maßnahmenplanung und in der Umsetzungsphase zeigen, dass eventuelle Verzögerungen zu Beginn später mehr als kompensiert werden. Als einer der folgenschwersten Fehler hat sich die zu späte Einbindung der Arbeitnehmervertretung herauskristallisiert. Rechtliche und psychologische Aspekte belasten dann die zielorientierte, inhaltliche Arbeit.

10.2 Die Analyse

Die Analyse liefert das Fundament für den Employer Branding Prozess und stellt umfangreiche Informationen zur Verfügung. Eine sorgfältige SWOT-Analyse und der Konsens hinsichtlich der analysierten Parameter können eine sichere Basis für den Aufbau und die Entwicklung der Employer Brand bilden. Konsens in diesem Zusammenhang bedeutet die möglichst passgenaue Übereinstimmung unterschiedlicher Perspektiven. Somit kommt dieser Ebene eine besonders wichtige Bedeutung zu. Sie setzt sich aus der Unternehmensanalyse und der Zielgruppenanalyse zusammen.

Zunächst einige Anmerkungen zu dem vielseitigen Analysetool SWOT-Analyse. SWOT setzt sich aus dem englischen *Strengths* (Stärken), *Weaknesses* (Schwächen), *Opportunities* (Möglichkeiten, Chancen) und *Threats* (Bedrohungen, Risiken) zusammen.

SWOT - Analyse		Externe Analyse	
		Opportunities	Threats
Interne Analyse	Strengths	SO	ST
	Weaknesses	WO	WT

Abb. 10.2:   SWOT-Analyse

Stärken und Schwächen sind interne Faktoren des Unternehmens (Wo sind wir gut? Wo sind wir schwach?), die Möglichkeiten und Bedrohungen sind externe Faktoren (Wie können wir unser Potential am Markt entfalten? Welche externen, marktbezogenen Risiken müssen wir einkalkulieren?)

Nach sorgfältiger Beantwortung dieser Fragen, kann die typische SWOT-Analyse zur Entwicklung weiterer Strategien und Maßnahmen herangezogen werden, wie aus Abb. 10.2 zu entnehmen ist:

SO – Strategien: Wie können wir unsere eigenen Stärken einsetzen, um die sich extern bietenden Chancen nutzen zu können?

ST – Strategien: Wie können wir unsere Stärken einsetzen, um externe Risiken zu vermeiden oder zu minimieren?

WO – Strategien: Welche Schwächen müssen wir abbauen? Wie können wir unsere Schwächen abbauen, um sich extern bietende Chancen nutzen zu können?

WT – Strategien: Welche Schwächen müssen wir abbauen? Wie können wir unsere Schwächen abbauen, um externe Risiken zu vermeiden oder zu minimieren?

WO- und WT-Strategien beinhalten zudem die Risikoidentifikation, Risikoanalyse, Risikobewertung und Risikosteuerung – Faktoren, die in jedem allgemeinen HR-Audit für Ratings gem. Basel II hohe Bedeutung zeigen.

10.2.1　　Unternehmensanalyse

Die Grundlage für allgemeine markenpolitische Entscheidungen bildet eine Untersuchung der aktuellen Situation des Unternehmens auf dem zu betrachtenden Markt. Im Sinne der identitätsorientierten Markenführung (Inside-Out- und Outside-In-Orientierung) gilt es, sowohl interne als auch externe Faktoren zu berücksichtigen. Zum einen muss Klarheit über die unternehmensinterne Situation und gegebenen Voraussetzungen geschaffen werden. Hierzu zählen insbesondere die strategische, die strukturelle und die kulturelle Situation des Unternehmens. Zum anderen müssen externe Einflussfaktoren, welche die Rahmenbedingungen für das Unternehmen bilden, betrachtet und in ihren Auswirkungen auf das Employer Branding eingeschätzt werden.

Unternehmensinterne Einflussfaktoren

Wie bereits erwähnt, darf bei einem Unternehmen als Arbeitgeber die nach innen gerichtete Selbstanalyse nicht fehlen. Das Employer Branding muss an der aktuellen Unternehmenssituation ansetzen, um langfristig erfolgreich zu sein. Nur die genaue Kenntnis der aktuellen Wahrnehmung der internen Zielgruppensicht sowie auch deren Erwartungen und Bedürfnisse ermöglicht eine optimale Ausrichtung der Folgeschritte. Zum einen sind Spezifika des Unternehmens zu beachten, zum anderen Rahmenbedingungen, welche durch die Unternehmensleitung und das Personalmanagement festgesetzt sind. Die unternehmensinternen Einflussfaktoren zeigen oftmals Interdependenzen, die sich als Hindernisse auf dem Weg zum Employer Brand darstellen können.

In Anlehnung an eine Veröffentlichung der DGfP[33] können hierbei folgende Überlegungen angestellt werden:

1. Die Unternehmensvision
   - Baut das Unternehmen auf Kontinuität, auf Bodenständigkeit oder will es als Global Player erfolgreich sein?
   - Sieht es sich jetzt und/oder zukünftig als Marktführer?

---

[33]　In Anlehnung an DGFP

2. Die Unternehmensstrategie
   - lang-/ und mittelfristigen Ziele,
   - stärkere internationale Ausrichtung,
   - Veränderungen im Produktportfolio

3. Die Produkte und sonstigen Leistungen des Unternehmens
   - Sind die Produkte oder Dienstleistungen des Unternehmens hoch innovativ oder besitzen sie einen eher geringen Innovationsgrad?
   - Sind die Produkte in der Öffentlichkeit bekannt oder nur bei wenigen Experten?
   - agiert das Unternehmen im B2C oder im B2B Markt?

4. Die Unternehmensorganisation
   - Aufbau- und Ablauforganisation,
   - Was unterscheidet das Unternehmen in diesem Punkt von Wettbewerbern?

5. Die Unternehmenskultur und die gelebten Werte
   - Für welche besonderen Werte steht das Unternehmen?
   - Gibt es ein besonderes Zusammengehörigkeitsgefühl der Mitarbeiter?
   - Wie wird die Corporate Social Responsibility (CSR) wahrgenommen?

6. Die allgemeinen Grundsätze der Geschäftspolitik
   - Durch welche Handlungsmaximen werden unsere internen und externen Interaktionen geprägt?
   - Gibt es hierfür definierte Richtlinien, und werden sie auch gelebt?

7. Die Unternehmenssituation
   - Historie des Unternehmens,
   - Ertragslage
   - betriebswirtschaftliche Kennzahlen,
   - Anzahl und Qualifikation der Mitarbeiter,
   - Fluktuation

Weiterhin sind die Rahmenbedingungen und der Professionalisierungsgrad des Personalmanagements mit in diese Überlegungen einzubeziehen. Diese werden idealerweise in einem separaten HR-Audit hinterfragt. Hiermit beschäftigt sich Kapitel 11.

Die Analyse der internen Einflussfaktoren bedarf großer Sorgfalt. Hierzu gehört bereits die Frage, wer diese Analyse durchführt. Geschieht dies nur durch die Unternehmensleitung und ihre leitenden Mitarbeiter, besteht die Gefahr einer verzerrten Realität. Die Analyse unter der Regie eines externen Beraters ist daher zu empfehlen, damit nicht bereits in dieser Phase schwer zu korrigierende Fehler gemacht werden. Dies gilt auch für das in Kap. 11 beschriebene HR-Audit.

Informationen zu den unternehmensinternen Einflussfaktoren werden aus öffentlich zugänglichen Dokumenten wie Geschäftsberichten, Personalberichten, Sozialberichten oder Nachhaltigkeitsberichten entnommen. Des Weiteren können unternehmensinterne Dokumente wie Strategiepapiere, Organisationscharts oder Darstellungen im Intranet verwendet werden. Auch Medienberichte sollten zur Analyse herangezogen werden. Zudem bietet es sich an, Interviews und Gespräche mit Mitarbeitern zu führen, um deren Perspektiven in die Analyse einfließen lassen zu können. Eine strukturierte Mitarbeiterbefragung, welche umfassende Hinweise auf die differenzierte Bewertung für die Arbeitnehmer wichtiger Kriterien liefert, ist nach Meinung von Experten die beste Möglichkeit. Neben den aktuellen Mitarbeitern sollten auch das Management und die HR-Professionals in die Befragung mit einbezogen werden. Hierauf wird in Kapitel 11 detailliert eingegangen.

Unternehmensexterne Einflussfaktoren

Die Employer Brand beinhaltet nicht nur unternehmensinterne Betrachtungen. Das aktuelle Image bei externen Stakeholdern kann von der internen Analyse im positiven wie im negativen abweichen. Deshalb müssen die unternehmensexternen Einflussfaktoren in der Analysephase ebenfalls betrachtet werden. Relevant sind kommunale, technologische, wirtschaftspolitische, gesellschaftspolitische und rechtlichen Einflussfaktoren, welche im Folgenden näher dargestellt werden.

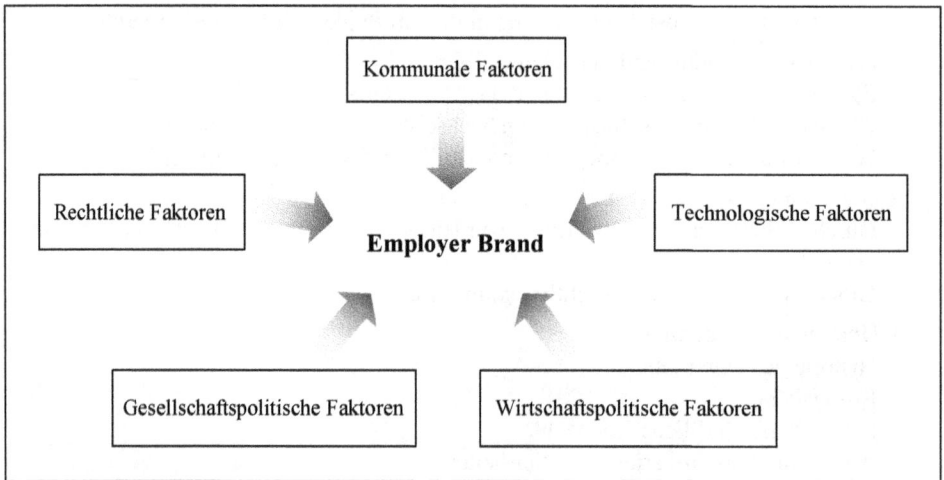

Abb. 10.3:   Unternehmensexterne Einflussfaktoren

Kommunale Einflussfaktoren

- die Standortattraktivität des Unternehmens, welche durch die Entfernung zu den nächsten Metropolen, die Einwohnerzahl und die regionale Infrastruktur bestimmt wird
- kommunalpolitische Rahmenbedingungen

Technologische Einflussfaktoren

- aktueller technologischer Status
- neue Produktionsverfahren, welche Änderungen mit sich bringen
- neue Kommunikationsmittel
- veränderter Qualifikationsbedarf
- Situationsentwicklung bzgl. eingesetzter / benötigter Rohstoffe

Wirtschaftspolitische Einflussfaktoren

- die allgemeine Entwicklung des Arbeitsmarktes, insbesondere im Hinblick auf das Fachkräfteangebot
- die nationale und internationale (volks-)wirtschaftliche Situation, vor allem bezüglich der Absatz- und Beschaffungsmärkte
- die Veränderung der Wettbewerbssituation
- die Spezifika der Branche in Bezug auf Image und Attraktivität in der Öffentlichkeit

Gesellschaftspolitische Einflussfaktoren

- die demographische Entwicklung, welche sich in Veränderungen hinsichtlich der Alters-
  truktur der Bevölkerung bemerkbar macht und in der Qualität und Quantität des Angebots an Arbeitskräften
- Veränderungen der allgemeinen Wertevorstellungen, insbesondere im Hinblick auf
  Eigenschaften wie Loyalität und Disziplin
- Änderungen in der Bildungspolitik, wie Maßnahmen im Schul- und Hochschulsystem
  mit Konsequenzen für das Bildungsniveau von Schul- und Hochschulabsolventen

Rechtliche Einflussfaktoren

- Status im Arbeits- und Sozialrecht
- Entwicklungstendenzen im Arbeits- und Sozialrecht

Informationen zu den externen Einflussfaktoren können überwiegend den elektronischen und
konservativen Medien entnommen werden. Auch können Trendstudien genutzt oder selbst
Trend-Szenarien entwickelt werden, um Entwicklungsprognosen besser abschätzen zu können. Im Rahmen der Marktforschung müssen auch die relevanten Markentreiber[34] identifiziert werden. Markentreiber bezeichnen diejenigen Werte, Attribute und Nutzenelemente
einer Employer Brand, welche das Wahlverhalten eines Individuums bei der Arbeitgeberwahl
am stärksten beeinflussen. Diese dienen in der Umsetzungsphase zur Formulierung der erforderlichen Botschaften der Employer Brand und zur Einleitung der entsprechenden Kommunikationsmaßnahmen. Durch eine Befragung von potentiellen Nachwuchskräften, sprich
Absolventen- oder Young-Professional-Studien, können diejenigen Präferenzen und Wertvorstellungen ermittelt werden, welche im Idealfall einen Arbeitgeber als Employer-of-
Choice kennzeichnen.

10.2.2 Zielgruppenanalyse

Die Zielgruppe wird durch eine Marktsegmentierung analysiert. Hierunter versteht man beim
Employer Branding die Aufteilung des Gesamtarbeitsmarktes mittels bestimmter Merkmale
in homogene Teilmärkte, was die effiziente Ansprache der Zielgruppen ermöglicht. Eine
solche Zielgruppenfestlegung ermöglicht zum einen eine spätere Ressourcenkonzentration
auf die Zielgruppenelemente, welche durch eine fokussierte Ansprache einen effizienten
Mitteleinsatz versprechen. Zum anderen ergibt sich eine höhere Bedürfnisbefriedigung dank
der genauen Kenntnis und somit der klaren Ansprache der Zielgruppe. Die Marktsegmentierung ist eine der zentralen Bestandteile der strategischen Marketingplanung und dient zur
Entwicklung erfolgreicher Strategien zur Marktbearbeitung. Somit trägt sie eine entscheidende Rolle in der Markenpolitik der Arbeitgebermarke. Zunächst gilt es, im Rahmen der
Markterfassung die einzelnen Zielgruppen zu identifizieren. Sie werden unterteilt in interne
und externe Zielgruppen.

---

[34] Vgl. Petkovic, M. (2007), Employer Branding – Ein markenpolitischer Ansatz zur Schaffung von Präferenzen
bei der Arbeitgeberwahl, S. 182.

Interne Zielgruppen

Zu der internen Zielgruppe zählen zunächst alle derzeit Beschäftigten des Unternehmens. Um diese Zielgruppe zu managen ist es erforderlich (wie übrigens auch bei den externen Zielgruppen), ihre Eigenschaften, Motive und Erwartungen zu kennen, um in der Employer Branding Strategie darauf eingehen zu können. Es empfiehlt sich eine Einteilung der Mitarbeiter vorzunehmen nach Funktionen, Besonderheiten oder Leistungs- bzw. Potentialkriterien, da sie sich in ihren Vorstellungen von einem guten Arbeitgeber deutlich voneinander unterscheiden können. Eine Unterscheidung kann beispielsweise in folgende Gruppen vorgenommen werden:

- gewerbliche Mitarbeiter,
- kaufmännische Mitarbeiter,
- strategisch wichtige Key-Positionen
- Nachwuchsführungskräfte,
- Führungskräfte,
- Singles
- Alleinerziehende
- Familien mit / ohne Kindern
- besondere Mitarbeitergruppen wie ältere Mitarbeiter oder Mitarbeiter mit Handicaps

Wie bei den externen Zielgruppen müssen auch die Präferenzen und Werte der internen Zielgruppen bekannt sein, um in der Strategie beachtet zu werden. Langfristig führt das zu einer höheren Zufriedenheit, höherer Motivation und Loyalität. Zur Identifizierung der Präferenzen und Bedürfnisse der derzeit Beschäftigten eignet sich in besonderem Maße eine kontinuierliche Mitarbeiterbefragung, Ein professionelles Design sowie eine ebensolche Auswertung und Analyse lassen ein genaues Profil der unterschiedlichen Zielgruppen entstehen. Des Weiteren eignen sich Mitarbeitergespräche, Assessments und Potentialanalysen. Näheres hierzu in Kapitel 12.

Externe Zielgruppen

Die zweite Zielgruppenart sind die externen Zielgruppen. Für die unternehmensexterne Kommunikation und sonstige Maßnahmen ist es wichtig, die Eigenschaften, Werte und Präferenzen der jeweiligen Zielgruppe zu kennen, zu analysieren und in geeignete Maßnahmen einfließen zu lassen. Diese potentiellen Mitarbeiter finden sich beispielsweise in folgenden Gruppen:

- Studierende an Hochschulen,
- Hochschulabsolventen,
- Schüler in der schulischen Erstausbildung,
- Berufsschüler,
- Schulabsolventen,
- berufs- und branchenerfahrene gewerbliche Mitarbeiter,
- berufs- und branchenerfahrene kaufmännische Mitarbeiter,
- berufs- und branchenerfahrene Führungskräfte,
- berufs- und branchenerfahrerfahrene Spezialisten,
- Young Professionals,
- Angehörige von derzeit Beschäftigten

Weitere Stakeholder gehören zur externen Zielgruppe, die Personen und Institutionen zusammenfasst, welche in einer Beziehung zu dem Unternehmen stehen und nicht primär eine potentielle Mitarbeit anstreben. Hierzu gehören beispielsweise:

- Lehr- und Verwaltungspersonal von Hochschulen,
- Lehr- und Verwaltungspersonal von Schulen der schulischen Grundausbildung und von Berufsschulen
- Kommunale, regionale und evtl. überregionale Mandatsträger der politischen Parteien Vertreter von Behörden
- Berufsverbände und Gewerkschaften,
- Medienvertreter,
- Kunden und Lieferanten,
- Vertreter sozialer Einrichtungen

Bei oberflächlicher Betrachtung wird meist nur auf die erste Gruppe der potentiellen Bewerber fokussiert und diese genauer analysiert. Das geschieht vor dem Hintergrund, dass qualifizierte Mitarbeiter zunehmend eine entscheidende Rolle für den Erfolg des Unternehmens spielen und immer schwerer zu rekrutieren sind.

Informationen über die externen Zielgruppen können aus den Medien gewonnen werden, vor allem aus denen, die die Zielgruppe selbst nutzt, wie beispielsweise Online-Foren, Online Job-Börsen, die es zwischenzeitlich auch branchenspezifisch gibt. Auch Trendstudien oder Trend-Szenarien sind hilfreich. Die zahlreichen Studien von Marktforschungs- und Beratungsunternehmen, vor allem Absolventen- oder Young-Professional-Studien, können ebenfalls Präferenzen und Wertvorstellungen der Zielgruppe aufzeigen. Allerdings empfiehlt sich, diese kritisch zu würdigen, um Fehlinterpretationen zu vermeiden.

10.3   Die Planungsphase

Die Planung baut auf den Ergebnissen der Analyse auf und plant das Konzept und die Maßnahmen zur Entwicklung der Employer Brand. Sie setzt sich aus der Verdichtung und Auswertung der Informationen, der Zielformulierung, der Markenpositionierung sowie der Marktbearbeitungsstrategie zusammen. Abgeschlossen wird die Planungsphase durch die Festlegung instrumenteller Maßnahmen, die Ressourcenplanung und die Entscheidung über das Kommunikationskonzept. Im Folgenden werden die Prozessschritte näher dargestellt.

10.3.1   Verdichtung und Auswertung der Informationen

Um sinnvolle Schlussfolgerungen für das Employer Branding Konzept ziehen zu können, müssen die Informationen zusammengetragen und sorgfältig analysiert werden. Idealerweise erfolgt dies zielgruppenspezifisch. Zudem müssen die Attraktivitätsfaktoren des Unternehmens ermittelt werden.

Informationsverdichtung

Die Fülle der Informationen über externe und interne Einflussfaktoren und zielgruppenspe-
zifischen Besonderheiten muss in der Regel zunächst verdichtet werden. Es gilt, Prioritäten
zu erkennen. Zu diesem Zweck empfiehlt beispielsweise die DGfP[35] eine Wirkungsanalyse.
Diese kann mit einem Portfolio ausgewertet werden.

Für die Wirkungsanalyse der Einflussfaktoren müssen vorab geeignete Bewertungsdimen-
sionen definiert werden, um die Relevanz der Einflussfaktoren auf die Employer Brand
bestmöglich einschätzen zu können. Da es um die Erfolgsorientierung der Employer Brand
geht, ist es sinnvoll, den Einfluss auf den mittel- bis langfristigen Unternehmenserfolg als
erste Bewertungsdimension festzulegen. Es muss bewertet werden, inwieweit ein Einflussfaktor und dessen Entwicklungstendenz mittel- bis langfristig Chance oder Risiko für die
Unternehmensentwicklung darstellen könnte. Da das Employer Branding von der Gestaltung
und der Kommunikation der Arbeitgeberattraktivität abhängig ist, ist die zweite Bewertungsdimension der Einfluss auf die Arbeitgeberattraktivität. Auch hier ist zu bewerten, inwiefern
der Einflussfaktor und seine Entwicklungstendenz die Attraktivität des Arbeitgebers beeinflussen wird.

Die einzelnen Einflussfaktoren lassen sich in ein Wirkungsportfolio eintragen und es wird
deutlich, ob und wie intensiv Handlungsbedarf besteht.

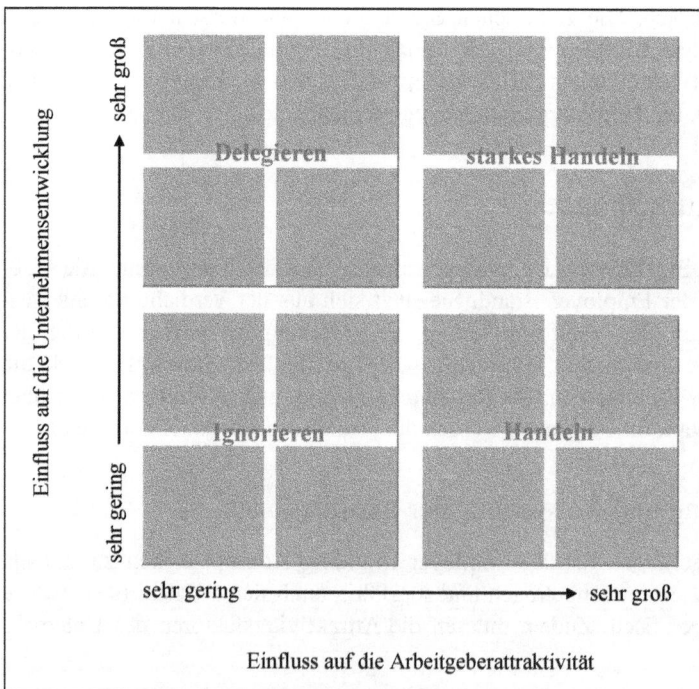

Abb. 10.4:   Wirkungsportfolio der Einflussfaktoren

---

[35]   Vgl. DGFP e.V. (Hrsg.) (2006), S. 51.

Stellt man bei einem Faktor einen großen Einfluss auf die Unternehmensentwicklung und die Arbeitgeberattraktivität fest, so kann sich hieraus ein großer Handlungsbedarf für das Unternehmen ergeben. Zum Beispiel könnte aus der Analyse hervorgehen, dass die Umstellung der universitären Studiengänge auf das Bachelor-/Master-Modell einen starken Einfluss auf die weitere Unternehmensentwicklung hat, da das bisherige Rekrutierungskonzept von Nachwuchsingenieuren durch Praktika in Frage gestellt wird. Falls absehbar ist, dass das derzeitige Trainee-Konzept für die kürzer ausgebildeten Bachelor-Absolventen weniger attraktiv ist, besteht ein rascher Handlungsbedarf.

Faktoren, welche einen geringen Einfluss auf die Unternehmensentwicklung haben und eine hohe Relevanz für die Arbeitgeberattraktivität, müssen ebenfalls baldmöglichst aufgegriffen werden. Wenn ein Faktor einen großen Einfluss auf die Unternehmensentwicklung hat, jedoch einen geringen Einfluss auf die Arbeitgeberattraktivität, muss die Aufgabe an zuständige Personen weitergegeben werden. Faktoren, welche einen geringen Einfluss sowohl auf die Unternehmensentwicklung als auch auf die Arbeitgeberattraktivität haben, sollten vorerst ignoriert werden. Die Entwicklung aller Faktoren muss in jedem Fall regelmäßig beobachtet werden.

Zielgruppenauswahl

Mit Hilfe der Unternehmens- und vor allem der Zielgruppenanalyse können eine oder mehrere Zielgruppen definiert werden. Im Rahmen der Zielgruppenauswahl wird entschieden, welche und wie viele der identifizierten Gruppen tatsächlich Berücksichtigung in der Strategie finden. Die Auswahl wird wie im klassischen Personalmarketing prinzipiell durch den quantitativen und qualitativen Personalbedarf sowie durch die verfügbaren Ressourcen des Unternehmens determiniert.

Ermittlung der Attraktivitätsfaktoren

Die Ergebnisse der Unternehmens- und der Zielgruppenanalyse ergeben die Attraktivitätsfaktoren des Unternehmens als Arbeitgeber. Sie machen seine Besonderheiten und Alleinstellungsmerkmale aus und differenzieren es somit vom Wettbewerb. Um die Faktoren zu identifizieren, ist es notwendig, mehrere Informationsquellen zu kombinieren. So sollten die Einschätzung der Mitarbeiter bezüglich der typischen Charakteristika des Arbeitsverhältnisses und ein allgemeines Arbeitgeberwunschprofil der externen Zielgruppe mit den Ergebnissen der Unternehmensanalyse übereinstimmen. Ein Attraktivitätsfaktor ist erst identifiziert, wenn alle drei Quellen bezüglich dieses Faktors übereinstimmen. Der Identifikationsprozess der Attraktivitätsfaktoren lässt sich in drei Schritte unterteilen:

1. **Erarbeitung eines unternehmensspezifischen Katalogs von Eigenschaften des Arbeitsverhältnisses**

Der Katalog von Eigenschaften des Arbeitsverhältnisses kann beispielsweise auf dem Modell von Hewitt basieren, jedoch müssen die Kriterien des Modells an die Unternehmensspezifika angepasst werden. Das Hewitt Modell beschreibt ein Arbeitsverhältnis mit den folgenden Punkten:

Lebensqualität

- Arbeitsumfeld, Work-Life-Balance, Standortattraktivität

Tätigkeit

- intrinsische Motivation, Arbeitsaufgaben, Arbeitsmittel und Ressourcen

Führung und Zusammenarbeit

- Kontakt zu Kollegen, direktem Vorgesetzten, dem mittleren Management und der Unternehmensleitung mit ihren Entscheidungen und ihrem Vorbildverhalten

Entwicklung

- Feedback, Anerkennung, berufliche Weiterentwicklungsmöglichkeiten

Vergütung

- Gehalt, Sozial- und Nebenleistungen, wahrgenommene Vergütungsgerechtigkeit

Procedures

- Personalmanagementpraktiken rund um das Arbeitsverhältnis

2. Bewertung der Komponenten des Arbeitsverhältnisses aus der Sicht der aktuellen und der potentiellen Mitarbeiter und Vergleich mit der Unternehmensanalyse

Die Komponenten des Arbeitsverhältnisses müssen aus Sicht der aktuellen und der potentiellen Mitarbeiter mit der Unternehmensanalyse verglichen werden. Für die Einschätzung der aktuellen Mitarbeiter, bietet sich eine Mitarbeiterbefragung an. Um die Ansichten der potentiellen Mitarbeiter zu bekommen, ist die einfachste Methode, Absolventen- oder Young-Professional-Studien zu Rate zu ziehen.

3. Prüfen, ob die identifizierten Faktoren die Kriterien für Attraktivitätsfaktoren erfüllen

Die Kriterien für Attraktivitätsfaktoren sind, dass sie

- hauptsächlich Leistungsmerkmale der Arbeitsverhältnisse sind,
- Bewerbern und Mitarbeitern wichtig sind,
- schwer durch Konkurrenzunternehmen imitierbar sind,
- nicht über den Markt erworben werden können,
- unternehmensintern in zeitaufwendigen Prozessen aufgebaut wurden,
- in der Unternehmensgeschichte verwurzelt sind,
- stark durch die Unternehmenskultur geprägt wurden.

10.3.2   Zielformulierung

Als nächster Schritt in der Planungsphase sind die markenpolitischen Ziele des Employer Branding festzulegen. Sie dienen als eine Art Wegweiser für die im weiteren Prozess zu treffenden Entscheidungen und durchzuführenden Maßnahmen. Die Ziele dürfen nicht losgelöst betrachtet werden, sondern müssen aus den Unternehmenszielen abgeleitet und mit ihnen vernetzt werden. Die folgenden drei Zieltypen lassen sich für eine Employer Brand formulieren[36]:

---

[36]   vgl. Petkovic, M. (2007) a.a.O., S. 184

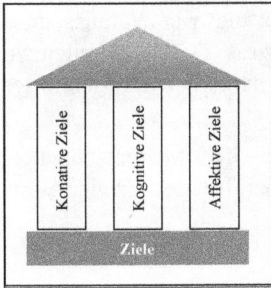

Abb. 10.5: Markenpolitische Ziele

Konative Ziele bezeichnen die Schaffung von Arbeitgeberpräferenzen bis hin zum Employer-of-Choice in Form der Bewerbung, des Vertragsabschlusses, der Loyalität und der Weiterempfehlung.

Kognitive Ziele beinhalten eine Erhöhung des Bekanntheitsgrades des Unternehmens als Arbeitgeber sowie der wahrgenommenen Einzigartigkeit. Die wahrgenommene personalpolitische Qualität soll durch Identifikation und Fokussierung auf die personalpolitischen Treiber der Arbeitgebermarke gesteigert werden.

Affektive Ziele zeigen insbesondere die Erhöhung des Vertrauens, der Identifikation sowie der Sympathie seitens der aktuellen, potentiellen und ehemaligen Mitarbeiter zum Arbeitgeber.

Die Ziele der Employer Brand können zusammengefasst werden in einer Art *Vision*. Die somit klar definierte Markenvision kann als Maßstab und als Orientierung bei der Steuerung der Marke dienen. Sie muss kompatibel zur Unternehmensvision sein und auf verständliche Weise den Sinn und die grundsätzlich langfristige Ausrichtung der Arbeitgebermarke beschreiben.

10.3.3   Markenpositionierung

Die zentrale Entscheidung zur Gestaltung der Arbeitgebermarke wird im Rahmen der Markenpositionierung getroffen. Der Positionierungszustand wird im Rahmen des Employer Branding *Employer-Value-Proposition* (EVP) genannt. Die EVP bestimmt die Grundausrichtung des Arbeitgebers auf dem Arbeitsmarkt. In ihr werden die Werte und Nutzenversprechen zusammengefasst, welche die strategische Ausrichtung der Employer Brand vorgibt. Sie basiert auf den Attraktivitätsfaktoren und den Empoyer Branding-Zielen des Unternehmens. Die personalpolitischen Konzepte und Instrumente müssen auf sie abgestimmt werden. Mit anderen Worten wird im Rahmen der Positionierung die Grundlage für die Markenstärke der Employer Brand gelegt[37].

Die Anforderungen an eine erfolgreiche Positionierung der Arbeitgebermarke sind:

1. Die Positionierung soll zur Identität, das heißt zu den Werten und vorhandenen Arbeitsbedingungen, passen.
2. Die Werte, Anforderungen und Nutzenerwartungen der Zielgruppe sollen bestmöglich erfüllt werden.
3. Eine Differenzierung gegenüber der Positionierung anderer konkurrierender Arbeitgeber sollte gegeben sein.

---

[37]   Vgl. Esch, F. (2003): Strategie und Technik der Markenführung, S.34 u. 124

Des Weiteren ist zu beachten, dass die Positionierung langfristig verfolgt werden muss, denn der Aufbau der Arbeitgebermarke ist ein sehr zeitaufwendiger Prozess. Deshalb werden zur Festlegung der Positionierung neben den aktuellen Werten auch zu antizipierende zukünftige Werte als Grundlage verwendet.

Die Positionierung umfasst nicht nur Aussagen zu personalpolitischen Nutzenelementen, sondern beschreibt zusätzlich die Grundausrichtung für den Markenauftritt des Arbeitgebers.

Die Positionierungsfelder unterscheiden sich nach

- rationalen/kognitiven und nach
- affektiven/emotionalen

Komponenten.

Die affektive/emotionale Komponente ist bei der Positionierung nicht zu vernachlässigen, denn die gezielte Emotionalisierung zählt zu den elementaren Aufgaben des Employer Branding. Zu erreichen ist dies durch die Schaffung einer Arbeitgeberpersönlichkeit, die durch emotionale Positionierungsfelder belegt werden kann. Die Studienergebnisse nach Grobe[38] (2003) geben ein differenziertes Bild über mögliche Positionierungsfelder wieder.

Positionierungsfelder mit rationalen/kognitiven Komponenten:

Positionierungsfeld	Nutzenelement
Ausland / Internationalität	Arbeiten in internationalen Teams, Arbeit in mindestens einer Fremdsprache, Möglichkeit im Ausland zu arbeiten, regelmäßige Auslandsreisen, Möglichkeit zum Standortwechsel
Kompensation	hohes Einstiegsgehalt, schnelle Gehaltsprogression, (hohe) Zusatzleistungen (Firmenwagen, etc.), Aktienoptionen, viele Urlaubstage
Reputation	bekannte, erfolgreiche Marken, Mitarbeiter gelten als Elite, großes Unternehmen, Börsen-/ Markterfolg des Unternehmens, guter Ruf als Arbeitgeber
Work-Life-Balance	Kinderbetreuung durch das Unternehmen, Teilzeitarbeit, flexible Gestaltung der Arbeitszeit, Freizeit-/ Kultur-/ Sportaktivitäten
Herausfordernde Aufgaben	Selbständiges und kreatives Arbeiten, herausfordernde Aufgaben, schnelle Projektverantwortung, schnelle Budget-/ Personalverantwortung, Unternehmen gilt als innovativ/ kreativ, Flexibilität/ Einsatzbereitschaft erwartet
Unternehmensethik	Gesellschaftliche Verantwortung, Werte, aktiver Umweltschutz, hohe Identifikation mit Produkten/ Dienstleistungen
Arbeitsatmosphäre	ein guter Vorgesetzter, freundschaftliches Arbeitsklima, Aufgaben entsprechend der eigenen Fähigkeiten/ Interessen, Teamkultur
Zukunftsfähigkeit/ Innovationskraft	Zukunftsfähigkeit der Branche, gute Referenzen durch ehemalige Mitarbeiter, Unternehmen gilt als innovativ/ kreativ, sichere Arbeitsverhältnisse, guter Ruf als Arbeitgeber
Shareholder-Value-Orientierung	Shareholder-Value-Orientierung, gute Bewertung durch Analysten, Aktienoptionen
Entwicklungsperspektive	Leistungsbeurteilung/ Karriereperspektiven, gute Aufstiegs-/ Entwicklungsmöglichkeiten
flache Hierarchien	flache Hierarchien, sichere Arbeitsverhältnisse

Abb. 10.6:   Positionierungsfelder mit rational-kognitiven Komponenten

---

[38]   Vgl. Grobe, E. (2003): Employer Branding – verhaltenstheoretische Analyse als Grundlage für die identitätsorientierte Führung von Arbeitgebermarken, S. 34 ff

Positionierungsfelder mit affektiven/emotionalen Komponenten:

Positionierungsfeld	
tendenziell positiv belegt	tendenziell negativ belegt
modern	traditionell
elitär	genügsam
fördernd	mittelmäßig
innovativ	ausnutzend
erfolgreich	veraltet
dynamisch	erfolglos
anspruchsvoll	konservativ
kreativ	einfallslos
offen	verschlossen
vertrauenswürdig	dubios
flexibel	unflexibel
sympathisch	unsympathisch
international	provinziell

Abb. 10.7: Positionierungsfelder mit affektiv-emotionalen Komponenten

10.3.4 Marktbearbeitungsstrategie

Hierbei stellt sich die Frage, inwiefern die Eigenheiten und Bedürfnisse unterschiedlicher Zielgruppen Berücksichtigung finden. Im Rahmen der Marktbearbeitung sind also Entscheidungen über den Differenzierungsgrad hinsichtlich der ausgewählten Zielgruppen zu treffen. Die nach der Zielgruppe ausgerichtete Personalpolitik spiegelt die Qualität und die Potentiale der Employer Brand wider. Zudem steht sie neben dem markenspezifischen Zusatznutzen im Zentrum der Arbeitgeberwahlentscheidung. Grundsätzlich wird unterschieden zwischen

- einer undifferenzierten,
- einer konzentrierten und
- einer differenzierten Marktbearbeitungsstrategie.[39]

Bei einer **undifferenzierten Marktbearbeitungstrategie** ignoriert ein Unternehmen die Differenz zwischen den verschiedenen Zielgruppen, um den Arbeitsmarkt mit einem Einzelangebot bedienen zu können. Gründe hierfür sind meist fehlende Ressourcen in finanzieller oder personeller Hinsicht. Oder einfach nur Unkenntnis. Bei den Hochschulabsolventen werden dann Durchschnittsabsolventen mit High Potentials zusammengefasst und undifferenziert angesprochen. Der Arbeitgeber platziert sich somit in der Präferenzmitte und hofft, für alle Gruppen interessant zu sein. Je nach Zielgruppenstruktur, deren unterschiedlichen Bedürfnisse und Erwartungen, beispielsweise bei Betriebswirten und Ingenieuren, ist diese Strategie nicht immer zielführend.

Eine **konzentrierte Marktbearbeitungsstrategie** hingegen fokussiert auf die bedeutendste oder auch die größten Zielgruppe und richtet die Leistungs- und Kommunikationspolitik ausschließlich auf diese aus. Viel zu selten wird an diesem strategisch bedeutenden Punkt professionell agiert. Die Möglichkeiten einer konzentrierten Marktbearbeitungsstrategie sind nicht bekannt, oder werden unzureichend genutzt. Beispielsweise fokussiert diese Strategie in der Praxis auf High Potentials und lässt andere Segmente unbeachtet.

---

[39] Vgl. Wiese, D. (2005): Employer Branding, Arbeitgebermarken erfolgreich ausbauen, S. 43

In den Fällen, wo der Unternehmensbedarf Mitarbeiter mit unterschiedlichen Profilen erfordert, ist eine **differenzierte Marktbearbeitungsstrategie** zur Gestaltung und Kommunikation einer erfolgreichen und starken Employer Brand erforderlich. Hierbei muss das Unternehmen für jede definierte Zielgruppe ein eigenes Konzept entwickeln, das die spezifischen Präferenzen bestmöglich erfüllt. Diese Strategie ist die komplexeste, denn jede der Zielgruppen muss individuell angesprochen werden. Dies sollte nach dem Prinzip *One song, many voices* erfolgen. Es besteht bei diesem Differenzierungsgrad allerdings die Gefahr, dass unterschiedliche Bilder produziert werden. Dann kommt es leicht zu Irritationen bei dem Transport sowohl der rationalen/kognitiven Komponenten als auch der affektiven/ emotionalen Komponenten.

An dieser Stelle sei ein Blick in die Welt des allgemeinen Marketings empfohlen, in der das Phänomen der *mass customization* zunehmende Bedeutung erhält. Man kennt dort die individualisierte Massenfertigung (Mass Customization) als ein Produktionskonzept, in dem einerseits die Vorzüge der Massenproduktion (wie Skaleneffekte, Erfahrungskurvenvorteil, Automatisierung) genutzt werden, andererseits dem wachsenden Wunsch des Kunden nach Individualisierung seines Produktes Rechnung getragen wird.

Das Wort selbst ist ein Oxymoron aus den eigentlich grundverschiedenen Begriffen mass production: *Massenproduktion* und customization: *kundenindividuelle Anpassung*. Zielabsatzmarkt ist nicht der differenzierte, sondern der Massenmarkt. Hier soll durch Variation aus wenigen, aus Kundensicht jedoch entscheidenden Merkmalen des Produkts eine Individualisierung erreicht werden. Typische Individualisierungsdimensionen sind zum Beispiel Designmerkmale oder Passform. Häufig basieren diese Produkte aber auch auf dem Konzept der Modularisierung, das heißt das Produkt kann aus diversen Bausteinen individuell zusammengestellt werden. Mittels Mass Customization ist man in der Lage, individuelle Kundenbedürfnisse zu bedienen, bei Kosten die nur geringfügig über denen eines Standardprodukts liegen. Häufig ist mittels dieser Strategie eine Positionierung als Innovationsführer im Markt möglich.

10.3.5   Instrumentelle Maßnahmen

Die strategischen Ziele des Employer Branding bilden die Handlungsbasis für die Gesamtheit der operativen Aktivitäten. Sie bilden den Rahmen für die Auswahl der für das Unternehmen passenden Maßnahmen, um sukzessiv eine erfolgreiche, individuelle Employer Brand zu entwickeln. Es ist klarzustellen, dass es nicht eine einzelne, besonders zu empfehlende Maßnahme gibt – erst durch das Zusammenspiel aller Maßnahmen, die zu dem Unternehmen passen, wird das Ziel erreicht. Die instrumentellen Maßnahmen gliedern sich in interne und externe Employer Branding Maßnahmen.

Interne Employer Branding Maßnahmen

Die instrumentellen Maßnahmen im internen Employer Branding gliedern sich in HR-Prozesse und -Produkte, Mitarbeiterführung sowie die Gestaltung der Arbeitswelt. In den folgenden Abbildungen sind für jeden Bereich Beispiele für konkrete Instrumente dargestellt und definiert.[40]

---

[40]   Auf Basis DGFP e.V. (Hrsg.) (2006): Erfolgsorientiertes Personalmarketing in der Praxis.

Die HR-Prozesse und -Produkte umfassen alle internen Kontaktpunkte mit dem Mitarbeiter, vom Eintritt des Mitarbeiters über die Bindung ans Unternehmen bis hin zu seinem Austritt. Bei neuen Stellenbesetzungen sollten stets zuerst interne Rekrutierungsmaßnahmen in Betracht gezogen werden, bevor der externe Weg gegangen wird. Die Mitarbeiter, die bereits im Unternehmen tätig sind, kennen die Unternehmenskultur und haben sich wichtiges, spezifisches Know-How angeeignet. Durch dauerhafte oder zeitweise Positionswechsel können sie sich weiterentwickeln und bleiben motiviert. Zudem sind die internen Rekrutierungskosten wesentlich geringer.

Mit dem Arbeitsbeginn startet nach dem Rekrutierungsprozess die nächste Phase, die Einarbeitungsphase, das Onboarding des neuen Mitarbeiters. Die Aufmerksamkeit in dieser Phase sollte ebenso hoch sein wie bei der Rekrutierung, schließlich zählt der erste Eindruck. Neue Mitarbeiter *ins kalte Wasser zu werfen*, kann Unternehmen teuer zu stehen kommen. Zudem wird sich der neue Mitarbeiter mit Freunden und Bekannten über seine positiven, aber vor allem auch negativen, Erfahrungen austauschen. Es ist angebracht, einen individuellen Einarbeitungsplan zu erstellen. Auch sollten, um den Einstieg zu erleichtern und den neuen Mitarbeiter möglichst schnell in das Team zu integrieren, sowohl fachliche als auch soziale Komponenten vermittelt werden, d.h. unternehmensspezifische Kenntnisse über Abläufe und Prozesszusammenhänge sowie die im Unternehmen gelebten kulturellen Werte und die Art und Weise der Zusammenarbeit. Wichtig ist der Onboarding-Prozess auch für Mitarbeiter, die als Expatriates wieder reintegriert werden.

Das Engagement und der Leistungswille motivierter und zufriedener Mitarbeiter ist letztendlich der Schlüssel zum Erfolg eines Unternehmens, wie in vorherigen Kapiteln bereits näher erläutert. Es gilt daher, sie durch geeignete Maßnahmen kontinuierlich für das Mitwirken im Unternehmen zu motivieren und langfristig zu binden. Mitarbeiterbefragungen und strukturierte Mitarbeitergespräche stellen die Basis für diese Maßnahmen dar. (s. Kap.12)

Schließlich gilt es, auch den Austritt eines Mitarbeiters angemessen ablaufen zu lassen. Aus welchen Gründen auch immer es zum Austritt eines Mitarbeiters kommt, sollte es stets so verlaufen, dass er im Nachhinein dem Unternehmen noch positiv gestimmt ist. Es könnte sein, dass er nach einer gewissen Zeit (Auszeit, Studium, Erfahrung in einem anderen Unternehmen sammeln etc.) wieder zum Unternehmen zurückkehren möchte. Auch spricht er in seinem Freundes- und Bekanntenkreis über das Unternehmen. Selbst wenn ein Mitarbeiter 10 Jahre in einem Unternehmen zufrieden gearbeitet hat und er bei seinem Austritt nicht adäquat behandelt wurde, reicht dies aus, um aus ihm einen negativen Multiplikator zu machen.

HR- Produkte und -Prozesse	
Interne Rekrutierung	
Berufsausbildung	berufliche Erstausbildung nach einem standardisierten Ausbildungsplan, welche aus Berufsschulunterricht und fachpraktischer Ausbildung im Unternehmen besteht
Duales Studium	unternehmensinterne Berufsausbildung kombiniert mit einem Studium an der Berufsakademie
Trainee-Programm	mindestens 12-monatiges Rotationsprogramm, in welchem der Trainee verschiedene Unternehmensbereiche mit Tagesarbeit und Projekten durchläuft und so unternehmensübergreifende Prozesszusammenhänge intensiv erfährt
Job-Rotation	planmäßiger, wechselseitiger Tausch von Arbeitsplätzen bzw. betrieblichen Aufgaben zur gezielten Entwicklung von Nachwuchskräften, Erhöhung der Einsatzflexibilität von Mitarbeitern und Schaffen von Verständnis über Prozesszusammenhänge vor- und nachgelagerter Aufgaben
Nachfolgeplanung	Besetzung einer freien Stelle im Unternehmen mit internen Potentialträgern, insbesondere bei Führungs- und Spezialistenfunktionen
Mitarbeiterintegration	
Strukturiertes Integrationsprogramm	systematische Folge von Einzelmaßnahmen, die dazu dienen, dass ein neuer Mitarbeiter alle relevanten Informationen erhält und das Unternehmen schnellstmöglich kennen lernt
Mentoring	ein neuer Mitarbeiter wird von einem Mentor in seine Aufgabe und die informellen Strukturen im Unternehmen eingeführt
Strukturiertes Reintegrationsprogramm	Systematische Folge von Einzelmaßnahmen, die dazu dienen, dass ein Expatriate reintegriert wird
Mitarbeiterbindung	
Entgelt	
Prämien / Boni	es werden erfolgs- und/oder leistungsabhängige Entgeltbestandteile in das Gehalt der Mitarbeiter integriert
Sonderzahlungen	es werden Sonderzahlungen wie Weihnachtsgeld oder Urlaubsgeld gezahlt
Mitarbeiteraktien	materielle Beteiligung der Mitarbeiter am wirtschaftlichen Erfolg oder Kapital des Unternehmens (über Aktien) mit dem Ziel, Motivation und Zufriedenheit der Mitarbeiter zu fördern
Umzugskostenerstattung	die Kosten für einen etwaigen Umzug des neuen Mitarbeiters werden vom Unternehmen getragen
Benefits	
Betriebliche Altersversorgung	geförderte oder unterstützte arbeitgeberfinanzierte Leistungen zur Absicherung der Alterseinkünfte in Ergänzung zur gesetzlichen Rente
Deferred Compensation	Entgeltumwandlung, die eine betriebliche Versorgungszusage bezeichnet, welche durch einen Verzicht auf Barbezüge finanziert wird und der Verbesserung der Altersvorsorge und der Optimierung der Nutzen-Kosten-Relation der Arbeitsvergütung ohne nennenswerte Zusatzkosten für das Unternehmen dient
Zusatzversicherungen	den Mitarbeitern werden Zusatzversicherungen wie Auslandskrankenversicherung, private Zusatzversicherung, Unfallversicherung oder Gruppenversicherungsverträge angeboten
Fahrtkostenzuschuss	die Mitarbeiter erhalten einen Fahrtkostenzuschuss, z. B. in Form eines Job-Tickets (Fahrkarten, Mobilitätszuschuss) vom Unternehmen
Betriebsfeiern	es werden Betriebsfeiern, wie ein Sommerfest oder eine Weihnachtsfeier für die (und oft auch mit den) Mitarbeiter organisiert
Betriebssport	jegliches Sportangebot für Mitarbeiter, welches oft vom Arbeitgeber subventioniert ist, z. B. Fußballmannschaft oder Aerobic-Kurse

HR- Produkte und -Prozesse	
Benefits	
Ferienwohnungen	günstige Vermietung firmeneigener Ferienwohnungen an Mitarbeiter
Mitarbeiterreise	für Mitarbeiter organisierte und oft auch subventionierte Reise
Dienstwagen	zur Verfügung Stellung eines Dienstwagens für den Mitarbeiter als Add-on oder durch eine Gehaltsumwandlung
Kinderbetreuungszuschuss / betrieblicher Kindergarten	Zuschuss für die Kinderbetreuung eines Mitarbeiters oder Angebot eines kostenlosen betrieblichen Kindergartens
Mitarbeiterbonuskarte	Bonuskarte für Mitarbeiter für einen vergünstigten Einkauf im eigenen Unternehmen oder anderen Unternehmen im Umfeld
Partizipation	
Ideenmanagement	System für kreative Vorschläge der Mitarbeiter, z. B. zur Verbesserung der Qualität bzw. der Arbeitsabläufe (Betriebliches Vorschlagswesen), die einen Bonus erhalten
Austritt des Mitarbeiters	
Trennungskultur	Art und Weise, wie das Unternehmen sich bei jeglicher Form des Austritts gegenüber dem ausscheidenden Mitarbeiter verhält
Austrittsinterviews	regelmäßige standardisierte mündliche oder schriftliche Befragung ausgeschiedener Mitarbeiter
Newsletter für ehemalige Mitarbeiter	regelmäßige Information ausgewählter ehemaliger Mitarbeiter über aktuelle Themen aus dem gesamten Unternehmen und dem Personalbereich per Email mit dem Ziel, sie nach einer Auszeit (Studium, persönliche Auszeit etc.) zurück zu gewinnen

Abb. 10.8:   HR-Prozesse und Produkte

Die Mitarbeiterführung im Unternehmen ist ein sehr wichtiger Bestandteil im Employer Branding Prozess. Die Beziehung zu seinem Vorgesetzten ist für die Zufriedenheit eines Mitarbeiters ausschlaggebend. Über die Führungskräfte werden die im Unternehmen vorherrschenden Führungsgrundsätze vermittelt. Sie umfassen beispielsweise die Möglichkeit, sich in das Unternehmen einzubringen, die Delegation von Verantwortung, der Umgang mit Fehlern (Fehler- bzw. Lernkultur), den Zugang zu Informationen, die Informationspolitik, die Kommunikation im Unternehmen, den Verteilerrang, die Meetingkultur. Deshalb ist es wichtig, die Führungskräfte entsprechend zu schulen. Näheres hierzu in Kapitel 8.

Erst durch ein entsprechendes Umfeld kann ein motivierter Mitarbeiter sein Potential überhaupt entfalten. Somit kommt der Gestaltung der Arbeitswelt eine hohe, oft unterschätzte, Bedeutung zu. Sie sollte zum Unternehmen und seinen Produkten passen und die Unternehmenskultur widerspiegeln. Ein Besucher sollte sofort erkennen, welche Kultur im Unternehmen gelebt wird. Ein gutes Beispiel hierfür liefert die Adidas AG an ihrem Hauptsitz Herzogenaurach. Sowohl im Innen- als auch Außenbereich steht alles unter dem Motto Sport. So ist der Bodenbelag in der Eingangshalle ein roter Laufboden. Zwischen den Bürogebäuden gibt es neben vielen Laufmöglichkeiten Tischtennisplatten, einen Tennisplatz, einen Fußballplatz, Kicker u.v.m. Es passt sehr gut zum Unternehmen, seinen Produkten und dem sportlich-fairem Umgang miteinander.

Mitarbeiterführung	
Anforderungsprofil	Beschreibung alle benötigten und wünschenswerten Voraussetzungen und Kompetenzen einer Person für den zu besetzenden Arbeitsplatz, das Aufgabengebiet, eine Ausbildung oder einen Beruf einschließlich der Merkmale, die für die berufliche Zufriedenheit wichtig sind.
Mitarbeitergespräch / Zielvereinbarungsgespräch	strukturiertes, regelmäßiges Gespräch zwischen Mitarbeitern und Vorgesetzten mit oder ohne Entgeltbezug mit dem Ziel, die Leistungen und Ergebnisse des vergangenen Jahres gemeinsam zu besprechen und zu bewerten und für das nächste Jahr zu planen
Management-Audits zur Standortbestimmung / Assessment-Center	systematische Potential- und Aufgabenanalyse mit dem Ziel der optimalen Stellenbesetzung
Vorgesetzten-Feedback	regelmäßige Rückmeldungen der Mitarbeiter an ihre Vorgesetzten, in der Regel auf der Basis eines Beurteilungsschemas im direkten Gespräch
360 Grad Feedback	Beurteilungsmethode für Fach- und Führungskräfte durch Bezugspersonen, mit denen sie im Rahmen ihres Aufgabenbereiches interagieren, d.h. Vorgesetzte, Kollegen, Mitarbeiter und manchmal sogar externe Partner
Qualifizierungsprogramme	alle Maßnahmen (on / off the job; mit / ohne Zertifikat) zur systematischen Förderung alle für die Arbeitsaufgaben notwendigen Kompetenzen
Entwicklungsprogramme / Trainings	alle systematischen fachlichen und überfachlichen Personalentwicklungsmaßnahmen, die den Mitarbeiter in seinen arbeitsrelevanten Kompetenzen stärken, z. B. zum Thema Work-Life Balance, Konfliktmanagement oder Open Space (Projektmanagement)
Mentoring	Individuelle, persönliche Betreuung eines Mitarbeiters in verschiedenen Lebens- und Karrierephasen durch einen hierarchisch höher gestellten Mitarbeiter parallel zum Job
Coaching	individuelle Begleitung und Unterstützung des Coachees (meist Führungskräfte, selten Mitarbeitern) bei der Entfaltung seines fachlichen, aber vor allem überfachlichen Potentials im Arbeitsprozess durch einen Coach *(Hilfe zur Selbsthilfe)*

Abb. 10.9:   Mitarbeiterführung

Gestaltung des Arbeitsumfeldes	
Gesundheitsmanagement	alle Maßnahmen zur Erhaltung, bzw. Steigerung der gesundheitsbedingten Leistungsfähigkeit aller Mitarbeiter, z. B. internes Fitness-Studio, Ernährungsberatung
Arbeitsmedizinischer Dienst	Leistungen des arbeitsmedizinischen Diensts im Unternehmen für den Mitarbeiter
Bürogebäude	gepflegtes Aussehen und Außenanlagen, Bürolage und -größe sowie dessen Ausstattung
Innovative Bürokonzepte	neue zukunftsorientierte Kommunikations- und Organisationskonzepte zur effizienteren Arbeits- und Prozessgestaltung
Telearbeitsplätze	vollständige oder teilweise Erbringung der Arbeitsleistung aus der privaten Wohnung der Mitarbeiter
Arbeitsplatz	Ausstattung des Arbeitsplatzes mit Arbeitsmitteln, Hygiene, Sauberkeit des Arbeitsumfeldes, Einwirkung von belastenden Faktoren
Flexible Arbeitszeitsysteme	flexible Arbeitszeitmodelle, z. B. Arbeitszeitkonten
Interne Treffpunkte für Mitarbeiter	Treffpunkte im Unternehmen, die die Möglichkeit bieten sich auszutauschen und den Teamgedanken stärken, z. B. Fitness-Center, Cafeteria, Relax-Areas

Abb. 10.10: Gestaltung des Arbeitsumfeldes

Externe Employer Branding Maßnahmen

Die instrumentellen Maßnahmen im externen Employer Branding gliedern sich in Networking und Bewerbermanagement. In den folgenden Toolboxen sind für jeden Bereich Beispiele für konkrete Instrumente dargestellt und definiert.[41]

Networking erfährt eine sehr hohe Bedeutung im externen Employer Branding. Kontakte zu Hochschulen, Vereinen oder der Presse öffnen so manche Türen und sollten sukzessive aufgebaut und gepflegt werden. Beim Hochschulmarketing sollte sich das Unternehmen auf bestimmte Hochschulen konzentrieren. Ausschlaggebend sind der passende Studiengang und oft auch die Nähe zum Unternehmensstandort. Im Kontakt mit Studenten ist die Vergabe von Praktika oft die wirkungsvollste Methode für eine spätere Rekrutierung. Arbeitgeber und Arbeitnehmer können sich auf diesem Weg kennen lernen und feststellen, ob eine spätere Festanstellung von Interesse ist. Durch Mund-zu-Mund-Propaganda erfahren zudem andere Studenten von den Erfahrungen im Praktikum und werden so auch auf das Unternehmen aufmerksam. Es sollte demnach daran gelegen sein, dass der Praktikant zufrieden war.

Networking	
Praktikantenprogramme	systematische Beschäftigung von Schülern oder Studenten, die für einen begrenzten Zeitraum im Unternehmen tätig sind, um Berufserfahrung zu sammeln
Werkstudentenprogramme	systematische Beschäftigung von Studenten, die während des Studiums im Unternehmen tätig sind
Diplomandenprogramme	systematische Beschäftigung von Studenten, die im Unternehmen tätig sind, um ihre Diplomarbeit zu verfassen
Doktorandenprogramme	systematische Beschäftigung von Promotionsstudenten, die im Unternehmen tätig sind, um ihre Dissertation zu verfassen
Wettbewerbe für Schüler oder Studenten	Ausschreibung von Preisgeldern / Preisen für besondere Leistungen in unternehmensbezogenen Fallaufgaben
Direktkontakte zu den Lehrstühlen ausgewählter Hochschulen	Nach Identifizierung der für das Unternehmen zur Besetzung von Vakanzen wichtigen Studienfächer und dafür interessanter Hochschulen wird zu den entsprechenden Lehrstuhlinhabern Kontakt aufgebaut und gehalten
Partnerschaften / Sponsoring ausgewählter Schulen / Hochschulen	(meist finanzielle) Unterstützung von zielgruppen-relevanten Studentengruppen oder Lehrstühlen im Rahmen von Forschungsaufgaben, Vergabe von Stipendien, Informationsveranstaltungen o.ä.; bereits in der Grundschule beginnt die Prägung für eine berufliche Orientierung, daher können Partnerschaften bereits dort ansetzen, z. B. durch Praktika, berufliche Frühorientierung
Exkursionen / Werksführungen mit Schülern / Studenten	Betriebsführungen / Informationsveranstaltungen als imagefördernde Maßnahme des Unternehmens
Lehraufträge an Hochschulen	Lehrtätigkeit von Mitarbeitern an Schulen und Hochschulen, Bearbeitung betrieblicher Themen in Seminaren
Zusammenarbeit mit studentischen Unternehmensberatungen	Vergabe von Projekten an studentische Unternehmensberatungen ausgewählter Hochschulen

---

[41] Auf Basis DGFP e.V. (Hrsg.) (2006): Erfolgsorientiertes Personalmarketing in der Praxis.

Networking	
Workshops und Unternehmensplanspiele	Veranstaltung von Workshops oder Unternehmensplanspielen mit ausgewählten Hochschulen
Fachvorträge	regelmäßige Veranstaltungen an Hochschulen durch möglichst höherrangige Mitarbeiter aus den verschiedenen Fachbereichen eines Unternehmens zur Wissensvermittlung von Fachthemen i.S.d. Forschung, Produktion und zur Präsentation des Unternehmens ggf. inkl. der Einstiegsmöglichkeiten
Stipendien	Vergabe von Stipendien für besondere Leistung in gewissen Fachbereichen
Absolventenbücher / Lebenslaufdatenbanken	systematische Darstellung arbeitsmarktrelevanter Daten von Personen, die an einem Jobeinstieg oder -wechsel interessiert sind, in Print oder Dateiform

Abb. 10.11: Networking

Ein professionelles Bewerbermanagement spart Zeit und Kosten. Zudem hat der Ablauf des Bewerbungsprozesses einen erheblichen Einfluss auf die Arbeitgeberwahl des Bewerbers. Fühlt er sich nicht adäquat behandelt, könnte dies bereits ein Ausschlusskriterium für das Unternehmen sein. Von den gemachten Erfahrungen wird der Bewerber selbstverständlich auch Freunden und Bekannten berichten. So sollte der Prozess von der Eingangsbestätigung der Bewerbung, der Beurteilung der Bewerberunterlagen, die Vorauswahl bis hin zur Einladung zum Vorstellungsgespräch und den Auswahlmöglichkeiten klar strukturiert sein.

Bewerbermanagement	
Pflege eines Bewerberpools	Aufrechterhaltung des Kontakts zu geeigneten Bewerbern, für die noch keine entsprechenden Vakanz gefunden wurde, um sie im Falle einer Vakanz rekrutieren zu können; hierfür müssen die Kontaktdaten und der Lebenslauf entsprechend aktuell gehalten werden
Online-Bewerbungstool	automatisierte, standardisierte Abwicklung eingehender Online-Bewerbungen
Verhaltenskodex gegenüber Bewerbern	Richtlinien für das Verhalten gegenüber Bewerbern, d.h. standardisierte Prozessabläufe, festgesetzte Fristen (z. B. für erste Rückmeldung nach Bewerbungseingang, Zu- oder Absage) und Umgang mit den Bewerbern
Interviewleitfaden	Leitfaden für Bewerbungsgespräche mit an das Anforderungsprofil angepassten Fragen und Diskussionsthemen
Telefoninterview	Gespräch, in welchem die grundsätzliche Eignung des Bewerbers hinterfragt werden kann, bevor es zu einer persönlichen Einladung kommt
Bewerbungsgespräch	Gespräch mit einem Vertreter der Personalabteilung, der jeweilige Fachabteilung und dem eingeladenen Bewerber, um die fachliche Eignung für die zu besetzende Stelle zu überprüfen und die persönliche Einstellung und Werte mit denen des Unternehmens abzugleichen (professional and cultural fit)
Arbeitsprobe	ca. 2-tägiges Arbeiten zur Probe auf der zu besetzenden Position, um für Arbeitgeber und -nehmer zu sehen, ob die Besetzung passt; gängig im gewerblichen Bereich und im Dienstleistungsgewerbe, insbesondere dann, wenn es eine Einzeltätigkeit ist
Assessment-Center (AC)	systematisches Verfahren zur Ermittlung und Bewertung von Verhaltensweisen (Methoden- und Sozialkompetenz) von Bewerbern in simulierten Praxissituationen, Einzel- und Gruppenspielen in Form von Interviews, Plan- und Rollenspielen sowie Gruppendiskussionen

Abb. 10.12: Bewerbermanagement

Aus Betroffenen Beteiligte machen

Aus der Untersuchung von Entscheidungsfindungs- und Umsetzungsprozessen weiß man, dass es sowohl zeitliche als auch qualitative Vorteile bringt, möglichst viele Teammitglieder bereits in die Entscheidungsfindung einzubinden. Die nachstehende Abbildung mag dies verdeutlichen:

Entscheidungsfindungsprozess

	eher autoritär	Einbindung des Teams
Entscheidungsfindung	5 min	90 min
Erklärung der Entscheidung	30 min	0 min
Gewinnung von Akzeptanz für die Entscheidung	90 min	0 min

Abb. 10.13: Zeitverteilung im Entscheidungsfindungsprozess

Die dargestellten Zeitangaben können natürlich stark variieren, sollen aber die Relation verdeutlichen. Bei komplexen Entscheidungsprozessen verschlechtert sich die Relation markant. Auch wenn diese Untersuchung eher auf Einzelentscheidung vs. Teamentscheidung reflektiert, sind die daraus abzuleitenden Erkenntnisse auch auf das Erstellen von Maßnahmeplänen im Employer Branding Prozess abzuleiten.

Der eigentliche Maßnahmenplan kann wie folgt strukturiert werden:

Maßnahme (WAS?)	Verantwortlich (WER?)	Beteiligte (MIT WEM?)	Zeitraum (WANN?)	Budget (WIEVIEL?)	Maßstab / Messgröße für den Erfolg

Abb. 10.14: Struktur Maßnahmenplan

Der so entstandene Maßnahmenplan sollte als Ergebnisprotokoll allen Teilnehmern zur Verfügung gestellt werden. Im Sinne eines Projektcontrollings kann er in regelmäßigen Abständen überprüft und falls erforderlich angepasst werden.

Mit Hilfe des Maßnahmenplanes ist es nun möglich, die erforderlichen Schritte auf dem Weg zu einer Employer Brand strukturiert und konsequent zu definieren und umzusetzen. Weiterhin stellt der Maßnahmenplan ein *commitment* der eingebundenen Führungskräfte dar, diesen Weg beschreiten zu wollen und sich am Erfolg der Maßnahmen messen zu lassen. Die eingegangenen Verbindlichkeiten für die Umsetzung werden festgeschrieben und damit untermauert.

10.3.6   Ressourcen

Die Ressourcenplanung ist ein weiterer Bestandteil des strategischen Planungsprozesses. Nachdem definiert ist, mit welchem Konzept und welchen instrumentellen Maßnahmen die strategischen Ziele des Employer Branding umgesetzt werden sollen, muss im nächsten Teilschritt der Ressourceneinsatz geplant werden. Sofern dies nicht geschieht, besteht die Gefahr, dass aus finanziellen oder personellen Limitierungen wesentliche Teile nicht umgesetzt oder wichtige Instrumente nicht eingesetzt werden können. Dies würde auf dem Weg der Markenbildung Auswirkungen haben, die sich möglicherweise als irreparabel erweisen.

Finanzielle Ressourcen

Die DGfP empfiehlt zunächst eine Einteilung in drei Kostenblöcke[42]:

- Kosten, die sich aus neu geplanten oder aus projektbezogenen Maßnahmen ergeben, beispielsweise für spezielle Veranstaltungen,
- Kosten für Standardmaßnahmen des Employer Branding, wie Broschüren, Absolventenmessen, Imageanzeigen, Hochschulkooperation,
- Kosten für die einzusetzenden Mitarbeiter

Personelle Ressourcen

Aus den Tabellen in Kap. 10.3.5 ist leicht zu erkennen, dass zielführende Maßnahmen und Instrumente, die zum Einsatz kommen, zeitliche Ressourcen im Personalbereich und bei den Führungskräften binden werden. Daher bedarf es an dieser Stelle einer sorgfältigen Planung und einer realistischen Einschätzung hinsichtlich anfallender zusätzlicher Belastungen. In der Praxis ist zu beobachten, dass mangels besagter Planung und Einschätzung den Verantwortlichen des Employer Branding auf dem Weg dorthin die Luft ausgeht. Alle Betroffenen müssen daher auch in diesen Teil der Planungsphase eingebunden sein, damit die Umsetzungsphase unbelastet angegangen werden kann.

Unter diesen Voraussetzungen kann die nächste wichtige Phase, die Kommunikationsphase, angegangen werden.

10.3.7   Integrierte Kommunikation

Ist eine Employer Branding Strategie definiert, empfiehlt sich als nächster Schritt die Kommunikation und, falls erforderlich, die Interpretation der Strategie im Führungskreis. Danach tragen die Führungskräfte die Strategie als Multiplikatoren in ihre Bereiche und Teams, wo hieraus Bereichs- und Abteilungsstrategien entwickelt werden. Anschließend wird die Strategie in den einzelnen Unternehmenseinheiten operationalisiert. Alle Aktivitäten und Maßnahmen müssen sich hieran orientieren und messen lassen.

Die Kommunikation der Strategie ist ein oft unterschätztes Element. Zu einem systematischen Strategieprozess gehört einerseits die Bekanntmachung und Interpretation der Strategie, andererseits leistet eine konsequente Ausrichtung der Folge-Kommunikation an der Unternehmensstrategie einen betriebswirtschaftlich relevanten Beitrag zum Unternehmens-

---

[42]   Vgl. DGFP e.V. (Hrsg.) (2006), Erfolgsorientiertes Personalmarketing in der Praxis, S. 66.

erfolg. In der Praxis zeigt sich zudem, dass zu treffende operative Maßnahmen eher verstanden bzw. leichter begründet werden können.

Aus den bisherigen Ausführungen zur Employer Brand geht hervor, dass eine Marke nicht zufällig entsteht, sondern das Resultat einer Fülle aufeinander abgestimmter Einzelmaßnahmen und deren Kommunikation ist. Die Ausgestaltung der Markenkommunikation ist in der praktischen Umsetzung im Vergleich zur Produktmarke sehr schwer. Jedoch ist sie für einen effizienten Markenaufbau von zentraler Bedeutung. Sie muss demnach langfristig und strategisch ausgestaltet sein.[43] Das Kreativkonzept sollte sich wie ein roter Faden durch alle Maßnahmen ziehen, d.h. sie sollten aufeinander abgestimmt sein und zu dem Unternehmen passen. Demnach ist es erforderlich, ein ganzheitliches, systematisches Kommunikationskonzept zu erstellen. Im Folgenden wird das Konzept näher erläutert sowie die interne und externe Employer Branding Kommunikation beschrieben.

Das Konzept

Ziel des integrierten Kommunikationskonzepts ist die Markierung, denn diese stellt die Basis für die Durchsetzungsfähigkeit der Marke auf dem Markt dar, indem sie sie bekannt und werbewirksam macht und sich vom übrigen Angebot differenziert.[44] Basis hierfür sind die Erkenntnisse aus der internen und externen Analyse. Welche Zielgruppe möchten wir ansprechen? Was sind Faktoren, die unser Unternehmen vom Wettbewerb differenzieren?

Der integrierte Einsatz von Instrumenten schafft Synergieeffekte zwischen den gesetzten Maßnahmen. Integration wird hierbei nicht gleichgesetzt mit dem Einsatz identischer Instrumente und Kanäle, sondern mit deren gezielter Vernetzung und Abstimmung. Hierin liegt der Erfolg der Markierung. Er besteht in der bewussten Belegung des Namens, des einzigartigen Slogans sowie des Zeichens und der Schlüsselsymbole des Unternehmens als Arbeitgeber.[45] Diese geben die positionierungsrelevanten Inhalte komprimiert wieder. Bei Nennung des Firmennamens oder des Slogans oder bei Betrachtung des entsprechenden Zeichens oder der Schlüsselsymbole werden Assoziationen zum Arbeitgeber aufgerufen. Um die Wort-Zeichen-Kombination für das Employer Branding zu nutzen, sollten daher alle kommunikationspolitischen Mittel durch ein einheitliches Design gekennzeichnet sein. Die mediale Umsetzung der Personalwerbung muss dieselben Farben, Formen, Typographie und visuelle Präsenzsignale verwenden.

Im Kommunikationskonzept werden die strategischen Kommunikationsziele, die Botschaften und ein Employer Branding Maßnahmen Mix konzipiert. Ein Maßnahmenzeitplan mit Verantwortlichkeiten gewährleistet einen reibungslosen Ablauf. Die Bestandteile eines Kommunikationskonzepts zeigt die folgende Abbildung.[46]

---

[43]   Vgl. Meffert, H. et al. (2002), Corporate Branding – Führung der Unternehmensmarke im Spannungsfeld unterschiedlicher Zielgruppen, S. 8.

[44]   Vgl. Esch, F. (2003): Strategie und Technik der Markteinführung,, S. 166.

[45]   Vgl. Petkovic, M. (2007), Employer Branding, S. 219.

[46]   In Anlehnung an DGFP e.V. (Hrsg.) (2006): Erfolgsorientiertes Personalmarketing in der Praxis, Konzept, Instrumente, Praxisbeispiele, 1. Aufl., Bielefeld.

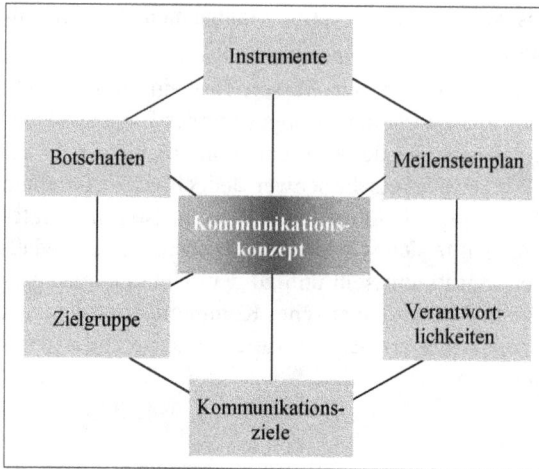

Abb. 10.15: Kommunikationskonzept

Instrumente

Ein weiteres Kriterium für eine erfolgreiche Markierung eines Arbeitgebers als Marke besteht in der gezielten Anwendung von Kommunikationsinstrumenten, um die Zielgruppe mit den entsprechenden Botschaften zu erreichen.[47] Basierend auf der Auswahl der Zielgruppe, den Kommunikationszielen und den formulierten Botschaften, sind im Rahmen des Employer Branding Mix die effektivsten Instrumente zum Aufbau der Employer Brand auszuwählen. Der Employer Branding Mix wird analog zum Marketing Mix aus dem Absatzmarketing verwendet.[48] Alle kommunikativen Instrumente müssen auf das angestrebte Markenimage abgestimmt sein. Zur Markierung sind jegliche Kundenkontaktpunkte zu nutzen. Das bedeutet, insbesondere der direkte persönliche Kontakt bei internen oder externen Veranstaltungen sollte genutzt werden, um visualisierte, arbeitgeberbezogene Eindrücke zu vermitteln. Durch solche Kontaktpunkte, aber auch materielle Elemente wie Broschüren oder Giveaways, entsteht eine Personifizierung der Arbeitgebermarke, welche die Erinnerung zum Arbeitgeber aufrecht erhält und gleichzeitig den Bekanntheitsgrad erhöht.

Meilenstein-Zeitplan

Den auswählten Instrumenten ist ein Meilenstein-Zeitplan zu setzen. Die zeitliche Kommunikationsplanung definiert durch das Setzen von Meilensteinen, wann welche Zielgruppe welche Botschaften über welche Kommunikationsinstrumente erhalten soll. Auf diese Weise wird gleichzeitig festgelegt, in welcher Reihenfolge im Falle mehrerer Zielgruppen vorgegangen werden soll. Es bietet sich an, die zeitliche Planung mit Hilfe eines Balkendiagramms zu visualisieren.

Verantwortlichkeiten

Schließlich muss nach Erstellung des Meilenstein-Zeitplans geklärt werden, wer für welche Maßnahmen und Instrumente verantwortlich ist.

---

[47]   Vgl. Petkovic, M. (2007), S. 219.

[48]   Vgl. Esch, F. (2003), S. 216.

Kommunikationsziele

Die Kommunikationsziele sind sowohl inhaltlicher als auch wirkungsorientierter Art, denn neben dem Aufbau eines Schemas mit positionierungsrelevanten Assoziationen geht es um die Optimierung der Markenstärke. Die Kommunikation der Employer Brand besteht aus einer informierenden Komponente durch Übermittlung von Informationen und Bedeutungsinhalten sowie einer beeinflussenden Komponente durch das bewusste Hervorrufen bestimmter psychologischer Wirkungen. Um die inhaltlichen Zielkomponenten zu erreichen, empfiehlt sich die Entwicklung einer kommunikativen Leitidee, welche die Grundaussagen der Employer Brand zusammenfasst und somit auf der Positionierung basiert. Sie sollte sich wie ein roter Faden durch die Kommunikation ziehen.

Zielgruppe

Bei der Beschäftigung mit der Zielgruppe der Kommunikationsmaßnahmen kommt es darauf an, deren individuellen Informationsbedarf und deren Gewohnheiten bei der Informationsaufnahme zu berücksichtigen. Die Ergebnisse der Zielgruppenanalyse helfen bei der Auswahl der Kommunikationsinhalte und -instrumente.

Botschaften

Um eine zielgruppenorientierte Ansprache zu ermöglichen, wird die kommunikative Leitidee zu Botschaften konkretisiert, welche die Attraktivität des Arbeitgebers vermitteln sollen. Die Kommunikationspolitik des Employer Branding muss nach dem Prinzip *One Song – Many Voices* aufgebaut sein, das heißt sie muss stets dieselben Botschaften senden, jedoch unterschiedliche Zielgruppen auch unterschiedlich ansprechen. Im Rahmen des Konzepts kommt der Entwicklung eines prägnanten Slogans eine besondere Bedeutung zu. Slogans sind kurze Phrasen, welche deskriptive oder emotionale Informationen über das Unternehmen als Arbeitgeber vermitteln. Sie sollten bei jeglichem Werbekontakt genutzt werden, denn sie betonen die Positionierung des Unternehmens, verschaffen Aufmerksamkeit bei der Zielgruppe und bestärken das Vorstellungsbild in deren Köpfen. Durch die Verbalisierung des Nutzens der Arbeitgebermarke ist eine Unique-Communication-Proposition (UCP) anzustreben, das heißt die Alleinstellung auf dem wahrgenommenen Markt.

Interne Employer Branding Kommunikation

Dem Management des Unternehmens Glaubwürdigkeit zuzuschreiben, ist eine der wichtigsten Qualitäten eines attraktiven Arbeitgebers. Eine offene und transparente interne Kommunikation ist hierzu der Schlüssel. Mitarbeiter sollten laufend über Neuigkeiten und Veränderungen im Unternehmen informiert werden, denn nur so können sie gewisse Schachzüge nachvollziehen und ihren Beitrag zum Ziel leisten. Auch unangenehme Thematiken sollten ehrlich kommuniziert werden. Ehrlichkeit schafft Vertrauen und verhindert, dass unnötige Gerüchte entstehen.

Information sollte möglichst schnell dorthin fließen wo sie Werte schaffen kann. In der Unternehmenspraxis sieht dies jedoch oft anders aus. In der Untersuchung *Unternehmenskultur, Arbeitsqualität und Mitarbeiterengagement in den Unternehmen in Deutschland (2008)* des Great Place to Work Instituts Deutschland geben nur 42% der Befragten an, dass sie über wichtige Dinge im Unternehmen auf dem Laufenden gehalten werden.

Die unkomplizierte Kontaktmöglichkeit des Managements ist wichtig. Es fördert die Entwicklung einer effektiven, zweiseitigen Kommunikation auf Augenhöhe und einem positiven Miteinander. Eine Politik der offenen Tür ist eine oft gewählte Maßnahme.

Kommunikation ist das alles verbindende Basiselement, lautet das Motto des Münchner Software Spezialisten ConSol Software GmbH.[49] Im Unternehmen gilt als eigentliches Geheimnis des Erfolgs die Art der Kommunikation und Kooperation. Man ist sich sicher, dass sich das Vertrauen in die Loylität der Mitarbeiter auszahlt. So wird neben gängigen Kommunikationsinstrumenten wir Intranet, Email, Skilldatenbank vor allem Wert gelegt auf den persönlichen Austausch, eine Politik der offenen Tür und des Zugehens auf Mitarbeiter. Weitreichende strategische Entscheidungen sollen möglichst transparent gemacht werden, wozu zwei Gremien dienen. Im monatlichen Direktoriums-Meeting der Geschäftsführung mit erfahrenen Mitarbeitern werden wesentliche Unternehmensbelange diskutiert. Im monatlichen All-Meeting informiert die Geschäftsleitung alle Mitarbeiter über die wesentlichen Vorkommnisse des letzten Monats.

An dieser Stelle sei nochmals daran erinnert, dass Information nicht gleichzusetzen ist mit Kommunikation, wie bereits in Kap. 8.4.1 ausgeführt.

In den folgenden Abbildungen sind Beispiele für konkrete Instrumente dargestellt und definiert.[50]

Interne Kommunikation	
Intranet	unternehmensinternes Online-Netzwerk, welches Mitarbeiter informiert und Kommunikationsmöglichkeiten bietet; z. B. geeignet für interne Rekrutierung, Mitarbeiterbefragung, Unternehmens-Wiki (Wissensdatenbank), Informationen zur Unternehmensentwicklung
Mitarbeiterzeitung	regelmäßige Print-Veröffentlichung des Unternehmens mit dem Ziel, die Mitarbeiter über aktuelle Ereignisse bzw. allgemein interessierende Themen (z. B. Abteilungs- oder Mitarbeiterporträts) zu informieren; ggf. auch Meinungsforum für die Mitarbeiter
Mitarbeiter- TV	regelmäßige Informationen per Fernsehübertragung an Mitarbeiter; Informationen über das Unternehmen ggf. mit Sendebeiträgen von Mitarbeitern für Mitarbeiter
Mitarbeiter- Newsletter (Email)	regelmäßige Information der Mitarbeiter über aktuelle Themen aus dem gesamten Unternehmen und dem Personalbereich per Email
Informationsbroschüre über Produktportfolio HR	Print-Veröffentlichung der Personalabteilung für potentielle und aktuelle Mitarbeiter über die Leistungen des Personalbereichs
Informationsbroschüren über das Unternehmen für Mitarbeiter	Print-Veröffentlichung, die die Identifikation der Mitarbeiter mit dem Unternehmen fördert, z. B. auch Unternehmenskalender
Mitarbeiterbefragungen	Analyse der Einstellung und Meinung der Mitarbeiter zu verschiedenen unternehmensbezogenen Fragestellungen, die oft, je nach Größe und Art des Unternehmens, in Auftrag gegeben und von externen Dienstleistern umgesetzt wird
Erfahrungsaustausch / Lunch mit der Geschäftsführung	regelmäßiges Treffen ausgewählter Mitarbeiter mit der Geschäftsführung; informeller Charakter, um Kommunikation und Verständnis über Hierarchien hinweg zu fördern

Abb. 10.16: Felder der Internen Kommunikation

---

[49] Vgl. Hauser, F. (2008): Absage ans Herrschaftswissen, in: Personalmagazin, Juni 2008, S.38ff.

[50] Auf Basis DGFP e.V. (Hrsg.) (2006): Erfolgsorientiertes Personalmarketing in der Praxis.

Externe Employer Branding Kommunikation

Die externe Employer Branding Kommunikation gliedert sich in die Arbeitsmarktkommunikation und die Corporate Reputation. Was nützt einem Arbeitgeber seine Attraktivität, wenn potentiellen Mitarbeiter nichts davon wissen? Die Kommunikation der Arbeitgebermarke an die Zielgruppe ist alles entscheidend. Doch nicht nur die direkte Kommunikation mit der Zielgruppe ist wichtig; auch die Kommunikation mit der Unternehmensöffentlichkeit, denn die Meinung der Stakeholder gegenüber dem Unternehmen hat ebenfalls Einfluss auf das Arbeitgeberimage. Durch die Maßnahmen wird über das Unternehmen gesprochen und auch so werden potentielle Mitarbeiter erreicht – die nicht im Moment auf der Arbeitsplatzsuche sind oder die sich bei dem nächsten Arbeitgeberwechsel an das Unternehmen erinnern werden.

Die Maßnahmen im Bereich der externen Employer Branding Kommunikation sollen die Positionierung des Unternehmens darstellen und mit Außergewöhnlichem überraschen. Jedoch strotzen die meisten heutigen Image- und klassischen Stellenanzeigen nur so vor Floskeln wie *führend, einzigartige Chancen und Entwicklungsmöglichkeiten* oder *Leidenschaft und Teamgeist*, so Sabine Vockrodt, Leiterin Stellenvermarktung des Europa Fachpresse Verlags auf dem Employer Branding Kongress 2007. Die meisten Bewerber sind dadurch so verunsichert, dass sie diese ignorieren. Die Stellenanzeige sollte das Wesentliche vermitteln, den Kern der Employer Brand. Näheres kann ein Interessent auf der Website des Unternehmens nachlesen.

Einige Beispiele sollen dies veranschaulichen:

Abb. 10.17: Stellenanzeige

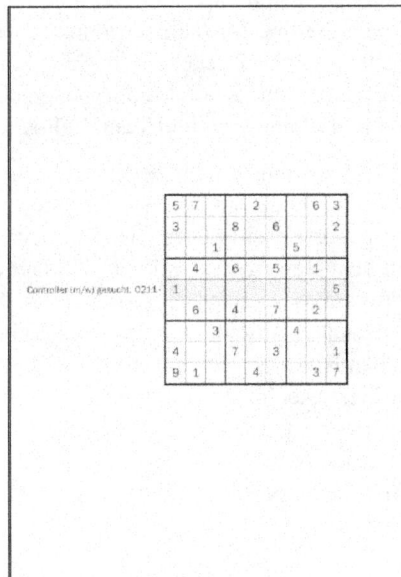

Abb.10.18: Stellenanzeige

Doch auch kleinere Unternehmen als McKinsey & Company punkten bei kreativen Anzeigen. So sucht ein Unternehmen aus dem Medienbereich auf diese Weise einen Controller (s. Abb. 10.18). Die Telefonnummer ergibt sich aus der Sudoku-Lösung.

Mit einem Schwamm werden Trainees verglichen:

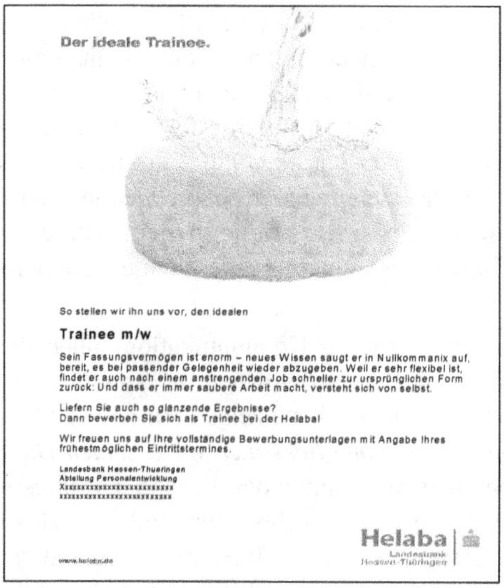

Abb.10.19: Stellenanzeige

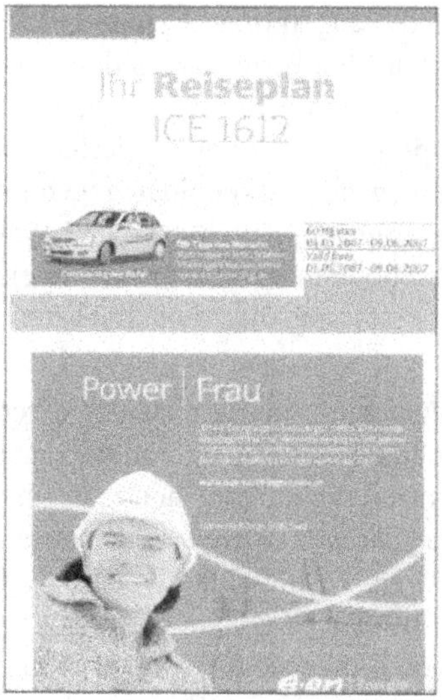

Abb. 10.20:   Imageanzeige auf ICE Fahrplan

Nach dem Motto *Wirbst Du noch oder positionierst du schon?* sollen neue Werbeformate die Kommunikationskanäle besser vernetzen und neben klassischer Werbung auch Direktmarketing und Below-the-line Maßnahmen durchführen. Beispiele hierfür sind Ambient-Medien (z. B. auf Tellern, an der Decke, an der Fahrstuhltür), Virales Marketing (online und offline hintergründig einen Anlass für Mundpropaganda schaffen) oder Guerilla Marketing (z. B. Körperwerbung, Promotionen im Hochschulmarketing).

Recruiting-Veranstaltungen jeglicher Art bieten nicht nur für große Unternehmen eine sinnvolle Möglichkeit, Studenten und Hochschulabsolventen auf sich aufmerksam zu machen. Es ist wichtig, im Vorfeld ein klares Ziel und dementsprechend eine klare Strategie zu haben. Was will ich dem Bewerber vermitteln? So legt die Allianz großen Wert darauf, ihre Unternehmenskultur am Messestand zu vermitteln. Auf dem Deutschen Absolventenkongress 2006 zeigten die Plakate des Standes echte Mitarbeiter, von denen auch einige anwesend waren. Die potentiellen Bewerber sollten somit ein Gefühl von der Allianz bekommen. Es ist wichtig, dass am Messestand sowohl gut informierte und engagierte Personalentscheider als auch Fachleute vertreten sind, um kompetente Antworten geben zu können. Auch Kleinigkeiten, wie ausreichendes Informationsmaterial für die zu besetzenden Stellen sind wichtig. Durch weitere Aktivitäten wie eine Unternehmenspräsentation vor Ort kann die Aufmerksamkeit erhöht werden.

Externe Kommunikation	
Arbeitsmarktkommunikation	
Auszubildendenmessen	eher regionale Kontaktforen für Schüler und Abiturienten sowie Unternehmen, z. B. , Azubi- und Studientage, Einstieg Abi
Absolventenkongresse / Jobmessen	regionale oder überregionale Kontaktforen für Studenten, Absolventen, Young Professionals und Unternehmen; Offene Rekrutierungsmessen: z. B. Absolventenkongress, Akademika; Rekrutierungsmessen mit vorselektierten Kandidaten: z. B. Talents, Mittelstandstag; Fachmessen mit Rekrutierungsfunktion: z. B. CeBIT, Systems
Firmenkontaktmesse	Infoveranstaltung im Unternehmen speziell für besondere Zielgruppen (vor allem Studenten und Absolventen)
Inhouse-Recruiting-Workshop (Bewerbertag)	Eintägige Veranstaltungen zur gezielten Ansprache und Auswahl vorselektierter Bewerber im Unternehmen mit Event-Charakter, um den Bewerbern für das Unternehmen zu begeistern
Recruiting-Events	ein- bis mehrtägige Veranstaltung unter Beteiligung des Unternehmens, Veranstalterfirma(en) und Studenten; Ziel ist die Vorstellung des Unternehmens und der Einstiegsmöglichkeiten sowie die Auswahl geeigneter Kandidaten; z. B. Karrierepartys wie *Power Breakfast* vom Karriere Netzwerk e-fellows, Golf- oder Tennisturnier
Jobbörsen im Internet	Veröffentlichung vakanter Stellen (Hinweise zu Aufgabe, Anforderungen und Bewerbungsmodalitäten) in Internet-Jobbörsen, z. B. JobSout24, Monster, StepStone, Experteer
Internetauftritt des Personalbereichs	Selbstdarstellung des Personalbereichs; Informationen über die zu besetzenden Stellen und Karrierechancen im Unternehmen
Stellenanzeigen in Zeitungen	Veröffentlichung vakanter Stellen (Hinweise zu Aufgabe, Anforderungen und Bewerbungsmodalitäten) in für die Zielgruppe relevanten Zeitungen
Stellenanzeigen in Fachzeitschriften	Veröffentlichung vakanter Stellen in für die Zielgruppe relevanten Fachzeitschriften
Stellenanzeigen auf der Unternehmenshomepage	Veröffentlichung vakanter Stellen (Hinweise zu Aufgabe, Anforderungen und Bewerbungsmodalitäten) auf der Homepage des Unternehmens
Informationsbroschüren für potentielle Mitarbeiter	Print-Veröffentlichung, die die Attraktivitätsfaktoren des Unternehmens professionell darstellt und die häufig bei Rekrutierungsveranstaltungen und Messen eingesetzt werden
Radiowerbung	Veröffentlichung vakanter Stellen (Hinweise zu Aufgabe, Anforderungen und Bewerbungsmodalitäten) über Radiosender
Mundpropaganda über Mitarbeiter	Veröffentlichung vakanter Stellen (Hinweise zu Aufgabe, Anforderungen und Bewerbungsmodalitäten) über Mitarbeiter des Unternehmens mit Belohnungen; aktives Vorantreiben des Werbens über Online Plattformen
Corporate Reputation	
Imageanzeigen	Anzeigen in Print- und Online-Medien, die zielgruppen-spezifisch Unternehmensinformationen und insbesondere Alleinstellungsmerkmale des Unternehmens transportieren ohne konkrete Stellenanzeige
Pressearbeit	Darstellung des Unternehmens in öffentlichen Medien
Internetauftritt des Unternehmens	Darstellung des Unternehmens auf seiner Website
Wettbewerbe zur Arbeitgeberattraktivität	Wettbewerb für Arbeitgeber, in welchem sich teilnehmende Unternehmen der Beurteilung ihrer Mitarbeiter und einer unabhängigen Jury zu ihrer Arbeitgeberqualität und dem -image stellen; Ranglisten nach Arbeitgeberattraktivität werden erstellt und veröffentlicht, z. B. Great Place to Work, Top Job
Audits / Zertifizierungen	Audit, bei dem bereits umgesetzte Maßnahmen begutachtet, das betriebsindividuelle Entwicklungspotential aufgezeigt und weiterführende Zielvorgaben festgesetzt werden, z. B. Beruf & Familie

Externe Kommunikation	
Corporate Reputation	
Soziales Engagement und nachhaltige Unternehmensführung	alle sozialen Maßnahmen, mit denen Verantwortung für die wirtschaftliche und gesellschaftliche Entwicklung übernommen wird (gezielte Fördermaßnahmen; Mobilisierung der Mitarbeiter für regionale oder überregionale Projekte), z. B. Sponsoring von gemeinnützigen Vereinen oder Gesellschaften, Organisation und Teilnahme an kulturellen Veranstaltungen in der Region, Patenschaften für Vereine oder andere Einrichtungen, ehrenamtliches Engagement von Mitarbeitern oder Mitarbeitergruppen, Mitgliedschaften und Engagement in Verbänden und Vereinigungen, Teilnahme an politischen Foren, Einladung von Politikern
Besichtigung des Unternehmens	Besichtigungsmöglichkeit des Unternehmens für alle Stakeholder in Form eines Tag der offenen Tür, Einrichtung eines Museums oder eine gläserne Produktion.

Abb. 10.21: Felder der externen Kommunikation

11   Das HR-Audit

Am Ende der Planungsphase steht ein Maßnahmenplan, den es im weiteren Verlauf umzusetzen gilt. Wie dargelegt, empfiehlt sich für die Analyse und Planung ein interdisziplinäres Projektteam, das zumindest temporär durch eine externe Fachkraft ergänzt wird. Mit der Umsetzungsphase beginnt die besondere Verantwortung des HR-Bereiches. In der Praxis obliegt ihm nun die Durchführung, Steuerung und Evaluation der geplanten Maßnahmen. Hierzu gehört auch die Beurteilung, inwiefern die derzeitigen Führungskräfte bereit und in der Lage sind, die Philosophie des Employer Brandings mitzutragen und umzusetzen. Dem HR-Bereich kommt somit im strategischen HCM eine ungleich höherere Bedeutung zu, wie der traditionellen Personalabteilung. In einem HR-Audit ist zu klären, inwieweit die HR-Abteilung hinsichtlich ihrer Struktur, ihres Selbstverständnisses, der Qualität der dort eingesetzten Mitarbeiter und ihrer internen Positionierung die komplexen Aufgaben des Employer Branding wahrnehmen kann. Daher findet das HR-Audit bewusst erst nach der Planungsphase statt, um diese unvoreingenommen durchschreiten zu können.

Insgesamt kann festgehalten werden, dass mit der steigenden Bedeutung des Human Capital für die Unternehmen die Erfordernis für aussagefähige Analyse-, Mess- und Bewertungsmethoden der Aktivitäten im HCM wächst. Dabei ist das HR-Audit ein Prozess, mit dem eine Organisation den Professionalisierungsgrad seines HCM messen kann.

Je nach Zielsetzung und Zweck muss dieser Prozess unterschiedlich angegangen und durchgeführt werden: Ist der Ansatz beispielsweise, eine Analyse im Rating und Risikomanagement zu erstellen, stehen konsequenterweise die Risikoidentifikation, Risikoanalyse, Risikobewertung und -steuerung im Vordergrund. Im Rahmen von Merger & Akquisition Vorhaben wird eine HR Due Diligence Betrachtung den Schwerpunkt bilden, um den Anspruch und die Wirklichkeit realistisch abbilden zu können. Steht ein Integrationsprozess in gleichem Rahmen an, ergibt sich eine andere Perspektive des HR-Audits. Ist Ziel des Audits, festzustellen, inwieweit gesetzliche Bestimmungen und interne *policies and procedures* Beachtung finden, empfiehlt sich eine darauf abgestellte Vorgehensweise.

Somit wird deutlich, dass es *das* HR-Audit nicht gibt. Vielmehr ist eine ziel- und zweckgebundene, differenzierte Vorgehensweise erforderlich, bei der unterschiedliche Diagnoseinstrumente eingesetzt werden und auf unterschiedliche Diagnoseparameter fokussiert wird. Im Rahmen dieses Buches betrachten wir das HR-Audit insbesondere unter dem Gesichtspunkt des strategischen HCM und der Zielsetzung eines Employer Brandings.

Das HR-Audit in diesem Sinne ist vergleichbar mit einem Gesundheitscheck: So wie der Mediziner einem Menschen damit sowohl eine allgemeine physische und mentale Analyse erstellt, bietet diese auch verlässliche Rückschlüsse auf spezielle Zielsetzungen in der nahen Zukunft. Welchen Fitnessgrad bescheinigt mir der Arzt? Bin ich bereits fit für den Trekkingurlaub oder den Marathonlauf? Welche Maßnahmen muss ich in welcher Intensität im Vorfeld angehen? Um im Vergleich zu bleiben: Jeder wird einsehen, dass er sich übergewichtig und mit unzureichender Ausrüstung besser nicht dem Wettbewerb stellt. Misserfolg und Imageverlust würden die unausweichlichen Konsequenzen sein.

Beim Employer Branding jedoch vergessen Unternehmen oftmals diese simplen Überlegungen: Sie nehmen im *War for Talents* viel Geld in die Hand, setzen wertvolle Ressourcen ein, obwohl sie sich intern noch nicht fit gemacht haben, um in diesem Wettbewerb eine gute Figur abgeben zu können. Beispiel 12.1 zeigt in diese Richtung.

Zielsetzung dieses Audits ist es, zu überprüfen, in wie weit

- die HR-Strategie,
- die HR-Ziele,
- die HR-Organisation
- die HR-Professionals
- die Führungskräfte

den Aufbau einer Employer Brand ermöglichen und unterstützen können.

Der Audit-Prozess wird dabei in fünf unterschiedliche Stufen unterteilt:

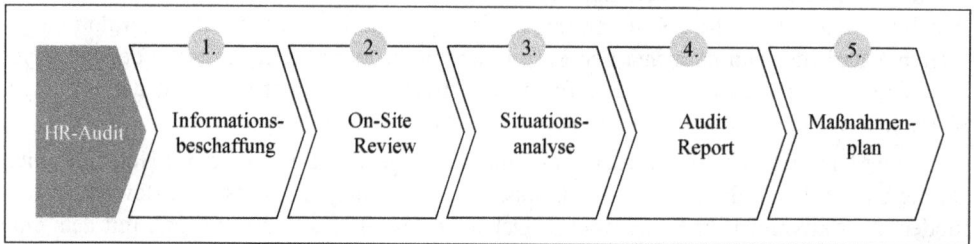

Abb. 11.1:   Stufen des Audit-Prozesses

11.1   1. Stufe: Informationsbeschaffung

Diese Phase beinhaltet den Überblick über alle formellen und informellen HR-relevanten Abläufe, Regelungen und Publikationen. Es gilt, die die Rahmenbedingungen und den Professionalisierungsgrad des HCM zu hinterfragen.

Die folgenden Fragen mögen als Beispiele und Inspiration für unternehmensspezifische Untersuchungsgegenstände in dieser Phase sein:

Personalmanagementstrategie
- Gibt es überhaupt eine solche Strategie?
- Ist sie konkret definiert und knüpft sie an die Unternehmensstrategie an?
- Ist sie schriftlich fixiert und umfassend kommuniziert?
- Ist die HR-Strategie von der Geschäftsführung bestätigt?
- Welche absehbaren internen und externen Einflussfaktoren wirken sich zukünftig auf die Mitarbeiter und die Führungskräfte aus?

Personalmanagementorganisation
- Aufbau- und Ablauforganisation
- Zentrale und dezentrale Funktionen
- Wie ist das Selbstverständnis des Personalmanagements?

- Findet das Selbstverständnis intern Akzeptanz?
- Qualifikation der HR- Leitung und deren Mitarbeiter

Ressourcen
- Stimmt die Ressourcenausstattung (personell und finanziell) im Vergleich zu Benchmarking-Zahlen?
- Sind HR-Strategie und Budget langfristig kompatibel?
- Gibt es bereichsübergreifende Budgets für übergeordnete Themen des Employer Branding?

Standards
- Welche Prozesse sind definiert?
- Enstprechen HR-Standars gängigen Benchmarks?

Die Funktionsträger im HR-Management
- Welche Aufgaben übernimmt die Unternehmensleitung?
- Welche Aufgaben übernehmen die Führungskräfte?
- Welche Aufgaben übernehmen die HR-Professionals?

Instrumente und Methoden
- Welche Instrumente und Methoden sind im Einsatz?
- Sind die eingesetzten Instrumente und Methoden benchmarkfähig?
- haben die eingesetzten Methoden intern Akzeptanz?
- Welche internen HR-Kennzahlen werden erhoben und wie werden sie verarbeitet?
- Welche Maßnahmen werden aus diesen Kennzahlen abgeleitet?
- Gibt es hinsichtlich dieser Kennzahlen externe Benchmarks?
- Wird die Mitarbeiterzufriedenheit gemessen? Wie ist die Entwicklung der Mitarbeiterzufriedenheit?

Charakteristika der Arbeitsverhältnisse
- Gibt es *unübliche* Arbeitszeiten?
- Welche Gestaltungs-/ Handlungsspielräume werden Arbeitnehmern eingeräumt?
- Wie sind die Arbeitsbedingungen im Vergleich zur Branche zu beurteilen
- Welche Vergütungssysteme sind im Einsatz?
- Gibt es für Führungskräfte ein variables Vergütungssystem?
- Welche rechtlichen Rahmenbedingungen tangieren das Thema? (Gesetze, Tarifvereinbarungen, Betriebsvereinbarungen, betriebliche Übungen etc)

Die Suche nach Antworten auf diese Fragen wird zwangsläufig zu neuen Fragen führen. Die sorgfältige Abarbeitung all dieser Fragestellungen ist jedoch unbedingt zu empfehlen, da ansonsten in den Folgephasen die Effizienz deutlich leidet oder Missinterpretationen das Projekt Employer Branding negativ beeinflussen.

11.2   2. Stufe: On-site Review

Das On-site Review dient dazu, die Antworten der ersten Phase – wo erforderlich – zu verifizieren und die gewonnenen Eindrücke zu festigen oder zu korrigieren. Damit gewinnt es zentrale und erfolgskritische Bedeutung. Interviews von Mitarbeitern aus unterschiedlichen Hierarchiestufen sowie der kritische Check von Unterlagen und Prozessen stehen hierbei im Vordergrund. Nachstehend einige Beispielfragen, die es in dieser Phase zu klären gilt:

- Wird das Unternehmensleitbild gelebt?
- Wie und woraus definiert sich die Unternehmenskultur?
- Sind Schlüsselfunktionen und Schlüsselqualifikationen definiert?
- Gibt es eine Differenzierung der Mitarbeiter hinsichtlich ihres Wertschöpfungsbeitrages?
- Verfügen die Führungskräfte über aktuelles Führungswissen?
- Gibt es Führungsgrundsätze? Werden diese gelebt?
- Wie hoch sind Fehlzeiten und Fluktuation im Vergleich zum Wettbewerb?
- Werden Parameter des variablen Vergütungssystems von den Betroffenen als gerecht und motivierend empfunden?
- Erfüllt das Vergütungssystem seinen Zweck?
- Ist die Entlohnungsstruktur marktkonform?
- Wird das Entlohnungssystem als transparent und leistungsorientiert empfunden?
- Gibt es Benefits? Werden diese als motivierend empfunden?
- Wie und mit welchen Medien werden potentielle Mitarbeiter angesprochen?
- Wie erfolgt die qualitative und quantitative Personalplanung?
- Wie und wann werden Anforderungsprofile erstellt?
- Ist das Auswahlverfahren konsequent auf die definierten Kenntnisse, Erfahrungen und Eigenschaften ausgerichtet?
- Kommen strukturierte Interviews zum Einsatz?
- Wie ist die Validität der angewandten Verfahren zu beurteilen?
- Ist das Bewerbermanagement professionell und effizient?
- Gibt es Einarbeitungspläne für neue Mitarbeiter? Wer erstellt sie wann?
- Richten sich individuelle Personalentwicklungsmaßnahmen nach den im Anforderungsprofil identifizierten Defiziten?
- Gibt es für Führungskräfte Feedback hinsichtlich ihrer Führungsleistung?
- Passt das Organigramm zu den realen Arbeitsprozessen und Arbeitsweisen?
- Laufen aus Mitarbeitersicht die wichtigsten administrativen Prozesse zufrieden stellend ab?
- Existieren für wichtige HR-Prozesse Leitfäden, Checklisten oder andere qualitätssichernde Hilfsmittel?
- Sind die wichtigsten Mitarbeiterdaten zuverlässig und aktuell abrufbar?

Viele dieser Fragen sind möglicherweise mit der anonymen jährlichen Mitarbeiterbefragung beantwortet. Der Fachmann kann aus den Antworten erkennen, welchen Stand das HCM insgesamt hat, wo er das Unternehmen hinsichtlich der Employer Branding-Strategie *abholen* kann, welche Mittel und Wege zielführend sind und wo Handlungsbedarf besteht.

11.3   3. Stufe: Situationsanalyse

Aus den Informationen und Eindrücken der beiden vorangegangenen Phasen kann nun eine sorgfältige, komplexe Analyse erfolgen. Das gängigste Werkzeug hierzu ist die Stärken-Schwächen-Analyse. Die aus dem amerikanischen Sprachgebrauch stammende SWOT-Analyse ist auch hierbei hilfreich. Einzelheiten hierzu sind bereits in Kapitel 10 beschrieben. Die SWOT-Analyse bietet sich übrigens grundsätzlich für *turn-around* Strategien und Change-Prozesse an.

Gute Erfahrungen konnten in der Vergangenheit vor der Implementierung von Employer Branding Maßnahmen damit gemacht werden, zunächst in interdisziplinären Teams unter Einbindung der Einschätzung ehemaliger und potentieller Mitarbeiter die Stärken und Schwächen zu diskutieren und hierüber ein Einvernehmen herzustellen. Es empfiehlt sich zudem, das Ergebnis zu protokollieren und falls erforderlich zu interpretieren. Individuelle Auslegungsmöglichkeiten können so vermieden werden. Die Dokumentation ist auch hilfreich, wenn die weiteren Schritte entwickelt und bewertet werden. Endlosen Diskussionen und schwankender Meinungsbildung ist damit vorgebeugt.

Danach ist eine Plattform geschaffen, um die Strategie erfolgreich umsetzen zu können.

11.4   4. Stufe: Audit Report

Ein ausführlicher Bericht der Daten, Fakten, Ergebnisse, Erkenntnisse und Schlussfolgerungen der Phasen 1–3 enthält, dient der Zusammenfassung, Strukturierung und als Basis für einen abschließenden Maßnahmeplan. Idealerweise wird der Report in vier Kategorien unterteilt:

- Kategorie 1: Wichtige Aspekte mit dringendem Handlungsbedarf
- Kategorie 2: Wichtige Aspekte mit Handlungsbedarf
- Kategorie 3: Weniger wichtige Aspekte, aber dringender Handlungsbedarf
- Kategorie 4: Weniger wichtige Aspekte mit Handlungsbedarf

Die Priorisierung der Aspekte sowie *Dringender Handlungsbedarf* oder *Handlungsbedarf* werden ermittelt durch den Vergleich der Resultate aus den Stufen 1–3 mit State-of-the-art Vorgehensweisen in Unternehmen, die als Wettbewerber auf dem Arbeitsmarkt anzusehen sind. (s. auch Kap. 10.3.1)

Damit sind wir wieder beim eingangs erwähnten Vergleich mit dem Gesundheitscheck: Das HR-Audit ist ein Weg, mit dem eine Organisation messen kann, wo sie aktuell hinsichtlich ihres Arbeitgeberimages steht. Dann kann bestimmt werden, was mit eigenen und externen Ressourcen bewerkstelligt werden kann, um hinsichtlich der anvisierten Ziele (= Employer Brand) besser als der Wettbewerb zu werden.

So gesehen wird auch deutlich, dass das HR-Audit kein Mittel zur *Prüfung* der HR-Abteilung ist, sondern ein Instrument, um auf dem Weg zum Employer of Choice internen Optimierungsbedarf zu identifizieren und zu decken.

11.5   5. Stufe: Maßnahmenplan

Daraufhin kann ein speziell auf die HR-Organisation und -struktur abgestellter Maßnahmenplan entwickelt werden. Hierbei kann auf den in Kap. 10.3.5 beschriebenen Aufbau zurückgegriffen werden. Weiterhin ist es denkbar, diesen speziellen Maßnahmenplan in den allgemeinen Maßnahmenplan der Employer Branding Strategie einzubinden (s. Kap. 10.3.5) Dies empfiehlt sich immer dann, wenn keine weitreichenden strukturellen und personellen Maßnahmen innerhalb des HR-Bereiches vorzunehmen sind.

12   Umsetzung des Employer Branding Prozesses

In Kapitel 10 wurden die Analysephase und die Planungsphase des Employer Branding Prozesses beschrieben. Der für die Praxis bedeutungsvollen Umsetzungsphase wendet sich dieses Kapitel zu. Schwerpunkt hierbei bildet der interne Umsetzungsprozess, da ihm die entscheidende Bedeutung beim Employer Branding zukommt. In Verbindung von Theorie und bisheriger Erfahrung aus der Praxis, wird ein idealtypischer Umsetzungsprozess beschrieben und durch Praxisbeispiele veranschaulicht.

12.1   Risikofaktor Employer Branding

Vielfach wird in der Literatur und in der Praxis Employer Branding als ein extern fokussiertes Maßnahmenpaket verstanden. Was aber passiert, wenn mit hohem finanziellem Aufwand externes Personalmarketing betrieben wird, die interne Realität im Unternehmen jedoch vom nach außen transportierten Bild abweicht? Im schlimmsten Fall kann das zur Folge haben, dass die für das externe Personalmarketing eingesetzten Ressourcen sich als kontraproduktiv erweisen. Bewerber, die vom nach außen transportierten Bild eines attraktiven Arbeitgebers begeistert sind, werden möglicherweise zum Mitarbeiter. Dann aber tauchen Sie in eine Realität ein, die ihre Erwartungen nicht erfüllt. Sie sind enttäuscht, machen nach einiger Zeit bestenfalls *Dienst nach Vorschrift* oder kündigen innerlich. Sie bleiben nur deshalb, weil sie aktuell aus persönlichen Gründen oder aufgrund der Arbeitsmarktsituation keinen Wechsel realisieren wollen oder können. Das nachfolgende Beispiel vermag das Risiko zu veranschaulichen.

Beispiel 12.1

Ein Unternehmens- und Managementberater wird von einem Unternehmen auf das Thema Employer Branding angesprochen. Ziel des Unternehmens ist es, Optimierungspotential zu identifizieren. Dieses Unternehmen beschäftigt über 8000 Mitarbeiter, die zu über 90% akademisch ausgebildet sind. Das Employer Branding konzentriert sich daher sehr stark auf ein Hochschulmarketing. Ziel hierbei ist es, Absolventen für das Unternehmen zu begeistern und in Folge rekrutieren zu können. Alleine für sich betrachtet, ist das Hochschulmarketing des Unternehmens annähernd perfekt konzipiert und umgesetzt. Mit attraktiven, sehr aufwändigen Maßnahmen erreicht man die Studenten und begeistert sie für das Unternehmen. Das Budget hierfür liegt im einstelligen Millionenbereich per annum. Trotzdem hat man Schwierigkeiten, genügend geeignete Absolventen zu finden. Die Bereitschaft, das Budget bei Bedarf aufzustocken, war vorhanden.

Der Beratungsansatz sah vor, nach Möglichkeiten zu suchen, zukünftig besser den *War for Talents* angehen könnte.

Im Gespräch mit dem Personalleiter bezifferte dieser den jährlichen Bedarf an Hochschul-abgängern auf knapp 2000. Wie sich zeigte, war die Mitarbeiterzahl der letzten Jahre annä-hernd konstant. Seitens des Beraters wurde auf die sich daraus leicht errechenbare Fluktua-tion von etwa 25% p.a. hingewiesen. Der Personalleiter meinte, dies sei für die Branche gar nicht so außergewöhnlich. Andere lägen auch bei 20% und mehr.

Der Berater äußerte nun den Wunsch, sich mit einigen Mitarbeitern unterschiedlicher Hie-rarchiestufen unterhalten zu können. Dem kam das Unternehmen nach, und er hatte Gele-genheit, sich mit mehreren Angestellten, die teilweise in der Kündigungszeit waren, zu unterhalten. Das vermutete Bild bestätigte sich bald: Keiner fühlte sich wirklich wohl am Arbeitsplatz. Der Arbeitsdruck, mangelhafte Kommunikation und Führung durch den direk-ten Vorgesetzten sowie fehlende Kollegialität wurden bemängelt. Je länger die Betroffenen dem Unternehmen angehörten, desto düsterer zeichneten sie das Bild.

Der Berater machte deutlich, dass es unter diesen Umständen äußerst ineffizient sei, im besagten *War for Talents* ständig weiter aufzurüsten. Das Lösungswort für das eigentliche Problem des Unternehmens hieß *Retention*. Durch eine Steigerung der Mitarbeiterzufrie-denheit und die Senkung der Fluktuation besteht die Möglichkeit, sich dauerhaft und nach-haltig vom Wettbewerb abzusetzen und sich als attraktiver Arbeitgeber zu positionieren.

Der in diesem Kapitel beschriebene interne Employer Branding Prozess wurde dem Unter-nehmen empfohlen. Weiterhin eine deutliche Reduzierung der Hochschulmarketing-Aktivitäten – inklusive des dazugehörigen Budgets. Derzeit läuft der Umsetzungsprozess.

12.2   Interner Employer Branding Prozess

Employer Branding ist Bestandteil eines strategischen HCM. Es ist weder Selbstzweck noch eine eigenständige Disziplin innerhalb des HCM oder gar eine Teildisziplin des Personal-marketings oder des Recruitings. Die Employer Brand eines Unternehmens ist eher das Re-sultat eines strategischen HCM. Dies findet im nachstehend empfohlenen internen Umset-zungsprozess Beachtung. Hierbei stehen drei idealtypische Phasen im Vordergrund, welche das Fundament der internen Aktivitäten bilden. Diese Phasen können je nach unternehmens-spezifischer Situation in Rang- und Reihenfolge angepasst werden. Die zahlreichen in Kapi-tel 10 genannten instrumentellen Maßnahmen bieten sich an, in diese Phasen integriert zu werden.

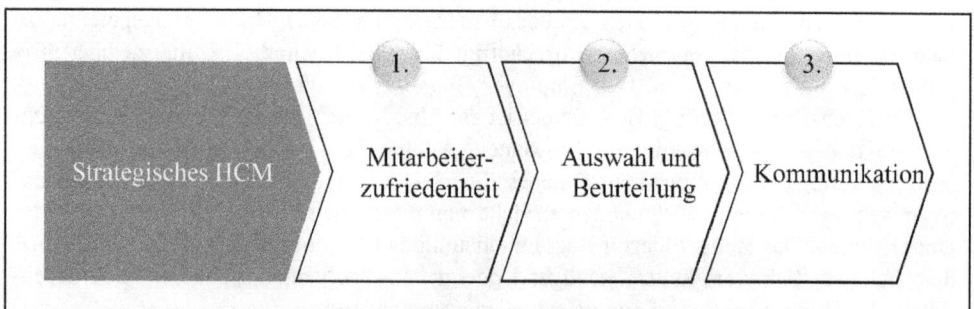

Abb. 12.1:   Die drei Phasen des Umsetzungsprozesses

12.2.1 Phase 1: Mitarbeiterzufriedenheit

Der Begriff *Mitarbeiterzufriedenheit* kann mißgedeutet werden und bedarf einer einführenden Erläuterung. Gemeint ist eine Zufriedenheit, die sich in Engagement und Loyalität gegenüber dem Arbeitgeber zeigt. Sie geht über die offiziellen Definitionen von Zufriedenheit hinaus.

> *Zufriedenheit ist gemäß dem Bedeutungswörterbuch des Duden: a) innerlich ausgeglichen zu sein und nichts anderes zu verlangen, als man hat; b) mit den gegebenen Verhältnissen, Leistungen o.ä. einverstanden zu sein, nichts auszusetzen zu haben. Adjektivisch ist man zufrieden (etwa ‚mit sich und der Welt').*

> *Zufrieden sein ist ein wichtiger Teil des biologischen, psychologischen und sozialen Wohlbefindens, der im Allgemeinen die Gesundheit und Lebensqualität entscheidend mitbestimmt. Gerade auch in Beruf und Ausbildung prägt Zufriedenheit den individuellen Erfolg wesentlich mit. Zufriedene Menschen bilden im Allgemeinen keine oder kaum Symptome aus. So gesehen kann Zufriedenheit auch als Kriterium für erfolgreiche Psychotherapien herangezogen werden (Erfolgskontrolle, Evaluation, Qualitätssicherung; Sponsel (1984)). Um beruflich zufrieden zu sein, hilft (selbst)reflexives Verhalten.*

Um Fehlinterpretationen zu vermeiden, gehen Unternehmen dazu über, das Ergebnis einer Mitarbeiterbefragung nicht mehr als Mitarbeiterzufriedenheitsindex zu bezeichnen, sondern verwenden den Begriff Mitarbeiterengagementindex (MEI).

Wie bereits mehrfach zum Ausdruck gebracht, können unzufriedene Mitarbeiter keine engagierten, loyalen Mitarbeiter sein und werden. Ziel des strategischen HCM ist daher der zufriedene Mitarbeiter. Zufriedenheit in diesem Sinne darf nicht interpretiert werden als Sattheit, Behäbigkeit oder Trägheit. Zufriedenheit im hier gemeinten Sinne bedeutet, dass der Mitarbeiter anerkanntermaßen ein betriebliches Umfeld hat, in dem er sich wohl fühlt und bereit und in der Lage ist, sein Potential zu entfalten, sich zu engagieren.

Die in Kapitel 3.2. erwähnte Gallup-Studie zeigt, dass in Deutschland noch eine weite Strecke mit vielen Hindernissen auf dem Weg zum zufriedenen Mitarbeiter zurückzulegen ist. Die Bestimmung eines Mitarbeiterzufriedenheitsindexes – vor allem aber der Prozess, der zu diesem Index führt – stellt dafür eine unverzichtbare, in seiner Auswirkung nicht hoch genug einzuschätzende, Kern-Komponente dar.

Es verwundert auch kaum, dass die Ergebnisse zahlreicher empirischer Studien einen klaren Zusammenhang zwischen der Mitarbeiterzufriedenheit und der Kundenzufriedenheit belegen. Die Mitarbeiterzufriedenheitsforschung leistet somit einen zentralen Beitrag zur Erklärung und Optimierung von Unternehmenseffizienz und -effektivität.

Zunächst einmal gilt es, sich die Einflussgrößen der Mitarbeiterzufriedenheit vor Augen zu führen.

Direkter Vorgesetzter

Identifikation   Entwicklungsmöglichkeiten

Arbeitsklima .... **Mitarbeiterzufriedenheit** .... Arbeitsbedingungen

Kompensation / Einkommen   Kollegialität / Teamarbeit

Information u. Kommunikation

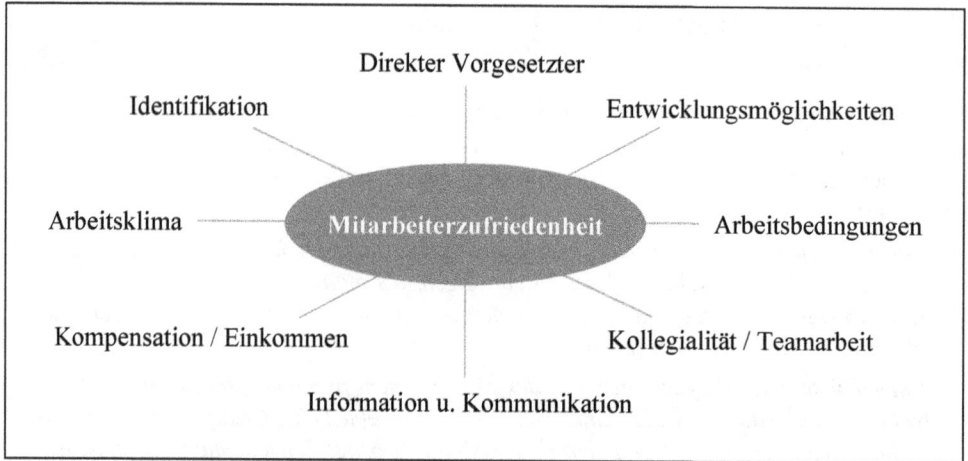

Abb. 12.2:   Einflussgrößen der Mitarbeiterzufriedenheit

Der direkte Vorgesetzte

Er ist es, der viele emotionale Bedürfnisse direkt erfüllen kann – oder nicht erfüllt. Viele Mitarbeiter kommen aufgrund eines subjektiven Unternehmensimages zu ihrem neuen Arbeitgeber. Die innerliche oder tatsächliche Kündigung wird aber meist wegen des direkten Vorgesetzten ausgesprochen.

Entwicklungsmöglichkeiten

Für viele Mitarbeiter ein Faktor, dem sie hohe Wertschätzung entgegenbringen. Die fachliche und persönliche Entwicklung spielt in jedem *lifecycle stage* des Mitarbeiters eine Rolle.

Arbeitsbedingungen

Hiermit ist das gesamte Umfeld, in dem die Leistungserstellung stattfindet, gemeint. Das Spektrum geht von der Ausstattung des Arbeitsplatzes über Arbeitszeitregelung bis hin zur Sinnhaftigkeit der Arbeit.

Kollegialität / Teamarbeit

Auch die Zusammenarbeit mit den Kollegen befriedigt emotionale Bedürfnisse oder lässt diese unerfüllt. Gute Kollegialität in Verbindung mit guter Führung führen zu Teamergebnissen, die höher sind als die Einzelleistungen der Teammitglieder.

Information und Kommunikation

Die Einbahnstraße Information darf nicht mit Kommunikation verwechselt werden, die erst durch *Gegenverkehr* zustande kommt und davon lebt. Umfassende, rechtzeitige Information erfüllt ebenso bestimmte Mitarbeiterbedürfnisse wie dies bei der Kommunikation der Fall ist.

Arbeitsklima

Wenn sich die gute Zusammenarbeit über den Kollegenkreis hinaus auch auf die Vorgesetzten und die Unternehmensleitung erstreckt, entsteht eine Großwetterlage, in der sich Mitarbeiter wohl fühlen und sich in vielfältiger Weise entfalten können.

Kompensation / Einkommen

Mehr noch als die absolute Höhe des Gehaltes und der Sozialleistungen wirkt sich die als gerecht und leistungsorientiert empfundene Vergütung auf die Zufriedenheit der Mitarbeiter aus.

Identifikation

Die vorstehend genannten Einflussgrößen in Verbindung mit der Reputation des Unternehmens in der Öffentlichkeit führen zu einem Grad an Identifikation mit dem Unternehmen und der eigenen Aufgabe, der Engagement und Leistung stark beeinflusst.

Die vorgenannten Einflussgrößen bestimmen die Mitarbeiterzufriedenheit und lassen sich als Index festschreiben, messen und vergleichen. Zur Erhebung eignet sich die anonyme Mitarbeiterbefragung. Mit einem sorgfältig *designten* standardisierten Fragebogen und einer IT-gestützten Auswertung kann mit relativ geringem Aufwand eine sehr differenzierte Ist-Aufnahme der Mitarbeiterzufriedenheit durchgeführt werden.

Wie die folgende Abbildung zeigt, ist die Mitarbeiterbefragung der erste Schritt zur Ermittlung des MEI.

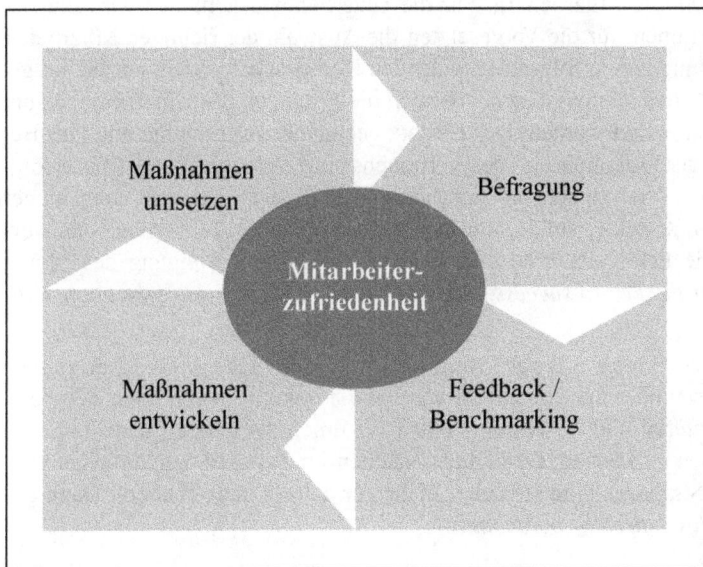

Abb. 12.3:   Kreislauf zur Ermittlung der Mitarbeiterzufriedenheit

Die Mitarbeiterbefragung, also die Ist- Aufnahme der aktuellen Zufriedenheitssituation, stellt jedoch nur den ersten Schritt im fortlaufenden Prozess zur Steigerung der Mitarbeiterzufriedenheit dar.

In sorgfältigen *Feedbackgesprächen,* Top-Down durchgeführt bis auf Abteilungsebene oder gar Teamebene, wird das eigene Ergebnis mit dem anderer vergleichbarer Organisationseinheiten verglichen und analysiert. Hieran nehmen alle Mitarbeiter der jeweiligen Organisationseinheit teil und entwickeln gemeinsam *Maßnahmenpläne.* Diese werden inhaltlich und zeitlich wie vereinbart umgesetzt. Damit geben die Mitarbeiter vor, auf welche *HR-Produkte* sie wert legen. Hierdurch wird vermieden, dass die pro-aktive Umsetzung denkbarer instrumenteller Maßnahmen (s. Kap. 10.3.5) durch den HR-Bereich an den Bedürfnissen der Mitarbeiter vorbeigeht. Wie erfolgreich die Verantwortlichen hierbei waren, zeigt die nächste *Befragung.*

So entsteht über die Jahre ein zuverlässiges Bild über die Entwicklung und den aktuellen Stand der Mitarbeiterzufriedenheit im Unternehmen, den einzelnen Betriebsstätten, Fachbereichen, Abteilungen und, falls gewünscht, der einzelnen Teams.

12.2.2   Phase 2: Auswahl und Beurteilung der Mitarbeiter

Zum Thema Mitarbeiterauswahl und Mitarbeiterbeurteilung gibt es zahlreiche Seminare und vielfältige Literatur. Daher soll in diesem Buch nur auf einige wichtige Aspekte und Überlegungen eingegangen werden, denen in Theorie und Praxis oft eine zu geringe Bedeutung zugemessen wird. Dies beginnt damit, dass den Entscheidern selten bewusst ist, dass keine ihrer Entscheidungen einen so hohen Wirkungsgrad hat, wie eignungsdiagnostische Entscheidungen bei der Mitarbeiterauswahl und -beurteilung

Das strategisch ausgerichtete HCM verlangt eine professionelle, strukturierte Suche nach den geeigneten Führungskräften und Mitarbeitern. Für die Unternehmensleitungen wird die Besetzung der Führungsfunktionen, für die Vorgesetzten die Auswahl der richtigen Mitarbeiter und deren spätere Beurteilung zum erfolgsentscheidenden Kerngeschäft. Nicht nur die Frage, ob der Bewerber zum Unternehmen passt, sondern auch die Frage, ob das Unternehmen zum Bewerber passt, muss beantwortet werden. Der Einsatz geeigneter Instrumente und von Beginn an eine Atmosphäre der Offenheit und des Vertrauens sind Voraussetzungen für erfolgreiches Employer Branding. Viel zu sehr konzentrieren sich Auswahlprozesse noch immer auf die fachlich-sachlichen Aspekte, auf Kenntnisse und Fertigkeiten. John Amat[51] antwortete auf die Frage, welche Erfolgsfaktoren entscheidend für seine Besteigung des Mount Everest waren: *„Attitude i the key to success. Not skill, not knowledge, not education. Attitude!"*

Und so verhält es sich auch bei der Auswahl von Fach- und Führungskräften: Viele kennen den Berg ganz genau, wissen über die Routenführung und die objektiven Gefahren Bescheid. Sie verfügen über Top-Material und Ausrüstung. Nur fehlt Ihnen die innere Einstellung, das Projekt erfolgreich bestehen zu können. Den kalten Nächten im Zelt und den täglichen physischen und psychischen Strapazen sind sie daher nicht gewachsen und scheitern. Dann gilt die Formel *„Hired by ability – fired by personality".*

Die Stellenbeschreibung

Die Stellenbeschreibung ist eine schriftliche Zusammenfassung der Ziele, Aufgaben, Entscheidungs- und Weisungskompetenzen, die mit einer bestimmten Stelle im Unternehmen verbunden sind, sowie die Festlegung der hierarchischen Eingliederung einer Stelle in die Organisationsstruktur und ihre wichtigen Beziehungen zu anderen Stellen.

Stellenbeschreibungen erfordern einen erheblichen Aufwand bei der Erstellung und noch deutlich mehr bei der Aktualisierung. In Zeiten, in denen die Veränderung das einzig Vorhersehbare ist, in denen der Kunde mit immer kürzerer Reaktionszeit bestimmt, was, wann,

---

[51]   Amatt, J., erfolgreicher Bergsteiger und Führungskräftetrainer (2009): Voices from the Summit,

wo erforderlich ist, sind Stellenbeschreibungen nicht mehr zu handeln und auch hinsichtlich ihres Anspruches nicht mehr zeitgemäß. Flexible Strukturen werden nicht ausreichend unterstützt, Kästchendenken wird durch Stellenbeschreibungen aufrechterhalten und sie dienen oft als Alibi für nicht zielführendes, wenig kundenorientiertes Verhalten.

Die wesentlichen Kritikpunkte können wie folgt stichwortartig zusammengefasst werden:

- Es dauert meist Wochen, bis Stellenbeschreibungen mit Zustimmung aller Funktionen und Gremien fertig sind. In einem dynamischen, von ständigem Wandel gekennzeichneten Umfeld sind sie oft bereits nicht mehr aktuell, wenn sie erstellt sind.
- Abteilungsziele und -aufgaben ändern sich durch größere Projektbezogenheit permanent. Damit einher gehen die Ziele und Aufgaben einzelner Stellen
- Stellenbeschreibungen führen zum *my job / your job – Denken*, our job und der Kunde bleiben auf der Strecke
- Sie fördern Kästchendenken und verhindern damit oft Synergien und wirken sich negativ auf die Produktivität aus.
- Sie können keine konkret messbaren Ziele enthalten.
- Sie können daher nicht zur Beurteilung des Mitarbeiters herangezogen werden
- Nicht aktualisierte Stellenbeschreibungen führen oft dazu, dass der Mitarbeiter nach anderen als dort festgeschriebenen Kriterien beurteilt wird.
- Abmahnungen müssen aus der Personalakte entfernt, verhaltensbedingte Kündigungen zurückgenommen oder in teure Aufhebungsverträge umgewandelt werden, da sich die Gründe nicht mit der aktuellen Stellenbeschreibung decken.

Die Auflistung ließe sich fortsetzen, sollte aber bereits in diesem Umfang überzeugend sein.

Das Anforderungsprofil

Eine umfassende und hilfreiche Definition des Begriffes besagt[52]:

> *Das Ergebnis einer Anforderungsanalyse ist ein Anforderungsprofil. Es enthält alle benötigten und wünschenswerten Voraussetzungen und Kompetenzen einer Person für den zu besetzenden Arbeitsplatz, das Aufgabengebiet, eine Ausbildung oder einen Beruf einschließlich der Merkmale, die für die berufliche Zufriedenheit wichtig sind.*

In der Praxis konnten gute Erfahrungen mit Anforderungsprofilen nach dem heuristischen Kompetenzmodell gemacht werden. Dies erfordert zunächst eine Auflistung der erwarteten Fähigkeiten, Kenntnisse, Eigenschaften und Verhaltensweisen des Stelleninhabers in den vier Kompetenzbereichen

- Fachkompetenz
- Methodenkompetenz
- Personale Kompetenz
- Soziale Kompetenz

Als **Fachkompetenz** wird das gesamte für die Erfüllung einer Aufgabe erforderliche fach- und berufstypische Wissen bezeichnet. Sie versetzt den Stelleninhaber in die Lage, selbständig und eigenverantwortlich seine Fachaufgaben zu erledigen, und bei Problemen fachgerecht zu reagieren.

---

[52] Westhoff, K. et al. (2004): Grundwissen für die berufsbezogene Eignungsbeurteilung

Unter **Methodenkompetenz** wird die Fähigkeit verstanden, Fachwissen effizient und effektiv einzusetzen. Komplexe Sachverhalte können strukturiert und die Aufgabenbewältigung unter Setzung von Prioritäten geplant werden. Zahlreiche Techniken und Methoden sind bekannt und können ziel- und zielgruppenorientiert ausgewählt und eingesetzt werden.

Der Kompetenzbereich **Personale Kompetenz** wird auch als Selbstkompetenz oder persönliche Kompetenz bezeichnet. Der eigene Standpunkt, Stärken und Schwächen gehören hierzu; auch die Fähigkeit zum Abgleich von Selbstbild und Fremdbild. Die innere Einstellung, Optimismus, Konstruktivität, Selbstbewusstsein, Ausgeglichenheit, Souveränität: all das sind Merkmale der personalen Kompetenz.

Mit **sozialer Kompetenz** wird die Fähigkeit bezeichnet, sich in eine Gemeinschaft einbringen zu wollen und zu können. Bedürfnisse und Erwartungen Dritter werden erkannt und bei eigenem Handeln und Verhalten berücksichtigt. Ein hohes Maß an sozialer Kompetenz ist für die erfolgreiche Führung von Gruppen unerlässlich.

Abschließend sind bei der Erstellung des AP alle **sonstigen Anforderungen** an den Bewerber oder Mitarbeiter zu identifizieren und aufzulisten.

Stotz[53] zeigt in seinen Beispielen zum Anforderungsprofil die Selbsteinschätzung des Bewerbers oder des zu beurteilenden Mitarbeiters als integralen Bestandteil des Profils. Die subjektive Wahrnehmung der eigenen Fach-, Methoden-, Personalen- und Sozialkompetenz kann im Auswahlverfahren durch Abgleich mit der jeweiligen Fremdeinschätzung auch zur Beurteilung von Teilbereichen der emotionalen Kompetenz und von Urteilstendenzen herangezogen werden.

Das Auswahlverfahren

Immer neue, effizientere Arbeitsstrukturen auf der einen und die Notwendigkeit für loyale Mitarbeiter auf der anderen Seite verlangen nach hochprofessionellen Personalentscheidungen. Sei es bei der Auswahl oder auch der späteren Beurteilung eines Mitarbeiters: eignungsdiagnostische Personalentscheidungen gehören zu den wichtigsten und anspruchsvollsten Tätigkeiten einer Führungskraft. Mitarbeiter lassen sich nicht mehr mit Hilfe von Stellenbeschreibungen auf eng umschriebene Positionsinhaber reduzieren. Besonders beim Aufbau einer Employer Brand gilt es, subjektive Maßstäbe zugunsten der objektiven Anforderungen zu eliminieren. Mit der Erstellung des Anforderungsprofils ist ein wesentlicher Schritt in diese Richtung getan. Der folgende wird dadurch erst ermöglicht.

Die Wahl des geeigneten Verfahrens kann nur in Abhängigkeit der spezifischen Unternehmenssituation erfolgen. Hierzu gehören auch Kosten-Nutzen-Aspekte, wobei man sich immer die Bedeutung der Investition vor Augen halten muss, über die gerade entschieden wird.

Unbedingt sollte hierbei die Validität der einzelnen Auswahlverfahren beachtet werden. Dieser wissenschaftliche Indikator verschafft einen generellen Überblick über die Aussagekraft einer Auswahlmethode. Je besser damit der künftige Erfolg im Beruf vorhergesagt werden kann, umso höher ist die Validität einer Methode. Der Zusammenhang zwischen Methode und der zukünftig zu erwartenden Leistung wird hierbei durch Koeffizienten ausgedrückt. Diese können zwischen $r = 0$ und $r = 1$ schwanken. R=1 würde bedeuten, dass mit dieser Methode eine hundertprozentige Aussage bezüglich der später zu erwartenden Leistung des Mitarbeiters möglich wäre. Die Mehrheit der bekannten Auswahlverfahren bewegt sich im

---

[53] Stotz, W. (2007): Employee Relationship Management, S. 78ff.

Bereich von r =0,10 und r =0,50. Koeffizienten zwischen r =0,30 und r =0,50 sind als gut einzustufen; alles was darüber hinausgeht kann als sehr gut angesehen werden. Die nachstehende Abbildung gibt einen Überblick über die Validität der unterschiedlichen Auswahlmethoden.

Verfahren	Validität
Lebenslaufanalyse	0,15
Schul- und Ausbildungszeugnisse	0,09
Arbeitszeugnisse	0,00 – 0,5
Referenzen	Unbekannt, gering
Arbeitsproben / Fallstudien	0,5
Graphologische Gutachten	0,0
Assessment Center	0,3 – 0,75
Nicht strukturiertes Interview	Max. 0,3
Strukturiertes Interview	0,35 – 0,63
Probezeit	Unbekannt, ca. 0,9

Abb. 12.4:   Validität einzelner Auswahlmethoden

Das strukturierte Interview im Auswahlverfahren

Kaum eine Rekrutierung erfolgt, der nicht ein Interview vorausgeht. Dies ist sicher der Auslöser dafür, dass seit Jahrzehnten Seminare boomen, in denen Mitarbeiter mit Personalverantwortung in Gesprächstechniken, Fragestellungen und aktivem Zuhören geschult werden. Aber noch immer reicht die Bandbreite der Validität von Interviews von r=0 (keine Validität) bis zu o,63 (gute Validität). Beispiele wie das folgende, erlebt der Autor dieses Buches in seiner Beratungspraxis häufig:

Beispiel 12.2

Der Produktmanager und der Personalreferent interviewen einen Bewerber für die ausgeschriebene Position des *Key Accounters*. Natürlich möchte der Vertriebsleiter Kullmann die Kandidaten der Endauswahl ebenfalls kennen lernen. 20 Minuten nach Gesprächsbeginn stößt der extrovertierte, charismatische Kullmann zur Gesprächsrunde. Er übernimmt sofort die Initiative. Ob der Bewerber denn auch seinen Studienkollegen Talhammer, Verkaufschef beim derzeitigen Arbeitgeber des Bewerbers, kenne, will er wissen. „Ja, klar", ist die Antwort. Einige Details über Talhammer werden ausgetauscht. Danach beginnt ein gut 20-minütiger Monolog von Kullmann: Gemeinsame Erfolge mit Talhammer, die aktuelle Vertriebssituation im Unternehmen, Erwartungen an den künftigen Stelleninhaber der neu geschaffenen Position *Key Accounter*, das Unternehmens-Leitbild, das Organigramm, die ambitionierten Pläne für die nähere Zukunft, all die Dinge, die er in seiner nunmehr zweijährigen Amtszeit schon erfolgreich verändert hat....

Der Redeschwall will kein Ende nehmen. Größtenteils hört der Bewerber das schon zum zweiten Mal in diesem Gespräch. Er lässt es sich aber nicht anmerken, gibt dafür mehrfach durch bewundernde Blicke oder zustimmendes Kopfnicken ein Feedback. Danach verabschiedet sich Kullmann, weil er der Sitzung mit dem Vorstand nicht länger fernbleiben wolle. „Das verstehen Sie doch, oder?" fragt er im Hinausgehen. Sein späteres Urteil über den Bewerber: „Guter Mann. Kann man sich prima mit unterhalten. Sehr kommunikativ. Sehr sympathisch. Der passt gut zu uns. Den sollten wir nehmen!"

Bereits seit 1915 widmet sich die psychologische Forschung der Frage, ob das Interview ein geeignetes eignungsdiagnostisches Instrument ist. Bereits Anfang des vergangenen Jahrhunderts bemängelte Scott[54] die geringe Übereinstimmung des Urteils mehrerer Interviewer über dieselben Kandidaten. In einer ersten umfassenden Metaanalyse über 106 Studien errechnete Wagner[55] eine mittlere Validität für das Interview-Verfahren von $r=0.27$. Auch Mayfield[56] bescheinigte dem Interviewverfahren 1964 noch mangelnde Güte (Objektivität, Validität, Nützlichkeit, Fairness).

Es dauerte bis Ende der achtziger Jahre des vergangenen Jahrhunderts, bis die Interviewforschung Prinzipien und Maßnahmen entwickeln konnte, die eine *substantielle Verbesserung des Interviews als Auswahlmethode erwarten lassen*[57]

In vielen Punkten zeigt der wissenschaftliche Diskurs zu diesem Thema unterschiedliche Ansätze und Auffassungen. In einem jedoch herrscht hohe Übereinstimmung: Nur der Anwendung strukturierter Einstellungsinterviews wird eine gute Validität (bis zu $r=0,65$) bescheinigt.

Auch wenn die praktische Erfahrung zeigt, dass Interviews nicht bis ins letzte Detail durchstrukturierte werden können und sollen, haben sich in einer Auswertung aller relevanten

---

[54] Scott, W.D. (1915). *Scientific selection of salesmen*. In: *Advertising and Selling Magazine*, 5, S.5–6.

[55] Wagner, R. (1949). *The employment interview: A critical review*. In: *Personnel Psychology*, 2, S.17–46.

[56] Mayfield, E.C. (1964). *The selection interview: A re-evaluation of published research*. In: *Personnel Psychology*, 17, S.239–260.

[57] Schuler, H. (1989): *Interviews*. In: S. Greif, H. Holling & N. Nicholson (Hrsg.), *Arbeits- und Organisationspsychologie* (S. 260–265). München: PVU.

Studien[58] erfolgsentscheidende Strukturierungselemente herausgestellt, die nachfolgend auszugsweise wiedergegeben und aufgrund eigener Erfahrungen ergänzt sind.

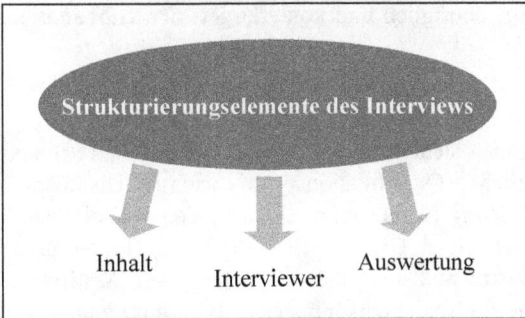

Abb. 12.5:   Strukturierungselemente des Interview

Strukturierungselemente, die sich auf den Inhalt des Interviews beziehen

- Anforderungsprofile erstellen
- anforderungsbezogene Fragen entwickeln
- situativ günstige Frageformen und -techniken verwenden
- die Anzahl der Fragen von der Gewichtung in den vier Kompetenzbereichen abhängig machen
- ausreichend Zeit für das Interview einplanen
- belegbare Aussagen des Bewerbers kontrollieren
- die Selbsteinschätzung aller Detailkriterien einfordern

Strukturierungselemente, die sich auf die Interviewer beziehen

- jeder hat das Anforderungsprofil und den vorbereiteten Fragenkatalog
- Interviewer intensiv auf ihre Rolle vorbereiten und trainieren
- die Rollenverteilung im Interview festlegen
- mindestens zwei Interviewer einsetzen
- detaillierte Notizen während des Interviews machen

Strukturierungselemente, die sich auf die Auswertung des Interviews beziehen:

- jeder Interviewer beurteilt individuell anhand der Skala des Anforderungsprofils
- das individuelle Ergebnis wird den anderen Interviewern bekannt gegeben und bei Bedarf erläutert
- Divergenzen werden aufgegriffen und diskutiert

Auf den Gesprächsverlauf müssen die Interviewer flexibel reagieren. Oft ist es erforderlich, zur abschließenden Klärung weitere Fragen einzubauen; oft brauchen bestimmte Fragen nicht gestellt zu werden, da die erwünschten Informationen ungefragt gegeben wurden. Auch das Abhaken der einzelnen Fragen in der geplanten Reihenfolge funktioniert nicht: oft ist es sinnvoll, nach einer Frage zur Fachkompetenz eine aus der Methoden- oder auch Sozialkompetenz folgen zu lassen.

---

[58]   Campion et al., (1997)

Für HR-Professionals und für alle Entscheider aus den Fachabteilungen muss es zur Selbstverständlichkeit werden, Interviews in diesem Sinne zu strukturieren und zielführende Fragen und Fragentechniken im Interview einzusetzen. Dagegen ist ein Interviewverlauf wie in Beispiel 12.2 dem Image des Unternehmens abträglich und konterkariert den Aufbau einer Employer Brand.

Die Selbsteinschätzung

Der Bewerber und auch der Mitarbeiter kennen sich selbst am Besten. Daher ist ihre Expertenmeinung bei der Ermittlung des persönlichen Qualifikationsprofils wichtig. Unabhängig davon, ob die Selbsteinschätzung *objektiv richtig* ist, bestimmt sie auf jeden Fall die Handlungen und das Verhalten einer Person. Auch dieser Grund spricht für die Aufforderung an Bewerber oder Mitarbeiter, eine differenzierte Selbsteinschätzung abzugeben. Kritisch zu würdigen ist natürlich die Tatsache, dass die Preisgabe persönlicher Stärken immer auch Teil der Selbstdarstellung ist. Das Eingestehen persönlicher Schwächen wird hingegen oft von Selbstverbergungstendenzen überlagert. Ohne kritisches Hinterfragen und ohne Einbindung der Fremdeinschätzung darf daher die Selbsteinschätzung nie als Fakt hingenommen werden. Auch die bewusste oder unbewusste Tendenz, Schwächen als Stärken zu verkaufen, ist weit verbreitet. Coelius[59] schreibt hierzu:

> *Als man einer Bewerberin diese Frage (nach den Schwächen) stellte, antwortete sie:* *„Ich werde leicht ungeduldig, wenn etwas nicht so schnell vorangeht, wie es eigentlich könnte". Hiermit gab sie zwar eine Schwäche zu, gleichzeitig stellte sie sich aber als Kandidatin vor, die motiviert ist, und etwas bewegen und vorantreiben möchte.*

Zudem werden Bewerbern in zahlreichen Publikationen für die Darstellung ihrer Schwächen Darstellungs- und Verhaltensmuster empfohlen, die sie dann in den Gesprächen einsetzen. Besteht der Verdacht, dass eine als Schwäche verpackte Stärke aufgetischt wird, muss nachgehakt werden.

Die im Anforderungsprofil detailliert abgefragte Selbsteinschätzung hilft in Verbindung mit der Fremdeinschätzung, die Auswirkungen von Selbstdarstellungs- und Selbstverbergungstendenzen zu vermeiden.

Die Selbsteinschätzung kann nach dem ersten Interview abgefordert werden, indem man dem Bewerber zum Ende des Gespräches das Anforderungsprofil aushändigt und um seine Bewertung bittet. Im Vergleich mit der Fremdeinschätzung durch den oder die Interviewer ergeben sich hierbei wichtige Erkenntnisse: Schätzt sich der Bewerber realistisch ein? Wo, nach unserem ersten Eindruck, zu positiv oder zu negativ? In einem zweiten Gespräch können die Divergenzen gezielt aufgegriffen und zu einem abschließenden Bild geformt werden.

Auch zur Vorbereitung auf das Mitarbeitergespräch empfiehlt es sich, dem Mitarbeiter das Anforderungsprofil im Vorfeld auszuhändigen und um die Selbsteinschätzung zu bitten. So lernt der Vorgesetzte vor dem Gespräch das Selbstbild des Mitarbeiters kennen und kann sich damit auseinandersetzen. Für das Mitarbeitergespräch und für die Beurteilung des Mitarbeiters ergeben sich wesentliche Ansatzpunkte.

---

[59] Claus Coelius, Verleger und Autor

Die Probezeit

Die Probezeit ist wegen ihrer sehr guten Validität das wichtigste eignungsdiagnostische Instrument. Aber genutzt wird sie hierfür viel zu selten. Daher gehört sie gewissenhaft geplant, sorgfältig durchgeführt und ausgewertet. In der Praxis ist es häufig so, dass die Personalabteilung kurz vor Ende eine Information gibt, alle überrascht sind, wie schnell doch die Zeit vergeht. Die finale Entscheidung, ob der Mitarbeiter bleibt oder nicht, wird dann zur Formsache degradiert. Dabei wäre es recht einfach, die Probezeit systematisch zur Bestätigung oder auch zur Annullierung der seinerzeit getroffenen Entscheidung zu nutzen. Mit der Kenntnis über die Fähigkeiten, dem fachlichen und methodischen Wissen, aber auch seiner Persönlichkeit und sozialen Struktur aus mehreren Wochen der Zusammenarbeit könnte mit hoher Validität eine Zukunftsprognose erfolgen. Eine erneute, sorgfältige Betrachtung des Anforderungsprofils und der Abgleich mit dem persönlichen Qualifikationsprofil sowie die erneute Selbsteinschätzung des Bewerbers sollte das Auswahlverfahren abschließen.

12.2.3   Phase 3: Die Kommunikation

Als wichtigstes Verständigungsmittel ist das Gespräch Grundlage und Voraussetzung für eine zufrieden stellende, effiziente Zusammenarbeit. Das regelmäßige Mitarbeitergespräch fördert Offenheit und gegenseitiges Verständnis. Gespräche erfüllen emotionale Bedürfnisse, bilden Brücken zwischen den Menschen, schaffen Sicherheit und Vertrauen. In diesem Abschnitt wird *Mitarbeitergespräch* im engeren Sinne verstanden. D.h., damit ist das in festem Turnus für alle Mitarbeiter durchgeführte, strukturierte und protokollierte Gespräch gemeint.

Dieses Buch enthält eine Kurzdarstellung der wesentlichen Aspekte des Mitarbeitergespräches. Das breite Spektrum der anlassabhängigen Kommunikationsarten, die Gesprächsführung und der Zielvereinbarungsprozess sind in der diesbezüglichen Fachliteratur hinreichend beschrieben.

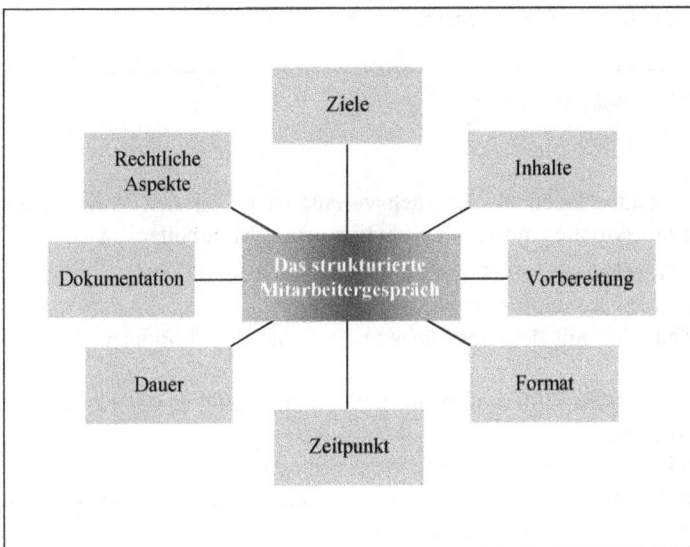

Abb. 12.6:   Aspekte des Mitarbeitergesprächs

Gesprächsziele

Das strukturierte Mitarbeitergespräch nimmt als Kernelement der Interaktion zwischen Vorgesetztem und Mitarbeiter im Employer Branding Prozess eine Schlüsselrolle ein. Es unterscheidet sich auch in seiner Zielsetzung von reinen Beurteilungsgesprächen, Zielvereinbarungsgesprächen und Fördergesprächen. Es dient weder der Überwachung oder Disziplinierung noch der Kontrolle der Mitarbeiter. Im Vordergrund steht eindeutig die Beziehung zwischen den Gesprächspartnern. Im offenen, vertrauensvollen Dialog werden die Gesprächsinhalte gemeinsam erarbeitet. Die wechselseitigen Perspektiven werden dargelegt und ein Verständnis für die jeweilige Sichtweise des Gesprächspartners entwickelt. Im Falle von Defiziten, Problemen und Konflikten haben zukunftsorientierte Lösungsansätze Vorrang vor der Ursachenanalyse.

Gesprächsinhalte

Die folgende Abbildung zeigt eine schematische Darstellung der Gesprächsinhalte mit speziellem Fokus auf die Unterstützung des Employer Branding Prozesses:

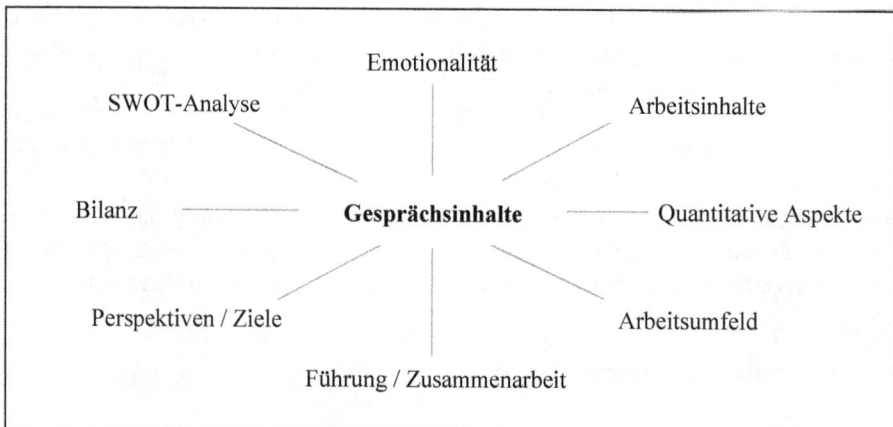

Abb. 12.7:   Inhalte des strukturierten Mitarbeitergespräches

Emotionalität

Für den zufriedenstellenden und effizienten Gesprächsverlauf ist es für den Vorgesetzten erforderlich, zu wissen, wie die aktuelle emotionale Situation seines Mitarbeiters aussieht:

- Ist die Zielsetzung des Gespräches klar? Besteht Interpretationsbedarf?
- Hat der Mitarbeiter den Gesprächstermin rechtzeitig erfahren?
- Hatte er ausreichend Zeit, sich mit den Gesprächsinhalten und dem Format vertraut zu machen?
- Hatte er ausreichend Zeit, das Anforderungsprofil kennen zu lernen, es auf Korrektheit und Vollständigkeit zu prüfen?
- Hatte er ausreichend Zeit, die Selbsteinschätzung vorzunehmen?
- Besteht auf Grund einer besonderen beruflichen oder privaten Situation der Wunsch, das Gespräch auf einen späteren Zeitpunkt zu verschieben?
- Wie fühlt er sich generell vor dem Gespräch?

Mit diesen Fragen kann schnell und treffend geklärt werden, ob die Ausgangssituation für das beabsichtigte Gespräch erfolgsversprechend ist. Falls sich Zweifel ergeben, sollte das Gespräch besser vertagt werden, um die Zielsetzung nicht zu gefährden. Dies gilt auch für den Fall, dass es zum Gesprächszeitpunkt Spannungen im persönlichen Verhältnis der Gesprächspartner gibt.

Arbeitsinhalte

- Haben sich Änderungen im Anforderungsprofil ergeben?
- Gibt es Tendenzen, die eine Adaption des Anforderungsprofils erfordern?
- In welchen Teilbereichen fühlt sich der Mitarbeiter unter- bzw. überfordert?
- Ist die aktuelle Abgrenzung zu anderen Funktionen sinnvoll und befriedigend geregelt?
- Welche Gedanken zur Optimierung im jetzigen Arbeitsbereich sind vorhanden?
- Wie bewertet der Mitarbeiter ganz generell seine Leistung?
- Welche persönlichen Ziele hinsichtlich seiner Arbeit möchte der Mitarbeiter zukünftig intensiver verfolgen?

Diese Beispielfragen bringen dem Vorgesetzten wichtige Informationen und Anhaltspunkte für den weiteren Gesprächsverlauf. Des Weiteren können sich zusätzliche Hinweise auf die tatsächliche emotionale Ausgangslage ergeben.

Quantitative Aspekte

- Ist das Verhältnis zwischen Arbeitsanforderungen und Arbeitszeit in Ordnung?
- Lässt die Arbeitsmenge die geforderte Qualität zu?
- Was möchte der Mitarbeiter verändern?
- Sind die Arbeitsanforderungen innerhalb des Teams gerecht verteilt?
- Zeichnen sich bestimmte Entwicklungen ab? Wird sich die Arbeitsmenge ändern?

Wie bei allen Gesprächsinhalten gilt auch hinsichtlich der Arbeitsmenge, dass der Vorgesetzte seine eigene Beurteilung mit der Einschätzung des Mitarbeiters abgleichen kann. Dies ist für sein abschließendes Urteil wichtig.

Arbeitsumfeld

- Erhält der Mitarbeiter rechtzeitig alle zur Aufgabenerfüllung erforderlichen Informationen?
- Wie funktioniert die Zusammenarbeit mit den Kollegen?
- Wie mit den anderen Abteilungen?
- Wie erfährt der Mitarbeiter notwendige Hilfestellungen oder Unterstützung?
- Gibt es Konflikte oder sich wiederholende konfliktträchtige Situationen am Arbeitsplatz / mit anderen Abteilungen?
- Sind die Arbeitsmittel bezüglich Quantität und Qualität ausreichend?
- Gibt es erkennbare Veränderungen? Welche hält der Mitarbeiter für besonders wichtig?

Dieser Gesprächsteil gibt dem Mitarbeiter Raum und Gelegenheit für die Darstellung persönlicher Eindrücke, Belange und Mitteilungen.

Führung / Zusammenarbeit

- Welche Erwartungen hat der Mitarbeiter in Bezug auf Personalführung?
- Inwieweit werden diese Erwartungen derzeit erfüllt?

- Wie erlebt der Mitarbeiter die Führung durch seinen Vorgesetzten?
- Wie erfährt der Mitarbeiter Anerkennung?
- Wie erfährt der Mitarbeiter Kritik?
- Wie beurteilt der Mitarbeiter die Kritikfähigkeit seines Vorgesetzten?
- Wie beurteilt der Mitarbeiter die Loyalität seines Vorgesetzten?
- Wie erfährt der Mitarbeiter Unterstützung durch seinen Vorgesetzten?
- Möchte der Mitarbeiter eigenverantwortlicher arbeiten?
- Braucht er mehr Vorgaben?
- Wie geht mein Vorgesetzter mit Konflikten um?
- Was sollte an der Zusammenarbeit verändert werden?

Wie auch bei den anderen Gesprächsinhalten sollen beide Gesprächspartner sinngemäß diese Fragen beantworten, damit der andere den eigenen Standpunkt kennen lernt. Dieser Gesprächsteil ist der emotionalste und damit der sensibelste des gesamten Gespräches. Aber auch der für den Aufbau leistungsfördernder Beziehungen wichtigste Teil.

Bilanz

- Wie wird beidseits die geleistete Arbeit im Rückblick eingeschätzt?
- Welche Aktiva sind aufzuführen? Was wird positiv bewertet?
- Welche Passiva sind aufzuführen? Was ist nicht gut gelaufen?
- Gibt es besondere Vorkommnisse (positiv oder negativ) im abgelaufenen Zeitraum?

Nicht nur die Sichtweise des Mitarbeiters wird erörtert. Er erhält ebenfalls Rückmeldung seitens des Vorgesetzten. Auch aus diesem Gesprächsteil können Zielvereinbarungen abgeleitet werden.

Perspektiven / Ziele

- Welche Defizite gilt es auszugleichen?
- Wie können diese ausgeglichen werden?
- Wie können Stärken weiterentwickelt werden?
- Wie kann sich abzeichnenden Veränderungen des Anforderungsprofils begegnet werden?
- Welche Unterstützung kann der Vorgesetzte bieten?
- Muss es Veränderungen in den Informations- und Kommunikationsstrukturen geben?
- Welche konkreten Ziele sollen erreicht werden?
- Wie wirkt sich die Zielerreichung auf die weitere persönliche und fachliche Entwicklung aus?
- Welche kurz- mittel- und langfristigen Perspektiven bestehen innerhalb des Unternehmens?

Über den Austausch von Zielvorstellungen müssen realistische, operationalisierte Ziele vereinbart werden. Im Allgemeinen sind 5 bis 7 konkrete Ziele völlig ausreichend. Zur Zielvereinbarung gehört auch, dass derjenige sich unverzüglich mit dem anderen in Verbindung setzt, der erkennt, dass ein Ziel nicht wie vereinbart realisiert werden kann. Ausschlaggebend können sowohl zeitliche als auch inhaltliche Aspekte sein. Dies gilt sinngemäß sowohl für Ziele die eher erreicht sind als auch für Ziele, deren Erreichung sich verzögert.

Individuelle SWOT-Analyse

Die aus der allgemeinen Betriebswirtschaftslehre bekannte SWOT-Analyse (s. Kap. 10.2) eignet sich auch zur Identifizierung persönlicher und fachlicher Stärken und Schwächen. Die Chancen-Risiko-Abwägung führt zu einer klaren Sicht der Gegebenheiten und zeigt Handlungsbedarf auf. Beste Erfahrungen konnten in der Vergangenheit mit der individuellen SWOT-Analyse gemacht werden, wenn Mitarbeiter für konkrete Beförderungen oder für Führungs-Förderkreise (auch Nachwuchskräfte) vorgesehen waren.

Beispiel 12.3

In einem Dienstleistungsunternehmen waren 10 Mitarbeiterinnen und Mitarbeiter, die als interne Kandidaten für die Übernahme exponierter Führungsaufgaben geeignet schienen, in einem Führungsförderkreis zusammengefasst. Verschiedene Module bereiteten diesen Personenkreis auf die neuen Aufgaben vor. In einem dieser Module wurden die Teilnehmer mit der SWOT-Analyse bekannt gemacht und aufgefordert, dieses Tool auch für die eigene Situationsanalyse anzuwenden. Es wurde ihnen freigestellt, ihre persönliche SWOT-Analyse anschließend mit dem Leiter des Förderkreises zu besprechen. Im informellen Teil am Abend verabredeten die Teilnehmer die Präsentation aller persönlichen SWOT-Analysen im nächsten Meeting. Ein offenes und ehrliches Feedback seitens des Gruppenleiters und aller Teilnehmer wurde als wertvoll für die eigene Situationsanalyse erkannt und gewünscht.

Nicht nur die bestätigte Selbsteinschätzung sondern auch die kritischen Anmerkungen und Statements der Teilnehmer führten dazu, dass dieses Instrument sich zu dem Teil des Programms entwickelte, der für die Persönlichkeitsentwicklung als der wertvollste betrachtet wurde.

Gesprächsvorbereitung

Ob Gruppen- oder Einzelgespräche: Effiziente Gespräche zeichnen sich durch eine gute Vorbereitung aller Gesprächspartner aus.

Zur Vorbereitung gehören:

- Rechtzeitige Terminierung und Festlegung des Gesprächsortes
- Rechtzeitige Bereitstellung des Gesprächsformates und des Anforderungsprofils, falls vorhanden auch des Gesprächsleitfadens
- Beide Gesprächspartner bereiten die Fragen aus ihrer Sicht vor. Die in diesem Abschnitt unter Gesprächsinhalte aufgeführten Beispielfragen können als Anregung hierfür dienen.
- Beide Gesprächspartner sollten Zeitpuffer einkalkulieren.
- Der Vorgesetzte trägt Sorge, dass keine Störungen oder Unterbrechungen des Gesprächs durch Dritte möglich sind. Telefonate sind während des Mitarbeitergespräches tabu.
- Wenn aktuelle Spannungen das Gespräch belasten könnten, sollte es verschoben werden.

Gesprächsformat

Ein strukturiertes Gespräch erfordert ein einheitliches Format im gesamten Anwendungsbereich. Hierbei stellen die unter *Gesprächsinhalte* aufgeführten Punkte die erforderliche Struktur dar, und die Fragen können in ein firmenspezifisches Format übertragen werden. Ergänzt durch das Anforderungsprofil (ohne Anforderungsprofil bleiben Fremd- und Selbsteinschätzung ohne erkennbaren Maßstab und sind daher wertlos) ergibt sich damit ein praxisnahes, leicht zu handhabendes Gesprächsformat. Es stellt sicher, dass die vorgesehenen Gesprächsinhalte vollständig und umfassend besprochen und erfasst werden.

Gesprächszeitpunkt

Vielfach wird das Mitarbeitergespräch in den Unternehmen als *Mitarbeiterjahresgespräch* bezeichnet und auch so angewandt. Das steht seiner Diktion und Zielsetzung im ERM entgegen.

Das strukturierte Mitarbeitergespräch muss in regelmäßigen Zeitabständen von maximal einem Jahr stattfinden. Bei Bedarf, aus Sicht des Vorgesetzten aber auch aus Sicht des Mitarbeiters, findet es mehrfach statt. Dieser Bedarf kann sich beispielsweise aus Sicht des Vorgesetzten ergeben, wenn ein Mitarbeiter nach dem letzten Gespräch markante positive oder negative Veränderungen in seiner Leistung und/oder seinem Verhalten zeigt. Auch der Mitarbeiter, der zum Beispiel der Meinung ist, Defizite oder kritische Punkte aus dem vergangenen Gespräch deutlich vor dem nächsten turnusmäßigen Gespräch ausgeglichen bzw. beseitigt zu haben, kann seinerseits einen vorgezogenen Termin initiieren. Das gilt auch für unvorhergesehene Veränderungen des Anforderungsprofils.

Für neu eingestellte Mitarbeiter empfiehlt sich ein erstes offizielles und dokumentiertes Mitarbeitergespräch zum Ende der Probezeit. Auch beim Wechsel des Vorgesetzten kann es nach ca. drei Monaten sinnvoll sein.

Das unter *Gesprächsvorbereitung* zu *Störungen* und *aktueller emotionaler Belastung* Erwähnte muss besondere Beachtung finden. So sollte keiner der Gesprächspartner zögern, eine Verlegung des Termins aus diesen Gründen anzustreben. Es empfiehlt sich, dass der Vorgesetzte seinen Mitarbeiter vor oder zu Beginn des Gesprächstermins auf diese Möglichkeit hinweist.

Gesprächsdauer

> **Beispiel 12.4**
> Nach der Einführung des strukturierten Mitarbeitergespräches bei einem Klienten zeigten sich alle Beteiligten mit dem Gesprächsverlauf und dem Gesprächsergebnis sehr zufrieden. Diese Auffassung wurde auch von der Arbeitnehmervertretung geteilt, welche die Pilotphase eher skeptisch begleitet hatte. Der einzige von Vorgesetzten geäußerte Kritikpunkt war: *„Die Gespräche haben unerwartet lange gedauert".* Aus Sicht der Mitarbeiter und deren Vertreter wurde dies eher als positiv wahrgenommen. Sie begrüßten die Tatsache, dass ihr Vorgesetzter sich endlich einmal Zeit für ein intensives Gespräch genommen hatte, in dem sie zu Wort und Gehör kamen.

Mitarbeitergespräche, die gleichzeitig den internen Employer Branding Prozess fördern sollen, benötigen Zeit. Im Allgemeinen ist die Gesprächsdauer nach gründlicher Vorbereitung mit 1,5 bis 2 Stunden anzusetzen. Die Erfahrung zeigt, dass sich diese Investition in mehrfacher Hinsicht lohnt: Gut geführte Gespräche, ohne den sonst immer vorherrschenden Zeitdruck, werden als wohltuend empfunden und können die Zufriedenheit der Gesprächspartner deutlich steigern. Somit leisten sie einerseits einen grundlegenden Beitrag zur Mitarbeiterzufriedenheit. Andererseits zeigt sich deutlich, dass an anderer Stelle Zeit in einem Maße eingespart werden kann, das die eigentliche Gesprächsdauer übersteigt. Die Aussage mancher

Vorgesetzten *„Wie soll ich das zeitlich alles unterbringen? Unmöglich!"* entspringt einer kurzfristigen, operativen Denkweise und erkennt nicht die mittel- und langfristige strategische Bedeutung des Gespräches und damit auch nicht die eigene Verantwortung im internen Employer Branding Prozess.

Ergebnisdokumentation

Im strukturierten Mitarbeitergespräch unterstützt das Gesprächsformat bereits die zwingend notwendige Dokumentation. Die Aufzeichnung des Gesprächsergebnisses und der getroffenen Zielvereinbarungen unterstützen den verbindlichen Charakter des Gesprächs. Die Gesprächspartner bringen mit ihrer Unterschrift zum Ausdruck, dass sie ihre Einschätzung hinsichtlich der Gesprächsinhalte adressiert und gemeinsam Ziele vereinbart haben, die eine noch zufriedenere und effizientere Zusammenarbeit fördern. Missverständnisse und unterschiedliche Gesprächsinterpretationen können somit vermieden werden. Weiterhin stellt die Gesprächsdokumentation die Ausgangsbasis für das nächste Gespräch dar.

Wenn derzeit unüberbrückbare unterschiedliche Auffassungen auch nach dem Gespräch bestehen bleiben, wird das ebenfalls dokumentiert und unterschrieben. In diesem Fall empfiehlt es sich, einen neuen, im angemessenen Abstand gelegenen nächsten Termin einvernehmlich festzulegen. Beide Gesprächspartner erhalten je eine Ausfertigung der Dokumentation.

12.3 Make or Buy?

Auslagern, Outsourcing: Zwei Begriffe, die in Bezug auf die einzelnen Schritte beim Aufbau einer Employer Brand zumindest in der Praxis immer auftauchen. Die Erfahrung aus der Beratungspraxis zeigt, dass Unternehmen an dieser Stelle geneigt sind, Entscheidungen zu treffen, die sich im Nachhinein als falsch herausstellen. Man glaubt, bestimmte Maßnahmen selbst durchführen zu können, andere besser an einen externen Experten zu vergeben. Nicht selten stellt sich heraus, dass sowohl die eine als auch die andere Entscheidung besser umgekehrt hätte getroffen werden sollen. Warum, soll in diesem Kapitel erläutert werden.

Make or buy? wirft zunächst die strategische Überlegung auf, welche Alternative in der Wertschöpfung gewählt werden soll:

- Mit eigenem Know-how und Ressourcen selber machen oder
- die Dienstleistung von einem externen Experten einkaufen oder auch
- eine Mischform aus *make* und *buy* zu wählen.

12.3.1 Die Konzentration auf Kernkompetenzen

Die Konzentration auf die hauseigenen Kernkompetenzen und deren optimale Nutzung ist ein wichtiger Parameter bei der Entscheidung für oder gegen die Auslagerung von Tätigkeiten an außenstehende Dritte. Letztlich geht es darum, nicht zuviel wertvolle Energie umzulenken auf Tätigkeiten, für die andere besser spezialisiert sind. Damit eng verbunden sind die Fragen nach der Effizienz und der Effektivität: Können die anstehenden Aufgaben unter wirtschaftlichen und zeitlichen Aspekten überhaupt mit eigenen Mitarbeitern und eigenen Ressourcen ausgeführt werden? Können wir das Ziel tatsächlich vollumfänglich im geplanten Zeitraum erreichen? Aber nicht nur diese rationalen Überlegungen, sondern auch die

Emotionalität der Beteiligten und Betroffenen spielt hierbei eine Rolle. So gesehen, ist Selbermachen nicht immer die bessere Entscheidung. Andere machen lassen aber auch nicht. Entscheidend ist, dass in dieser Phase reflektiert wird, weshalb man was zu tun gedenkt.

Führen wir uns zunächst noch einmal Kapitel 10.1. vor Augen. Dabei wird deutlich, dass sich die Frage *make or buy* bereits bei der Strategieentwicklung stellt. Da es häufig nur einem externen Berater möglich ist, zu bestimmen, welches Image (A, B oder C) vom Mitarbeiter die interne Realität widerspiegelt, empfiehlt sich in dieser Stufe unbedingt der Einsatz eines Externen. An der Spitze eines (internen) Projektteams ist es seine Aufgabe, die entsprechende Analyse vorzunehmen und damit das Fundament für die notwendige Strategie und deren Operationalisierung zu legen.

Die Auffassung, wer seine Unternehmensstrategie selbst entwickeln könne, wäre auch in der Lage, eine zielführende HR-Strategie zu entwickeln, kann täuschen. Fehler an dieser Stelle sind nur ganz schwer zu korrigieren.

12.3.2   Die Prozessbetrachtung

Wenn es um die Befriedigung emotionaler Bedürfnisse geht, ist oft der Prozess, der zu einem Ergebnis führt, mindestens so wichtig, wie das Ergebnis selbst. Dies sei anhand zweier Beispiele verdeutlicht.

Beispiel 12.5

In einer stark diversifizierten AG entwickelte der Vorstand mit einem anerkannten externen Experten das Führungsleitbild des Unternehmens. Dies wurde aufwändig in vielfacher Form bekannt gegeben. Der Vorstand wies an, dass in jedem Büro und in allen öffentlich zugänglichen Unternehmensbereichen das Leitbild gut sichtbar aufzuhängen sei. Ab der Bereichsleiterebene hatte es, eingegossen in schwerem Kunstglas, auf jedem Schreibtisch zu stehen. Die monatelangen Versuche, die Inhalte den Mitarbeitern verständlich zu machen und dem Leitbild Leben einzuhauchen, misslangen. Von den Vorgesetztenfunktionen nicht ernst genommen, von den Betriebsräten kritisiert, diente es bestenfalls der Erheiterung, nicht aber dem eigentlichen Zweck. Zu viele Passagen waren unklar oder ließen unterschiedliche Interpretationen zu. So u. a. auch der Satz *Wir behandeln unsere Mitarbeiter so, wie wir selbst behandelt werden möchten.* Dass diese Aussage egozentrisch und wenig mitarbeiterorientiert gewertet wurde, lag am spezifischen Innenleben des Unternehmens. Eine groß angekündigte und aufwändig angelegte Aktion entwickelte sich zum Flop, der das Vertrauen in die Professionalität des Top-Managements nicht stärken konnte.

Beispiel 12.6

Die Unternehmensleitung eines Familienunternehmens beschließt, eine Mitarbeiterbefragung durchzuführen. Der Personalleiter wird beauftragt, einen externen Anbieter für solche Befragungen zu identifizieren. Nach zwei Treffen ist man sich einig hinsichtlich des Befragungsdesigns und der Auswertung. Die Befragung wird im übernächsten Monat terminiert. Die Führungskräfte werden an dieser Stelle über das Projekt informiert. Dem Fragebogen entnehmen Sie, dass sie selbst in mehreren Punkten von ihren Mitarbeitern beurteilt werden. Ihre Begeisterung hält sich in Grenzen.

Der erst jetzt hinzugezogene Betriebsrat bemängelt, nicht früher eingebunden gewesen zu sein. Er möchte umfassend informiert werden und Gelegenheit haben, dies in seinen Gremien zu erörtern. Hieraus ergeben sich nach mehreren Wochen zahlreiche Anpassungswünsche und Änderungen hinsichtlich der Auswertungstiefe und -parameter. Der externe Anbieter sieht sich hierzu mit Hinweis auf die *Aussagequalität* nicht in der Lage. Die Gespräche und Verhandlungen ziehen sich über Monate hin. Am Ende steht eine Betriebsvereinbarung, die der Betriebsrat zähneknirschend-resignierend unterschreibt. Das Resultat der um ein halbes Jahr verzögerten Befragung: Gerade einmal 25 Prozent der Mitarbeiter beteiligen sich hieran. Da wegen der Anonymität vereinbart war, dass nur Abteilungen mit mehr als 7 beteiligten Mitarbeitern in die Auswertung kommen, kam kein repräsentatives Ergebnis zustande. Auch nicht beim zweiten Anlauf im darauf folgenden Jahr.

Die Situation hätte bei Einbindung von verschiedenen Mitarbeitergruppen, Betriebsräten, interdisziplinären Führungskräften etc. in den Entstehungsprozess vermieden werden können. Das belegen zahlreiche Beispiele, in denen Unternehmen anders vorgegangen sind.

Das Bedürfnis der Führungskräfte, der Mitarbeiter, bzw. deren Vertretung, eine Befragung mit dem Ziel, Motivation und Engagement zu erhöhen, von Beginn an mitzugestalten, wurde in diesem Fall nicht gesehen. Das Ergebnis: Objektiv nicht zu verstehende Kritik und Bedenken, Ablehnung bis hin zum Boykott der Befragung. Ein gut gemeintes Vorhaben der Unternehmensleitung erreicht trotz intensiver Bemühungen nicht sein Ziel. Auch hier zeigen Beispiele, wie durch frühzeitige Einbindung von Mitarbeitern und Führungskräften diese zu Promotoren solcher Projekte werden. Beteiligungsquoten von 95–100% sind dann keine Seltenheit.

Ob Führungsleitbild, Mitarbeiterbefragung, strukturiertes Mitarbeitergespräch, Ideenmanagement etc. gilt: Ein internes, interdisziplinär besetztes Projektteam, moderiert von einem externen Experten, führt zu nachhaltigem Erfolg, auch wenn es objektiv betrachtet nicht die professionellste Lösung entwickelt. Dies gilt für annähernd alle Maßnahmen der Schritte 1–3. Wie gesagt, unter der Voraussetzung, dass externe Expertise moderierend zur Seite steht.

Phase vier hingegen erfordert wegen der komplexen, in Kapitel 12.1 näher erläuterten Zielsetzung, wiederum den externen Berater.

Immer dann, wenn die Implementierungsakzeptanz und damit der Implementierungserfolg von besonderer Bedeutung sind, empfiehlt sich der Einsatz eines internen Projektteams, unter Anleitung und Moderation eines externen Experten.

Weiterhin kann Abbildung 12.8 eine Hilfestellung zur Beantwortung der Frage sein.

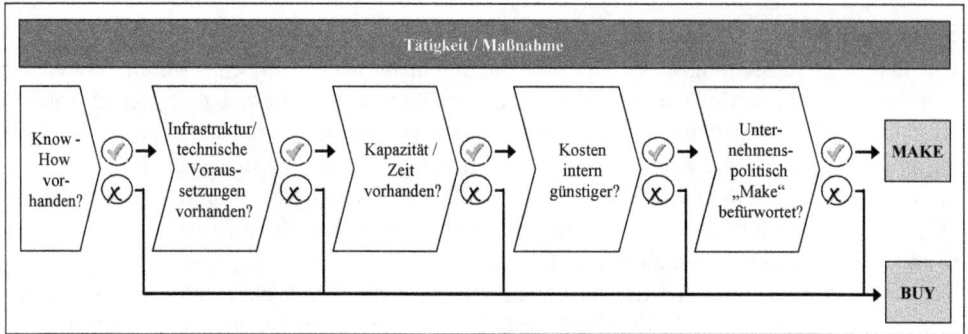

Abb. 12.8:   Make or Buy?

13 Evaluation der Employer-Branding Aktivitäten

If you can't measure it, you can't manage it. [60]

Diese, im Original Peter F. Drucker zugesprochene Aussage, trifft zwangsläufig auch auf HR-Maßnahmen, und damit auf das Employer Branding, zu. Denn professionelles Personalmanagement ist ohne messbare Ziele und betriebswirtschaftlich darstellbarer Ergebnisse nicht mehr denkbar. Um HR-Maßnahmen möglichst effizient planen, implementieren und steuern zu können, bedarf es einer Evaluation aller Aktivitäten und der daraus resultierenden Ergebnissen. Dies setzt heute neben allgemeinen betriebswirtschaftlichen Kenntnissen ein interdisziplinäres Know-how aus Organisationspsychologie, Arbeitswissenschaften und Personalmanagement voraus.

13.1 Wissenschaftlich orientierte Ansätze der Evaluation

Bei den eher wissenschaftlich orientierten Ansätzen sind in erster Linie die verschiedenen Nutzenanalyse-Modelle von Bedeutung. Sie sollen in diesem Buch lediglich der Vollständigkeit halber kurz betrachtet werden. Dem wissenschaftlich interessierten Leser werden zudem einige weiterführende Literaturhinweise gegeben.

Nutzenanalysen können verschiedene Funktionen erfüllen. So auch die Evaluierungsfunktion für Personalmarketing, Personalauswahl- und Personalentwicklungsverfahren. Somit kann die Personalarbeit ökonomisch legitimiert und demonstriert werden. Finanzielle Aufwendungen für Personalmarketing, -auswahl, -entwicklungsverfahren etc. können über die Kostenbetrachtung hinaus als Investitionen veranschaulicht werden, wenn es mit Hilfe der Nutzenanalyse gelingt, Gewinne durch z. B. professionelle Auswahlverfahren deutlich zu machen. Dann kann ein Vergleich mit anderen Investitionsvorhaben erfolgen und hinsichtlich des zu erwartenden ROI Prioritäten gesetzt werden. Dies wird möglich, da die Nutzenanalysen sich nicht auf das Aufzeigen von Korrelationskoeffizienten beschränken, sondern alle Auswirkungen kapitalisieren und in Geldeinheiten ausdrücken.

Die bekannten Nutzenanalyse-Modelle bauen historisch gesehen aufeinander auf. So entwickelten Taylor und Russel ihr Modell bereits 1939. Das Modell hatte zum Ziel, die berufliche Erfolgswahrscheinlichkeit unterschiedlicher Auswahlverfahren mit den drei Parametern[61]

- Validitätskoeffizient: beschreibt den Zusammenhang zwischen Auswahlverfahren und Berufserfolg; mit „r" wird der Wert eines Auswahlverfahrens wiedergegeben.

---

[60] Peter F. Drucker, (* 19. November 1909 in Wien; † 11. November 2005 in Claremont) war ein US-amerikanischer Ökonom österreichischer Herkunft und gilt als Pionier der modernen Managementlehre

[61] vgl. Görlich & Schuler, (2006) S. 807 ff.

- Selektionsquote: beschreibt den Anteil der Eingestellten unter den Bewerbern
- Grundquote: beschreibt den Anteil an Geeigneten unter den Bewerbern

Taylor & Russel belegen, dass die Validität eines Verfahrens umso wichtiger ist, je niedriger die Grundquote und je größer die Selektionsquote ist. Wenn die Grundquote hoch und die Selektionsquote dagegen niedrig ist, ist das Validitätskriterium weniger bedeutsam. Das Berechnungsverfahren selbst ist nicht unkompliziert und die Ergebnisse lassen viele Fragen offen und bieten Anlass für zahlreiche Kritikpunkte.

Ähnlich ergeht es dem Brogden-Cronbach-Gleser-Modell zur monetären Nutzenanalyse. Das von 1949 bis 1965 entwickelte Modell erhielt wohl 1995 eine aktualisierte und erweiterte Form von Funke, Schuler & Moser, aber nennenswerte praktische Bedeutung blieb auch ihm versagt.[62][63][64]

Das gilt auch für die Weiterentwicklung des B-C-G-Modells durch Broudreau, der weitere Parameter aufnahm. Es gilt heute als das am weitesten entwickelte Nutzenmodell. Basierend hierauf analysierte beispielsweise Holling[65] (2002) den monetären Nutzen, der sich aus der Ablösung unstrukturierter Einstellungsinterviews durch Assessment Center für die Auswahl von Außendienstmitarbeitern eines Versicherungsunternehmens ergibt.

Trotz Problemen bei der Anwendung in der Praxis und aller Kritik kann der Wert von Nutzenanalysen für die Personalarbeit bedeutsam sein. Insbesondere deshalb, weil sich mit ihrer Hilfe die tatsächlichen betriebswirtschaftlichen Auswirkungen von Maßnahmen, die im Allgemeinen nur unter Kostenaspekten betrachtet werden, aufzeigen lassen.

13.2   Praxisorientierte Ansätze der Evaluation

Bestandteil des konventionellen Rechnungswesens war schon immer die Ermittlung und Zuordnung der Personalkosten. In der Folge ergab sich dann aus einem verstärkten Bewusstsein für den Wert der Arbeitskräfte die Forderung, auch den immateriellen Vermögenswert *Mitarbeiter* durch detaillierte Informationen steuern zu können. Hieraus entstand das Personalcontrolling. Bereits Mitte der Siebziger Jahre entstand in den USA das *Human Resources Accounting*[66]. Daraus wiederum entstanden Bewertungsverfahren für das Humanvermögen wie beispielsweise die *Inputorientierten Modelle* und die *Outputorientierten Modelle*.[67] Zwischenzeitlich sind mehrere Konzepte, Modelle, Instrumente und Studien zur Messung der Effizienz und Effektivität von HR-Maßnahmen bekannt, die aus dem Blickwinkel verschiedener Interessensgruppen innerhalb und außerhalb eines Unternehmens die grundsätzliche Bedeutung und Wirksamkeit von HR-Maßnahmen belegen sollen. Leider fanden viele dieser theoretischen Ansätze nicht den Weg aus der akademischen Arena hinaus.

---

[62] Martinke, D. (2006): Evaluation personaldiagnostischer Instrumente unter Verwendung von Nutzenüberlegungen am Beispiel des Assessment-Centers.

[63] Bath, R., Evaluation des Junior-Management-Programms (JUMP) der ARAG.

[64] Süßmair, A., Rowold, J. (2007): Kosten-Nutzen-Analyse und Human Resources.

[65] Holling, H., Kanning, U. (2002): Handbuch personaldiagnostischer Instrumente

[66] Flamholtz (1974)

[67] Fischer-Winkelmann, Hohl (1982)

Auch eine im Auftrag der Bundesanstalt für Arbeitsschutz und Arbeitsmedizin (BAuA) veröffentlichte Studie[68] versucht Ordnung und Übersichtlichkeit in diese Materie bringen, um die Kluft zwischen betrieblicher Praxis und Wissenschaft zu schließen. Im Ergebnis wurde eine umfangreiche und am Stakeholder-Prinzip orientierte Literaturübersicht vorgelegt. Diese Literaturübersicht fand zwischenzeitlich Ergänzung durch eine praxisorientierte Handlungshilfe, die die verschiedenen Probleme bei der Messung von Effektivität und Effizienz mitarbeiterorientierter Maßnahmen aufgreift und lösen hilft. Überzeugend hierin ist die Identifikation von fünf verschiedenen Zielgruppen von HCM-Bewertungsergebnissen:

1. Das Top-Management: Hier werden Steuerungsinformationen erwartet, um grundlegende Bewertungskriterien *guter HR-Arbeit* im Sinne der Unternehmensstrategie zu definieren.
2. Die Bereichsmanager benötigen Informationen, wie sich HCM auf die Qualität, Kosten und Effizienz der von Ihnen zu verantwortenden Leistungsprozesse auswirkt.
3. Die Teamleiter und Meister benötigen auf der operativen Führungsebene Informationen, wie sich die Team- und Individualfähigkeiten auf die Leistungserstellung auswirken.
4. Der Personalbereich nutzt Evaluationsdaten zur Bestätigung, inwieweit sich seine Arbeit auf die Zufriedenheit der internen Kunden auswirkt.
5. Die Kapitalgeber schließlich haben ein Interesse an Informationen, wie sich HR-Arbeit auf den Marktwert des Unternehmens auswirkt.

Bei der Betrachtung der Zielgruppen und ihrer potenziellen Informationsbedürfnisse zeigen sich die Stärken und Schwächen einzelner Modelle. Für Kapitalgeber als externe Adressaten etwa ist die Bewertung des Humankapitals mit gängigen Bilanzierungsmodellen wenig aussagekräftig: Andere, nicht unbedingt ökonomische Indikatoren sind besser geeignet um darzustellen, welche Wettbewerbsvorteile durch HCM erwachsen. Für das Top-Management sind unter anderem Scorecards geeignet, die den HR-Bereich als wichtigen Wertetreiber im Unternehmen abbilden. Aufgabenbezogen dagegen setzen Kosten-Wirksamkeits-Analysen beispielsweise im Bereich von Arbeitsschutz und Sicherheit an und verbinden die relativ genau bezifferbaren Kosten von Arbeitsschutzmaßnahmen mit qualitativen Daten über die Nutzeneffekte.

In der Vergangenheit hat sich das Personalwesen eher mit der Aufarbeitung von Informationen und Daten beschäftigt und selten eine Initiativfunktion übernommen. Durch die kundenorientierte Ausrichtung des Personalwesens mit strategischer Bedeutung werden proaktive Ansätze zunehmend wichtiger.

13.2.1 Kennzahlen interner Maßnahmen

Die nachstehend aufgeführten Kennzahlen eignen sich, die Auswirkungen interner Maßnahmen auf die Entwicklung des strategischen HCM zu evaluieren. In der Praxis zeigen sich dann auch deutliche Interdependenzen der einzelnen Aktivitäten.

Mitarbeiterzufriedenheit

Die Bedeutung der Mitarbeiterzufriedenheit innerhalb eines strategischen HCM im Allgemeinen und beim Employer Branding im Speziellen ist in den Kapiteln 10 und 11 ausführlich

---

[68] Koch et.al., Ökonomische Evaluation von Personalressourcen und Personalarbeit

beschrieben. Aus dem dort dargestellten Kreislauf ergibt sich in regelmäßigen Abständen ein Zufriedenheitsindex, der ausdrückt, wie die aktuelle Zufriedenheit der Mitarbeiter ausfällt. Dieser Gesamt-Zufriedenheitsindex sollte separat für alle Kategorien, für alle Abteilungen und in dezentral strukturierten Unternehmen für alle Betriebe ermittelt werden.

Bereits ab der zweiten Befragung können auf diese Weise die Abweichungen zur Vergangenheit einbezogen und analysiert werden – für jede einzelne Abteilung eines Betriebes und für jede Fragenkategorie. Gute Auswertungsprogramme bieten auch eine graphische Aufbereitung der Ergebnisse. Dies sei an nachstehendem Beispiel[69] verdeutlicht:

Beispiel 13.1

Category	3 rd	2 nd	Last	Survey	Dept	1	2	3	4
Stolz				4.31					
Q1, 2, 3	4.77	4.19	4.36		4.14				
Arbeit				4.05					
Q4, 5, 6, 7, 8, 9, 10, 11, 12, 13, 14	4.34	4.10	4.21		3.91				
Teamwork				4.35					
Q15, 16, 17, 18, 19, 20, 21, 22	4.80	4.41	4.47		4.13				
How We Treat People				4.60					
Q23, 24, 25, 26, 27, 28	4.83	4.52	4.74		4.52				
Führungsqualitäten				4.42					
Q29, 30, 31, 32, 33, 34, 35, 36	4.76	4.34	4.49		4.31				
Laufende Verbesserungen				4.22					
Q37, 38, 39, 40, 41, 42	4.66	4.11	4.28		4.13				
Kommunikation				4.30					
Q43, 44, 45, 46, 47, 48, 49	4.57	4.37	4.29		4.31				
Anerkennung				3.87					
Q50, 51, 52, 53, 54, 55	4.55	3.93	3.85		3.83				
Personalentwicklung				4.21					
Q56, 57, 58, 59, 60,	4.41	4.13	4.22		4.28				
Overall Average				4.25					
	4.62	4.24	4.33		4.15				

Abb. 13.1:   Fragenkategorien-Auswertung einer Abteilung

In der ersten Spalte dieser Abteilungsübersicht sind die Fragenkategorien aufgeführt. Die darauf folgenden drei Spalten zeigen die Ergebnisse der vergangenen drei Jahre. Die Spalte *Survey* enthält das Ergebnis des Betriebes in der jeweiligen Fragenkategorie; das Ergebnis der betreffenden Abteilung aus der aktuellen Umfrage ist der Spalte *Dept* (für Department) zu entnehmen. Die folgende Graphik zeigt auf einen Blick, wie zufrieden die Mitarbeiter der betreffenden Abteilung im Vergleich zum Durchschnitt aller anderen Abteilungen sind.

Das vorstehende Beispiel zeigt demzufolge für die betreffende Abteilung einen Zufriedenheits-Index von 4,15 und für den gesamten Betrieb 4,25 (Overall Average). Das Abteilungs-

---

[69]   Quelle: Starwood Hotels & Resorts, Employee Engagement Index

ergebnis ist das schlechteste Ergebnis in vier Jahren. Insgesamt befindet sich die Zufriedenheit der Mitarbeiter in sechs Kategorien auf einem historischen Tiefstand. Sowohl in der gezeigten Abteilung als auch im gesamten Betrieb sind die Mitarbeiter mit der Anerkennung ihrer Leistung und ihres Verhaltens am wenigsten zufrieden. In diesem Zusammenhang sei an die zahlreichen Studien und Untersuchungen erinnert, wonach *Anerkennung* aus Sicht der Mitarbeiter den höchsten Stellenwert hat.

Damit ist ausreichend Zahlenmaterial vorhanden für treffende Analysen und zur Entwicklung zufriedenheitsfördernder Maßnahmen. Es bietet sich an, hieraus Zielvorgaben für die Führungskräfte zu definieren und die Mitarbeiterzufriedenheit in die variable Vergütung der Führungskräfte einfließen zu lassen.

Differenzierte Betrachtung der Fluktuation

Das Thema Fluktuation beschäftigt seit eh und je die Personalabteilungen. Auch die Literatur bietet eine Vielzahl an Publikationen zum Misserfolgsfaktor Fluktuation. Daher darf als bekannt vorausgesetzt werden, dass Fluktuation Ausfall- und Wiederbeschaffungskosten verursacht. Hinzu kommt, dass hohe Fluktuation die Wettbewerbsfähigkeit schwächen kann. Um unternehmensinterne Vergleiche anstellen zu können, und um sich mit Betrieben der gleichen Branche vergleichen zu können, wird eine Fluktuationsrate ermittelt und verglichen. Dies geschieht zwischenzeitlich mehrheitlich nach einer bundesweit einheitlichen Berechnung, der BDA[70]-Formel:

$$\frac{Anzahl\ Abgänge \times 100}{durchschnittl.\ Pers.\text{-}Bestand}$$

Den durchschnittlichen Personalbestand ermittelt man, indem zu dem Anfangsbestand eines Ermittlungszeitraumes der Endbestand addiert und diese Summe durch zwei geteilt wird. Letztlich setzt also die BDA-Formel zwei statistische Größen, nämlich die Abgänge und den durchschnittlichen Personalbestand ins Verhältnis. Bei den Anwendern herrscht nach wie vor keine eindeutige Klarheit darüber, ob es sich bei den Abgängen um alle ausgeschiedenen Mitarbeiter handelt, oder nur um die freiwillig ausgeschiedenen Mitarbeiter.

Eine andere Berechnung ergibt sich aus der ebenfalls in der Praxis anzutreffenden und nach ihrem Begründer benannten Schlüter-Formel:

$$\frac{Abgänge \times 100}{Pers.\text{-}Bestand\ Beginn + Zugänge}$$

Diese Formel gibt letztlich den prozentualen Anteil der Abgänge an der Gesamtzahl der Arbeitnehmer wieder.

So kommen beide Berechnungen zwangsläufig zu unterschiedlichen Ergebnissen.

Für die Praxis liefert die zusätzliche Unterteilung in die Austrittsgründe Hinweise auf eventuellen Handlungsbedarf. So ist die folgende Fluktuationsanalyse dem Bericht eines großen deutschen Unternehmens entnommen:

---

[70] Bundesvereinigung der Deutschen Arbeitgeberverbände e.V., Berlin

Legende: AN-Kündigungen | AG-Kündigungen/Einvernehmliche Auflösungen | (Vor-)Ruhestand Altersteilzeit | Berufsunfähigkeit/Tod

in %

Jahr	1992	1993	1994	1995	1996	1997	1998	1999	2000	2001	2002	2003	2004	2005
	0,35	0,36	0,32	0,35	0,31	0,30	0,30	0,30	0,20	0,13	0,03	0,01		0,10
	1,73	2,10	2,40	2,27	2,49	3,40	3,20	2,90	2,90	2,85	1,50	1,18	1,20	1,70
	1,18	1,25	1,04	0,85	1,00	1,10	0,90	1,00	1,00	1,01	3,45	5,53	3,60	1,40
	5,30	4,35	3,08	2,92	2,90	3,30	3,80	4,40	5,10	4,60	2,83	1,70	1,70	
											1,52			

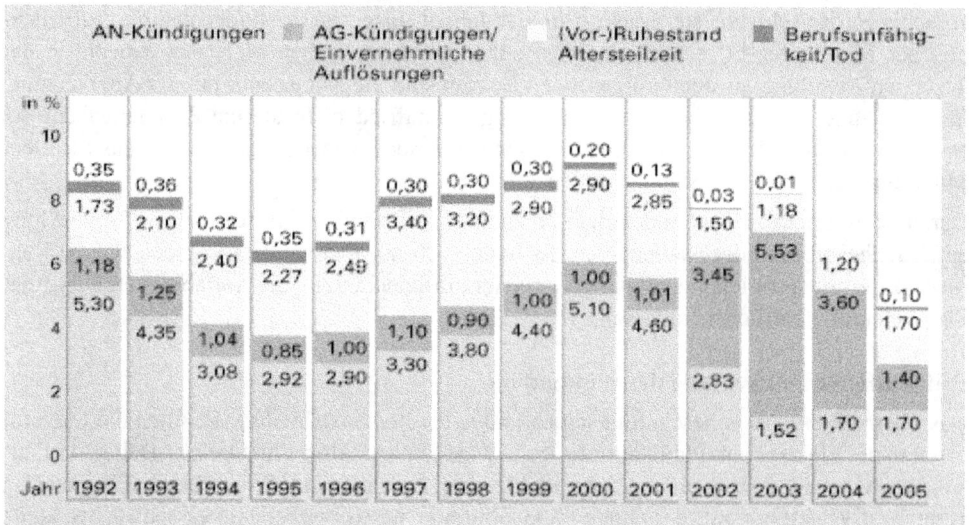

Abb. 13.2:   Fluktuationsstatistik

Was besagt diese Statistik? Lässt sich aus ihr etwas über den Erfolg des HCM in diesem Unternehmen ableiten?

Fakt ist, dass

- in den Jahren vor 2002 in deutlich höherem Umfang von Vorruhestandsregelungen und von Altersteilzeit Gebrauch gemacht wurde
- die Arbeitnehmerkündigungen seit 2001 einen markanten Rückgang zeigen
- die Arbeitgeberkündigungen und einvernehmlichen Kündigungen in den Jahren 2002 bis 2004 auffallend hoch ausfielen, offensichtlich aber zwischenzeitlich wieder deutlich niedriger sind.

Alle Interpretationen dieser Fakten sind spekulativ und können sich als falsch herausstellen.

So ist es mit allen Fluktuationsstatistiken, die auf einer rein quantitativen Erfassung basieren. Sie sind nicht wirklich aussagekräftig und damit weitgehend unbrauchbar. Erst eine qualitative Betrachtung der Fluktuation kann zielführende Aktivitäten auslösen. So wird empfohlen[71], eine auf dem Anforderungsprofil basierende Beurteilung der Mitarbeiter vorzunehmen und diese – analog zum externen Kunden im Customer Relationship Management – in drei Gruppen einzuteilen:

1. Most Valuable Employees (MVE)
2. Most Growable Employees (MGE)
3. Below Zero Employees (BZE)

Erst wenn man weiß, wie viel *MVE, MGE* und wie viel *BZE* das Unternehmen durch Fluktuation verlassen, besteht die Möglichkeit, die Führungsleistung zu evaluieren. Niedrige Fluktuation, bei der vorwiegend MVE den Betrieb verlassen, ist eine gefährliche Entwicklung. Hohe Fluktuation mit deutlich überproportionalem Anteil an BZE hingegen eröffnet die

---

[71]   Stotz, W. (2007): Employee Relationship Management

Möglichkeit, das Human Capital durch professionelle, profilorientierte Neueinstellungen zu erhöhen.

Somit wird erst die differenzierte, qualifizierte Erfassung der Fluktuation wirklich zum Evaluierungsinstrument. Dann aber zu einem unverzichtbaren, und zwar unabhängig von der Formel, nach der sie ermittelt wird.

Analyse der Fehlzeiten

Obwohl nicht ganz korrekt, werden in Praxis und Literatur mit *Fehlzeiten* meist *Krankheitszeiten* bezeichnet. Davon macht auch dieses Buch keine Ausnahme, um nicht zusätzliche Verwirrung zu stiften.

Momentan sind die Fehlzeiten auf einem historischen Tief angelangt. Im ersten Halbjahr 2006 fehlte ein Arbeitnehmer im Schnitt aus Krankheitsgründen 3,4 Arbeitstage. Das entsprach 3,13% der Soll-Arbeitszeit, und war damit der niedrigste Krankenstand seit Einführung der Lohnfortzahlung im Jahr 1970.

Gar zu gerne legt man das Thema daher in der betrieblichen Praxis ad acta und beschäftigt sich lieber mit vermeintlich brennenderen Problemstellungen. Warum also ein Kapitel darüber in diesem Buch? Weil es ein Buch über strategisches Personalmanagement ist, und weil Fehlzeiten zu den klassischen Möglichkeiten der Evaluierung des Mitarbeiterengagements und der Mitarbeiterzufriedenheit zählen.

Hinsichtlich der aktuellen Situation ist es wichtig zu wissen, was Arbeitsmarktforscher zu den Gründen für diese nur auf den ersten Blick erfreuliche Entwicklung der Krankenstände sagen. Demnach sind in erster Linie

- die Angst, in Zeiten hoher Arbeitslosigkeit den Job zu verlieren und
- die allgemein schwache Konjunktur

für das Ergebnis verantwortlich. Unternehmen, die dem Indikator Fehlzeiten als Stimmungsbild im Unternehmen Bedeutung beimessen, können sich in einer trügerischen Stimmungslage wähnen. Schlimm wird es, wenn in den Bemühungen des Fehlzeitenmanagements nachgelassen wird, Rückkehrgespräche unterbleiben, Gesundheitszirkel und ähnliche Maßnahmen vernachlässigt werden.

Während sich früher unzufriedene Mitarbeiter oft in eine Krankmeldung flüchteten, hält sie heute offensichtlich die Angst um den Arbeitsplatz davon ab. Ein wirklicher Vorteil ergibt sich daraus für die Unternehmen allerdings nicht automatisch. Das erschreckende Ergebnis der Gallup-Studie und die daraus resultierenden betriebswirtschaftlichen Schäden zeigen, dass sich die Mitarbeiter bei anhaltender Unzufriedenheit andere Ventile suchen. Die heißen dann – bestenfalls – Dienst nach Vorschrift und innere Kündigung.

Obwohl heute hinreichend über Studien belegt ist, dass allgemein ausgedrückt *Wohlbefinden* der zentrale Begriff beim Thema Fehlzeiten ist, wird in der Praxis noch zu selten der Zusammenhang mit der Mitarbeiterzufriedenheit gesehen. Damit wird auch dem Faktor *Führungsleistung* nicht die Bedeutung beigemessen, die ihm auch beim Fehlzeitenmanagement zukommt. Stattdessen beschäftigen sich in größeren Betrieben ganze Abteilungen mit Präventivmaßnahmen wie zum Beispiel Gestaltung von Arbeitsplätzen, flexible Arbeitszeitmodelle, Rückenschule, Stressbewältigung, Betriebssport und Gesundheitszirkel. Damit keine Missverständnisse entstehen: All das ist zu begrüßen und kann die gesundheitliche Stabilität der Belegschaft fördern. Aber die tägliche Entscheidung, über 200-mal im Jahr, *gehe ich heute zur Arbeit oder nicht?* wird dadurch nur rudimentär beeinflusst.

Die wirkliche Variable heißt jedoch Zufriedenheit. Sie führt zu individuellem Wohlbefinden und Loyalität dem Arbeitgeber gegenüber. Genau diese Zufriedenheit ist bekanntlich das Ziel des strategischen Personalmanagements. Daher kommt strategisches Personalmanagement auch ohne institutionalisiertes Fehlzeitenmanagement aus. Fehlzeiten müssen nicht *bekämpft* werden, denn die Motivation der Mitarbeiter verhindert Leistungsverweigerung durch Flucht in die Krankheit. Rückkehrgespräche sind im strategischen Personalmanagement normaler Bestandteil der Kommunikation zwischen Vorgesetztem und Mitarbeiter. Sie werden nicht als Strafrapport geführt und verstanden.

Beispiel 13.2

Ein mittelständisches Unternehmen mit 1.200 Beschäftigten hatte im Prinzip eine Monopolstellung in seiner Region inne und konnte als kerngesund bezeichnet werden. Dem neuen Personalleiter wurde noch vor Arbeitsbeginn auf seine Frage nach der Fehlzeitenquote wörtlich gesagt: *Wenn wir ein Problem nicht haben, dann sind es Fehlzeiten.*

Im Rahmen seiner Einarbeitung sprach der Personalleiter dann mit allen Führungskräften, Betriebsräten und mit vielen Mitarbeitern. Hierbei zeigte sich eine Stimmungslage, die, salopp gesprochen, viel Dampf im Kessel erkennen ließ. Um im Bild zu bleiben: Die Führung des Unternehmens glaubte, das Bersten des Kessels verhindern zu können, in dem sie seit Jahren die Manometernadel anhielt.

Über die Lohnbuchhaltung und einzelne Betriebsabteilungen informierte sich der Personalleiter später über den Fehlzeitenstand. Unabhängig davon, dass die jeweiligen Statistiken deutlich voneinander abweichende Ergebnisse zeigten, setzte er sich mit der gesetzlichen Krankenkasse, bei der das Gros der Beschäftigten versichert war, in Verbindung. Ihn interessierte der Betriebevergleich dieser Krankenkasse, der annähernd zwei Dutzend Betriebe mit ähnlicher Belegschaftsstruktur in der Region enthielt. Das Ergebnis war eindeutig: Besagtes Unternehmen lag mit seinen Fehlzeiten nahezu 70% über dem Durchschnitt der in den Vergleich einbezogenen Betriebe und war im negativen Sinne führend im Erfassungsgebiet. Der jährliche betriebswirtschaftliche Nachteil im Vergleich zum Durchschnitt betrug ca. 650.000 €.

Die Präsentation des Krankenkassenvertreters vor der Unternehmensleitung und seine Analyse brachten nur ungläubiges Staunen, die Ergebnisse wurden angezweifelt. Allen Ansätzen, durch eine mehr mitarbeiterbezogene Führung zu einer höheren Mitarbeiterzufriedenheit zu kommen, widersetzte sich der Geschäftsführer vehement. Die übrigen Führungskräfte widersprachen nicht.

Der Personalleiter gab nach genau einem Jahr auch aus diesem Grund resigniert auf. Die Stimmung im Unternehmen führte in den Folgejahren zu Streiks, einem offen in der Presse ausgetragenen tiefen Zerwürfnis zwischen Führung und Belegschaft und tief greifenden strukturellen Veränderungen. *Ein Traditionsunternehmen wird ausgeblutet, Aufstieg und Absturz, Der Raubfisch vom Rhein,* waren nur einige der damaligen Schlagzeilen.

Im strategischen Personalmanagement führt nicht erst hoher Leidensdruck zu Aktivitäten mit dem Ziel der Fehlzeitenreduzierung. Strategisches Personalmanagement ist durch seine Mitarbeiterbezogenheit die beste Prävention.

360° Feedback für Führungskräfte

Diese Methode wird häufig auch als *Multi-Source-Assessment* oder als *Vorgesetzten-beurteilung* bezeichnet. Gemeint ist in allen Fällen eine Beurteilung von Fach- und Führungskräften durch Bezugspersonen, mit denen sie im Rahmen ihres Aufgabenbereiches interagieren.

Seinen Ursprung hat das 360-Grad-Feedback nicht – wie man vermuten könnte – in der amerikanischen Managementlehre, sondern in der israelischen Armee. Um die Leistung hoher Militärs zu beurteilen, begann man dort bereits in den siebziger Jahren, die Leistung von Führungskräften ganzheitlich und umfassend durch die Urteile von Vorgesetzten, Kollegen, Mitarbeitern und zuweilen sogar externen Kooperationspartnern zu erfassen. Die Methode ist zwischenzeitlich hinreichend bekannt, wird in der Theorie kontrovers diskutiert und in der Praxis mit sehr unterschiedlichen Resultaten angewandt. Hierbei reicht das Spektrum von hervorragenden bis zu katastrophalen Ergebnissen. Letztere führten in vielen Fällen dazu, dass man sich schnell wieder von der Vorgesetztenbeurteilung verabschiedete.

Bereits vor einiger Zeit stand in der Süddeutschen Zeitung zu lesen:

> *Früher war es relativ einfach, die Karriereleiter hochzufallen, hatte man mal den Vertrag in der Tasche. Da wurde Herr Schmidt vom Personalberater präsentiert, vom Personalchef inspiziert, vom zuständigen Fachvorstand engagiert, und das war's dann schon. Einmal im Jahr ein Beurteilungs- und Fördergespräch mit seinem Vorgesetzten – „...reine Formsache, lieber Schmidt, Sie wissen ja, die Personaler hängen an diesem Wisch, also was schreiben wir denn da...?" –, und den Rest des Jahres konnte er machen, was er wollte, der Herr Schmidt. Also machte er auch einiges, was er nicht sollte, bloß kam das kaum ans Tageslicht. Und so verbreitete sich manch folgenschwerer Führungsfehler virusgleich.*

> *Die Komplett-Ausleuchtung rücke mithin alles ins Licht, übles Bossing ebenso wie die schamlose Ausbeutung von Kollegen oder das rückgratfreie Einknicken gegenüber den höheren Etagen. Und damit, o Jubel, würden Führungskräfte endlich gerecht beurteilt und entlohnt.*

Auch wenn sich zu dieser Methode zwischenzeitlich der ein oder andere Kritiker zu Wort meldete, muss für das strategische HCM konstatiert werden, dass sich ein strukturiertes und professionell vorbereitetes und eingesetztes 360-Grad-Feedback hervorragend zum Abgleich des Selbstbildes mit der Einschätzung relevanter Bezugspersonen eignet. Somit ergibt sich eine umfassende Basis für die Auseinandersetzung mit den eigenen Stärken und Schwächen.

Der gesamte Prozess eines professionellen 360-Grad-Feedbacks ist im Buch Employee Relationship Management[72] an einem authentischen Implementierungsbeispiel dargestellt und erläutert.

Zusammenfassend die wichtigsten Grundsätze für das wertvolle 360-Grad-Feedback, die zu einer erfolgreichen Anwendung beitragen:

- Die Einführung kostet Energie und Zeit. Der geeignete Zeitpunkt muss daher wohlüberlegt sein.
- Eine generell schlechte Stimmungslage im Unternehmen wird das Ergebnis negativ beeinflussen. Andererseits ermöglicht ein schwaches Ergebnis einen höheren *Stretch-*

---

[72] Vgl. Stotz, W. (2007): Employee Relationship Management.

Faktor hinsichtlich der Folgeevaluierung. Die momentane Stimmungslage spricht daher weder für noch gegen ein 360-Grad-Feedback.

- Alle Beteiligten müssen umfassend über die Zielsetzung und den Ablauf des Prozesses informiert werden. Ansprechpartner für inhaltliche und technische Fragen helfen in der Anfangsphase. Die Gelegenheit zur Kommunikation verschafft Akzeptanz.
- Die Wahrung der Anonymität der Feedbackgeber ist zumindest in den Anfangsjahren sicherzustellen. Eine Ausnahme stellt der direkte Vorgesetzte dar.
- Die Ergebnisse sollten in den ersten Jahren nur zur korrekten *self-awareness* und *social-awareness* dienen. Der Beurteilte kann mit seinem Feedback eigenverantwortlich und zielorientiert persönliche Entwicklungsmaßnahmen einleiten.
- Das Unternehmen unterstützt und berät Feedbackempfänger im Rahmen der Personalentwicklung.

Damit wird ein unprofessioneller, unreflektierter Einsatz des 360-Grad-Feedbacks vermieden, und es wird integrativer Bestandteil der Organisationsentwicklung sein.

13.2.2   Kennzahlen externer Maßnahmen

Anzahl eingehender Bewerbungen auf Stellenausschreibungen

Unter der Prämisse, dass Stellenausschreibungen nach den Kriterien eines professionellen Personalmarketings erfolgt sind und somit auch die entsprechenden Akquisitionsmedien gewählt wurden, kann die Anzahl eingehender Bewerbungen aufzeigen, wie es auf dem Stellenmarkt um die Reputation des Unternehmens bestellt ist. Die Entwicklung ist hinsichtlich unterschiedlicher Berufsgruppen und Positionen zu differenzieren. Oftmals werden in den Unternehmen Statistiken geführt, um zu erkennen, welche Medien sich für wen eignen, und die Insertionskosten ins Verhältnis zu den eingehenden Bewerbungen gesetzt. Eine zusätzliche Analyse, inwiefern sich die Employer Brand hierbei auswirkt, kann auf der Basis dieses Zahlenmaterials erfolgen. So ist der Grad, in dem ein Unternehmen als attraktiv und einzigartig wahrgenommen wird, zu erkennen, und in der Entwicklung zu verfolgen. Als Unbekannte spielt natürlich bei diesen Analysen die jeweilige Arbeitsmarktsituation eine nicht unbedeutende Rolle, die es einzukalkulieren gilt. Wenn die betriebsinterne Analyse weiterhin differenziert, ob sich die Interessenten aus einem ungekündigten oder gekündigten Arbeitsverhältnis heraus bewerben, erhöht sich der Aussagewert bezüglich der Employer Brand.

Anzahl Initiativbewerbungen

Sinngemäß gilt das vorstehend ausgeführte auch für Initiativbewerbungen. Als evaluationsfähige Initiativbewerbungen sollen allerdings nur solche gelten, denen man nicht offensichtlich ansieht, dass sie als Serienbrief an eine nicht zu beziffernde Anzahl von Unternehmen gerichtet sind.

Initiativbewerbungen geben Informationen darüber, wie beispielsweise Maßnahmen des Hochschulmarketings bei der Zielgruppe der Absolventen ankommen. Initiativbewerbungen lassen sich zu einem wertvollen Pool für zukünftige Vakanzen ausbauen und sollten daher entsprechend *kundenorientiert* gemanagt werden. Auch die Aufforderung an bestimmte Berufsgruppen auf der Firmen-Website, sich trotz fehlender aktueller Vakanzen zu bewerben, kann durchaus erfolgreich sein.

Eignungsquote

Letztlich entscheidend für die praktische Auswirkung auf die betriebliche Leistungserstellung ist nicht die Anzahl eingehender Bewerbungen, sondern die Qualität der Bewerbungen
in Bezug auf die jeweilige Position. Daher kann eine Betrachtung und Fortschreibung der
Eignungsquote nützlich sein, da sie den tatsächlichen Anteil an geeigneten Kandidaten unter
allen Bewerbern angibt. Bewerber, die eine akzeptable Bandbreite der Kompetenzbereiche
des Anforderungsprofils abdecken, werden ins Verhältnis zu der Gesamtzahl eingegangener
Bewerbungen gesetzt.

Ergebnisse bei Ratings

In der Stellenanzeige, auf der Unternehmens-Homepage und im Vorstellungsgespräch wird
dem Bewerber oft ein Bild gezeichnet, das der Realität nicht entspricht. Besonders betrifft
dies die *weichen Faktoren* wie Betriebsklima, Teamwork, Mitarbeiterführung, Familien-
freundlichkeit oder Konfliktmanagement. So passiert es immer wieder, dass ein Arbeitnehmer mit einer Stelle äußerst unzufrieden ist, obwohl der Job so viel versprechend schien. Die
Wahrscheinlichkeit ist dann hoch, dass er in seinem Umfeld zum Multiplikator negativer
Impressionen wird. Insbesondere qualitativ gute Bewerber versuchen zunehmend, vor einem
Engagement die Attraktivität des potentiellen zukünftigen Arbeitgebers zu recherchieren. Die
gelingt zum einen bei einem Blick in die Veröffentlichungen des Great Place To Work Institutes Deutschland (s. Kap. 3.1.1).

Des Weitern wachsen die Anzahl und der Umfang von Bewertungsportalen im Internet, die
Bewerbern helfen wollen, Fehlgriffe zu vermeiden. Die Plattformen funktionieren ähnlich
wie die Seite MeinProf.de und Spickmich.de. Nun also sind Arbeitgeber und Unternehmen
an der Reihe, sich im Internet dem Urteil ihrer Mitarbeiter zu stellen. Verschiedene Seiten im
Netz haben sich auf die Benotung von Firmen spezialisiert und wollen Informationen über
Vor- und Nachteile bieten. Damit ist Bewerbern nun möglich, was Personaler schon lange
tun. Dass sie den Namen eines Kandidaten vor dem Einstellungstest googeln, ist Standard.

Arbeitnehmer vereint Euch! rufen die Macher einer Homepage ihre User kämpferisch auf.
Diese müssen zunächst 26 Fragen zum Unternehmen, zu den Führungskräften und Kollegen
beantworten. Aktuell dürften so die Bewertungen von mehr als 600 deutschen Firmen zu
sehen sein. Der Markt unterliegt einem rasanten Wachstum und die Anbindung an Job-
Börsen ist geplant.

13.2.3 Die Human Resources Scorecard (HRSC)

Traditionelle Kennzahlensysteme berücksichtigen nur vergangenheitsbezogene, bereits vorhandene Daten und Größen, ohne diese in einen strategischen Kontext zu stellen. Zur Ver-
meidung von Unklarheiten versuchte sich das Controlling über Jahre auf so genannte harte
Kennziffern zu stützen. Dass dies heute nicht mehr ausreicht, haben Kaplan & Norton[73] mit
der Balanced Scorecard (BSC) gezeigt, die in der Praxis zunehmende Bedeutung erfährt. Ihr
Konzept basiert auf einem Forschungsprojekt in 12 amerikanischen Firmen, und soll die
vergangenheits- und finanzzahlenorientierten Kennzahlensysteme in ihrer Aussagefähigkeit

---

[73] Kaplan, R.S., Norton, D. (1992): The Balanced Scorecard – Measures That Drive Performance, Harvard
Business Review 70, Nr. 1,

optimieren. Letztlich soll jeder ausführende Mitarbeiter die positiven und negativen Konsequenzen seiner Handlungen kennen. Zwischenzeitlich dürften mehr als 50% der DAX 100-Unternehmen die BSC einsetzen.

Überzeugt von dem Erfolg der BSC und inspiriert durch den Erfolg in den USA, entwickelten die drei US-Professoren Brian E. Becker, Mark A. Huselid und Dave Ulrich die „Human Resources Scorecard" (HRSC). Ihre Publikation trägt den Untertitel *Linking People, Strategy and Performance.* Sie greifen in ihrem Buch Voraussetzungen für die HRSC auf, aus denen wiederum die Messgrößen abgeleitet werden können. Hierbei handelt es sich im Wesentlichen um die im Kapitel 11 dieses Buches beschriebenen Inhalte des strategischen HCM.

In einem sieben Schritte umfassenden Implementierungsmodell zeigen Becker und seine Kollegen schließlich auf, wie die HRSC Realität werden kann:

1. **Clearly Define Business Strategy**
   Klare, verständliche Ziele, die jeder Mitarbeiter versteht und an denen er sich orientieren kann, werden definiert.

2. **Build a Business Case for HR as a Strategic Asset**
   Hier erklärt das HCM, wie es die Strategie unterstützen und zur Zielerreichung beitragen kann.

3. **Create a Strategy Map**
   Welche Ziele sind von besonderer Bedeutung? Was sind die *performance driver* für diese Ziele? Welches Mitarbeiterverhalten führt zur Zielerreichung? Haben die Mitarbeiter die erforderlichen Kompetenzen und das entsprechende Umfeld?

4. **Identify HR Deliverables within the Strategy Map**
   Konkrete Maßnahmen zur Zielerreichung gilt es in diesem Schritt zu definieren.

5. **Align HR Architecture with HR Deliverables**
   Die Notwendigkeit der Organisationsanpassung auf die strategisch erforderlichen zukünftigen Anforderungen wird hier verdeutlicht.

6. **Design the Strategic Measurement System**
   Hier greifen Becker & Co. im Ergebnis die vier Zielperspektiven der Balanced Scorecard auf, zu denen, abgeleitet aus der Unternehmensstrategie, strategische Ziele des HCM und Messgrößen definiert, sowie konkrete Ziele und Aktionen zugeordnet werden. Diese vier Zielperspektiven sind:
   1. Finanzperspektive
   2. Kundenperspektive
   3. Prozessperspektive und
   4. Potentialperspektive

Die **Finanzperspektive** zeigt, ob die Verfolgung einer HR-Strategie zur Verbesserung des Unternehmensergebnisses beiträgt.

Wenn beispielsweise die Brutto-Umsatzrentabilität gegenüber dem Wettbewerb als unterdurchschnittlich zu bezeichnen ist, könnte über eine Steigerung der Produktivität durch höhere Mitarbeiterzufriedenheit, sprich höheres Engagement der Mitarbeiter, eine Verbesserung angestrebt werden. Die Flexibilisierung der Arbeitszeit könnte beispielsweise zum Wegfall der Bezahlung zuschlagspflichtiger Überstunden führen.

Die **Kundenperspektive** zielt auf die internen Kunden und versucht, über die Erhöhung der Mitarbeiterloyalität einen strategisch wirksamen Wettbewerbsvorteil zu erzielen.

In der **Prozessperspektive** werden Abläufe aufgegriffen und optimiert um beispielsweise Ziele aus der Finanzperspektive oder der Kundenperspektive zu erreichen.

Die **Potentialperspektive** beschreibt Lern- und Entwicklungsprozesse, die sicherstellen, dass die Strategie aus den anderen drei Perspektivfeldern realisiert werden kann. Zeigt sich im Unternehmen, dass zukünftige Aufgabenstellungen und zunehmende Projektorientierung verstärkt den Einsatz interdisziplinärer Teams erfordern, können sich vorübergehend kollektive Personalentwicklungsmaßnahmen auf das Thema *Teamarbeit* konzentrieren.

Das Buch *Employee Relationship Management*[74] enthält detaillierte Informationen zum Thema HR-Scorecard und Beispiele zu diesen 4 Perspektiven, die zeigen, wie aus der traditionellen Inputbetrachtung eine strategiefördernde Outputbetrachtung werden kann. Weitere für die Praxis beispielhaft strategische Zielsetzungen könnten sein:

* Steigerung der Zufriedenheit mit der Führungsleistung des unmittelbaren Vorgesetzten um x%
* Übereinstimmungsquote zwischen Anforderungsprofil und persönlichem Qualifikationsprofil des Mitarbeiters erhöhen auf x%
* Reduzierung der Fluktuation von Leistungsträgern auf x%
* Erhöhung der Fluktuation nicht qualifizierbarer Mitarbeiter um x%
* Steigerung des Anteils leistungsbezogener Vergütungsbestandteile auf x% der Gesamtvergütung
* Reduzierung der Arbeitsgerichtsprozesse um x%
* Anzahl eingegangener Verbesserungsvorschläge erhöhen um x%
* Anzahl umsetzbarer Verbesserungsvorschläge erhöhen auf x%
* Erhöhung multifunktional einsetzbarer Mitarbeiter auf x%

Als letzter Schritt wird

7. Implement Management by Measurement
genannt.

Die HRSC ist keine grundlegend neue Methode, da sie sich komplett an die BSC anlehnt und sich klar erkennbar an diesem zukunftsorientierten Kennzahlensystem orientiert. Mit ihr liegt ein vielversprechendes Modell vor, das nicht dem Fehler erliegt, allein über vergangenheitsbezogene Kennzahlen den Erfolg strategischer Personalarbeit zu messen. Die umfassende Betrachtung strategischer und operativer Faktoren, quantitativer und qualitativer Aspekte, macht die HRSC zu einem wertvollen Mess- und Steuerungselement.

Den HR-Professionals sei aber empfohlen, mit einer HRSC keinen Alleingang im Unternehmen anzustreben. Erst wenn insgesamt die Finanz- und Vergangenheitsorientierung von Kennzahlensystemen mit Einführung der BSC überwunden ist, können Bestrebungen zur Evaluierung mittels HRSC effizient und wirksam sein.

13.2.4   Die Bewertung des Humankapitals

Spätestens nachdem es im Jahr 1986 dem amerikanischen Forscher F.E. Schuster erstmals gelungen war, einen eindeutigen Zusammenhang zwischen der Eigenkapitalrentabilität und dem Einsatz eines professionellen Personalwesens zu beweisen, besteht das Interesse an

---

[74]   Stotz, W. (2007): Employee Relationship Management.

dieser Thematik. Mit dem Einzug der Ressourcentheorie in das strategische Management in den neunziger Jahren rückten Kernkompetenzen einer Unternehmung in den Vordergrund, die zu einer Differenzierung gegenüber dem Wettbewerb führen können. Die *intangible assets* wurden für die Überlegenheit einer Unternehmung verantwortlich gemacht. In der Folge entwickelte sich der Begriff des Humankapitals. Allerdings brachten die zahlreichen Versuche, das Humankapital zu bewerten und zu bilanzieren, bis heute kein befriedigendes Ergebnis.

Neuere Ansätze zur Messung des Humankapitals kommen aus der Praxis: Die schwedische Versicherungsgesellschaft *Skandia* und die *Canadian Imperial Bank of Commerce* riefen die *Intellectual Capital Bewegung* ins Leben. Hierbei wird das Finanzkapital durch das Intellektuelle Kapital ergänzt. Aber auch dieser interessante Ansatz gab zuviel Anlass für Kritik und blieb nach der Anfangseuphorie auf die beiden Unternehmen beschränkt.

In jüngerer Zeit wurden von Sveiby[75] Konzepte zur Humankapital-Thematik präsentiert, die wegen ihrer Überschaubarkeit eher in der Praxis Verbreitung finden könnten. Den Status der *Stillen Reserven* hat das Humankapital bis heute nicht überwunden.

Folgt man der Vision des Human Capital Club[76] (HCC), so werden bereits im Jahr 2010 die Leistungen der Unternehmer und Manager maßgeblich nach ihrem Beitrag zur Wertsteigerung des Humankapitals beurteilt. Seit seiner Gründung im November 2001 schafft der HCC Standards für die Wertsteigerung des Humankapitals, er entwickelt und empfiehlt Bewertungsverfahren, führt Unternehmensvergleiche durch und veröffentlicht diese, er informiert Unternehmensbewerter wie Analysten und Wirtschaftsprüfer über diese Verfahren und schult Experten in der Anwendung dieses Wissens. Seine Aufgaben definiert der HCC auszugsweise wie folgt:

- Schaffung einer Plattform zur Durchsetzung und Weiterentwicklung einer dem Humankapital verpflichteten Unternehmensführung. Dazu werden Standards für und Anforderungen an Unternehmensleistungen entwickelt.
- Unterstützung der Forschung zum Zusammenhang von Unternehmenserfolg und Investitionen in das Humankapital
- Empirische Untersuchungen zu den wichtigsten Wertetreibern des Humankapitals.
- Entwicklung von Strategien, die Maßnahmen und Instrumente zur HC-Steigerung durch Regeln und Verträge in der praktischen Unternehmensführung zu verankern und das HC-Accounting in die Unternehmensbilanzierung aufzunehmen.
- Entwicklung von Strategien, die HC-Bewertung in die Arbeit der Analysten und Wirtschaftsprüfer aufzunehmen.

Es bleibt zu hoffen, dass die Aktivitäten des HCC zeitnah dazu beitragen, dass das Humankapital in der Vermögens-, Finanz- und Ertragslage der Unternehmen Berücksichtigung findet. Selbst erarbeitete immaterielle Werte müssen in den Unternehmen nach einheitlichen Spielregeln ermittelt und konkret erfasst werden. Denn sie sind Erfolgsfaktoren, die für Wettbewerber schwer nachahmbar sind und somit einen nachhaltigen Wettbewerbsvorteil darstellen.

Offensichtlich wächst in Folge der Entwicklung ein neues Berufsbild heran: Gemeinsam mit der DGfP bietet der HCC eine qualifizierte Ausbildung zum *Human Capital Auditor* an. Zur Zielgruppe zählen Personalleiter, Personalexperten, Berater, Wirtschaftsprüfer, Unterneh-

---

[75]   Karl-Erik Sveiby, www.sveiby.com

[76]   Human Capital Club e.V., www.humankapitalclub.de

mensleiter, Finanzexperten und Controller. Angesprochen sind auch mittelständische Unternehmen, die besonders von einer guten Vorbereitung auf Human Capital Ratings profitieren wollen.

Im Rahmen des Qualifizierungsprogramms zum Human Capital Auditor wird aufgezeigt, welche Faktoren im Unternehmen Einfluss auf die Güte des Humankapitals haben und wie in einer Organisation wertsteigernde Strategien und Maßnahmen eingesetzt werden können. Damit kann das HR-Management strategisch so positioniert werden, dass das Humankapital mess- und steuerbar wird. Die Ausbildung schließt mit einer zertifizierten Prüfung ab.

In Anlehnung an den HCC sei abschließend dargestellt, welche Faktoren in die Bewertung des Humankapitals einfließen sollten:

Personenorientierte Faktoren	Prozessorientierte Faktoren	Systemorientierte Faktoren
Intellektuelles Potential	**Führung**	**Unternehmensgrundsätze**
▪ Wissen	▪ prakt. Führungsstil	▪ Werte / Menschenbild
▪ Fahigkeiten	▪ Konfliktlösung	▪ Rules and Regulations
▪ Erfahrung	▪ Entscheidungsprozesse	▪ Corporate Governance
▪ Kreativität	▪ Zielvereinbarungsrozesse	**Personalsysteme**
Motivationales Potential	**Kooperation**	▪ Strategie
▪ Motivation	▪ Betriebsklima	▪ Employer Branding
▪ Identifikation / Commitment	▪ Zusammenarbeit	▪ Controlling
▪ Zufriedenheit	**Kommunikation**	▪ Marketing
Integratives Potential	▪ Kommunikationsstil	▪ Auswahl
▪ Führungskompetenz	▪Kommunikationswege	▪ Ausbildung / Entwicklung
▪ Kooperationsbereitschaft	**Changemanagement**	▪ Betreuung
▪ Loyalität	▪ Changeprozesse	▪ Vergütung
▪ Teamfähigkeit	▪ Innovationsmanagement	**HR-Funktion**
▪ Kommunikationsfähigkeit	▪ Qualitätsmanagement	▪ Personelle Ausstattung
▪ Integrität / Werteorientierung	▪ Organisationsentwicklung	▪ Professionalität der Funktion
Gesundheit	**Unternehmenskultur**	▪ Handlungs-Budget
▪ Körperlicher Status	▪ Gelebte Werte	▪ Politische und system. Position
▪ Psychophysische Belastbarkeit	▪ Engagement der Manager	**System des Unternehmens**
▪ Work-Life-Balance	▪ Sanktionsprozesse	▪ Branchenbedingungen
	▪ Nachhaltigkeitsmanagement	▪ Größenbedingungen
		▪ Wirtschaftlichkeitsbedingungen

Abb. 13.3: Faktoren der Bewertung des Humankapitals

Es wird noch Jahre dauern, bis eine praktikable Messung des HCs gefunden ist. Erst dann wird HC auch als Vermögenswert in die Bilanzen eingehen können. Das sollte keinen Unternehmer, keine Führungskraft davon abhalten, schon heute unzweifelhafte Parameter des HCMs mit einfachsten Methoden zu messen. Dazu gehören u. a. die differenzierte, qualitative und quantitative Messung von Fluktuation und Fehlzeiten sowie die Messung und Analyse der Mitarbeiterzufriedenheit. Bei letzterem muss auch die Zufriedenheit mit dem direkten Vorgesetzten inkludiert sein. Und niemand sollte damit zögern, die Verbesserung der Parameter umgehend mit geeigneten Methoden und Instrumenten anzugehen.

Identifizierte Parameter bieten eine weitere großartige Chance: Sie sind bis auf die Ebene der Abteilungen und Teams herunter zu brechen. Dann bleiben Messgrößen keine gehaltlosen Kennzahlen, sondern zeigen differenziert Handlungsfelder und bieten Aggregationsfunktionen.

14 Die Praxis attraktiver Arbeitgeber

In diesem Kapitel sollen unterschiedliche Konzepte und Maßnahmen aufgezeigt werden, mit denen es Unternehmen geschafft haben, von den aktuellen und potentiellen Mitarbeitern als attraktive Arbeitgeber wahrgenommen zu werden. Diese Unternehmen unterscheiden sich markant hinsichtlich

- ihrer Stakeholder-Struktur
- ihrer Größe
- ihrer Branche
- ihrer Standortattraktivität
- ihrer Berufsgruppen und
- ihrer Entgeltstruktur

Damit wird deutlich, dass Employer Branding keine Spielwiese für Großunternehmen ist, sondern in allen Organisationen zur Verbesserung der Arbeitgeberattraktivität führen kann.

Die Kontakte zu den genannten Unternehmen haben – neben den in diesem Kapitel enthaltenen Informationen – gezeigt, dass sie Employer Branding nicht als unliebsamen Kostenfaktor ansehen, sondern von diesem Konzept als Wertschöpfungsbeitrag überzeugt sind. Auch *zwischen den Zeilen* ihrer Beiträge lässt sich viel über die mensch- und mitarbeiterorientierte Philosophie im jeweiligen Unternehmen herauslesen. Die Unternehmensvertreter sind dem Autorenteam aufgeschlossen und zuvorkommend begegnet und freuen sich, ihre erfolgreichen Konzepte einer breiten Öffentlichkeit zugänglich machen zu dürfen.

Von einigen Unternehmen haben wir das Gesamtkonzept aufgenommen, um die Vielzahl angewandter Bausteine und deren Ineinandergreifen aufzeigen zu können. Bei anderen Unternehmen haben wir einzelne, besondere Elemente aufgegriffen, mit denen sie sich zusätzlich zu gängigen Konzepten abheben.

Jedem einzelnen Beitrag ist ein eigener Abschnitt gewidmet. Damit werden die Lesbarkeit und das Anbringen von Querverweisen in den vorstehenden Kapiteln erleichtert.

Hinweis: Die Informationen basieren auf Angaben der genannten Unternehmen. Es kann daher seitens der Autoren keine Gewähr für die Richtigkeit, Vollständigkeit oder Aktualität der bereitgestellten Informationen übernommen werden.

14.1   4flow AG

Website	www.4flow.de
Unternehmensform	AG
Branche	Logistikberatung und -software
Umsatz	k.A.
Hauptsitz	Berlin
Gründungsjahr	2000
Anzahl der Mitarbeiter	80
Vorwiegende Berufsgruppen	Wirtschaftsingenieure, Wirtschaftswissenschaftler
Jährlicher Rekrutierungsbe	20 Mitarbeiter

Executive Summary

Die 4flow AG ist ein führender Anbieter von Logistikberatung und -software mit Hauptsitz in Berlin und einer Niederlassung in München. Die Kunden und Projekte sind international. Im achten Jahr ihres Bestehens blickt 4flow auf eine durchschnittliche jährliche Wachstumsrate von über 28%.

Das außergewöhnliche Wachstum und die besondere Innovationskraft der 4flow AG wurden u. a. ausgezeichnet mit dem Technology Fast 50 Award 2006 als eines der 50 schnellstwachsenden aus den über 59.000 deutschen Technologieunternehmen, dem Innovationspreis 2007 ITK der Initiative Mittelstand in der Kategorie Logistik und der Aufnahme in die weltweiten Top-100-Supply-Chain-Lösungsanbieter durch das US-Wirtschaftsmagazin Supply & Demand Chain Executive.

Darüber hinaus trägt die 4flow AG seit 2006 das Gütesiegel Fair Company, das die Zeitschrift karriere an Unternehmen mit fairen Einstiegschancen in die Berufswelt vergibt und wurde im Jahr 2008 aufgrund ihrer besonderen Unternehmenskultur vom Great Place to Work Institut als einer der drei besten Arbeitgeber Deutschlands und Europas ausgezeichnet. Diese Erfolge sind nur durch die exzellenten Leistungen der Mitarbeiter der 4flow AG möglich. Die Bedeutung der Mitarbeiter für den Unternehmenserfolg hat 4flow von Beginn an erkannt und mit einem strategisch ausgerichteten Human Resource Management Rechnung getragen. Das 4flow-Talentmanagement fördert umfassend die Potenziale der Mitarbeiter und ist einer der entscheidenden Erfolgs- und Wachstumstreiber des Unternehmens.

Aus dem umfassenden Employer Branding-Konzept der 4flow AG sind in diesem Buch einige Komponenten aufgeführt, die sich als besonders wirksam herausgestellt haben.

14.1.1   Talentmanagement der 4flow AG

Ein ganzheitliches und strategisch ausgerichtetes Human-Resource-Management (HRM) – im folgenden Talentmanagement genannt – war für die 4flow AG von Beginn an ein wichtiges Handlungsfeld. Ein Talentmanagement, das 4flow auszeichnet und von anderen unterscheidet, das das Unternehmen für Absolventen und Professionals attraktiv macht, das für 4flow-Mitarbeiter optimale Entwicklungsmöglichkeiten schafft und die Mitarbeiter darüber hinaus mit Spaß und Stolz langfristig an das Unternehmen bindet – dies waren und sind die Ziele.

Im neunten Jahr des Bestehens kann die 4flow AG nun auf über acht Jahre gelebtes Talent-management zurückblicken und feststellen, dass die Investitionen sich gelohnt haben, mess-bare Erfolge machen dies deutlich:

Überdurchschnittliches Umsatz- und Mitarbeiterwachstum

In den letzten fünf Jahren erzielte 4flow im Durchschnitt ein Umsatzzuwachs von jährlich über 25% und ein Mitarbeiterwachstum von jährlich 20%. Damit liegt 4flow deutlich über dem Branchendurchschnitt.

Sehr zufriedene Mitarbeiter

Alles in allem kann ich sagen, dies hier ist ein sehr guter Arbeitsplatz. Dieser Aussage stimmten 100% der 4flow-Mitarbeiter in der anonymen Mitarbeiterbefragung im Rahmen des Wettbewerbs *Deutschlands Beste Arbeitgeber 2008* zu. In diesem Wettbewerb wurde 4flow als zweitbester Arbeitgeber Deutschlands und als drittbester Arbeitgeber Europas (bis 499 Mitarbeiter) ausgezeichnet. Auch die geringe Fluktuation von 5% über die letzten fünf Jahre spricht für eine hohe Mitarbeiterbindung und -zufriedenheit.

Exzellente Mitarbeiter

Die hohe Anzahl erfolgreicher Projekte und sehr zufriedener Kunden, wie die Ergebnisse einer Kundenbefragung belegen, und die renommierten Auszeichnungen des Unternehmens belegen die Qualität der Produkte und Dienstleistungen und damit die Exzellenz der 4flow-Mitarbeiter.

Diese Erfolge sind vor dem Hintergrund verschiedener, erschwerender Rahmenbedingungen für ein junges und durch Projektarbeit vor Ort beim Kunden geprägtes Unternehmen wie 4flow zu bewerten. Als Herausforderungen sind u. a. zu nennen:

War for talents

4flow bewegt sich auf einem sehr engen Mitarbeitermarkt und konkurriert mit großen Bera-tungen und etablierten Industrieunternehmen um die gleichen Talente.

Führen und Kommunizieren über weite Distanzen

Mitarbeiterführung bei 4flow ist in der Regel ein Führen über Distanzen. Die Führungskraft sieht und erlebt ihre Mitarbeiter aufgrund der Projektarbeit vor Ort beim Kunden selten – das macht Führung und Kommunikation besonders anspruchsvoll.

Geringe Zeit für Integration

Aufgrund der hohen Reiseaktivität ist die Zeit zum Aufnehmen, Kennenlernen und zur akti-ven Mitgestaltung der 4flow-Kultur für die Mitarbeiter vergleichsweise gering.

Wachstum

Das starke Wachstum des Unternehmens bringt insbesondere unter den Aspekten Integration und Qualitätssicherung eigene Herausforderungen mit sich.

Mit diesen Herausforderungen auf der einen und den genannten Zielen auf der anderen Seite ist ein Talentmanagementkonzept entstanden, das auf den 4flow-Werten basiert und das Instrumente liefert, die neben der Mitarbeitergewinnung vor allem den Teamgedanken, die Mitarbeiterentwicklung und -bindung fördert.

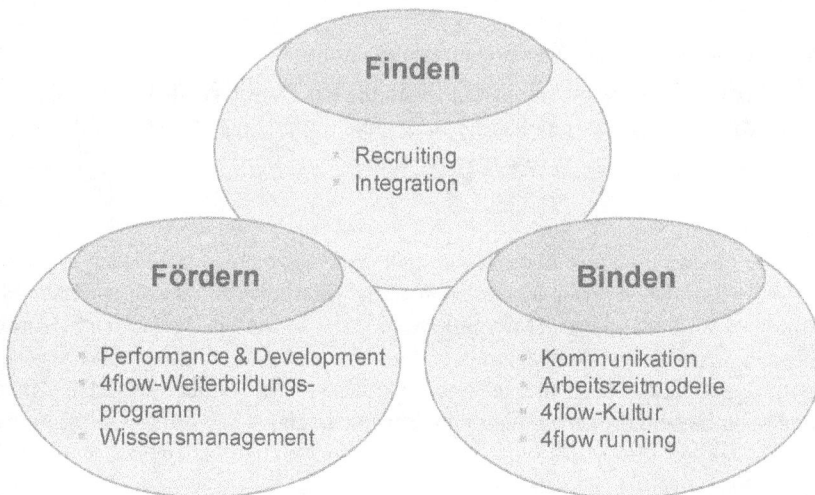

Abb. 14.1:   Talentmanagement der 4flow AG

Die drei Elemente *Finden, Fördern, Binden* und deren Ausgestaltung sowie Zielsetzung lassen sich zusammenfassend wie folgt beschreiben:

Finden

- Eine respektvolle und nachhaltige Außenkommunikation, die die Zielgruppen bestmöglich erreicht und unsere Werte und Anliegen vermittelt.
- Attraktive und valide Auswahlprozesse, um die richtigen Mitarbeiter für 4flow zu gewinnen.
- Aufmerksame Integration von neuen Mitarbeitern, um sie schnell zu einem tragenden Element der 4flow-Kultur zu machen.

Fördern

- Durch das 4flow-Führungssystem Vertrauen und Wachstum fördern.
- Feedback und Dialog in alle Richtungen sicherstellen: das 4flow-Performance-&-Development-System (P&D).
- Mit dem 4flow-Weiterbildungsprogramm Exzellenz ausbauen und Qualität sichern.

Binden

- Gesunde und leistungsstarke Mitarbeiter werden u. a. durch sportliche Aktivitäten wie 4flow running gefördert.
- Eine Kultur schaffen, die 4flow-Mitarbeiter mit Stolz und Spaß und einer hohen Verbundenheit für 4flow tätig sein lässt.
- Mitarbeitern in sich verändernden Lebenssituationen durch flexible und individuelle Arbeitszeitmodelle gerecht werden.

Im Folgenden werden zentrale Inhalte detaillierter vorgestellt.

14.1.2   Integration neuer Mitarbeiter

Nach einer erfolgreichen Einstellung sind die Zeit bis zum ersten Arbeitstag und die ersten Wochen eines neuen Mitarbeiters eine besonders sensible Phase, die bei 4flow durch einen umfassenden Integrationsprozess aufmerksam gestaltet wird. Eine gute Vorbereitung und kleine Gesten zeigen neuen Mitarbeitern: Du bist willkommen und wir erwarten Dich. Die Gestaltung der Voreintrittsphase beginnt mit einem *Willkommen-im-4flow-Team*-Schreiben nach Eingang des unterzeichneten Arbeitsvertrages und setzt sich fort in einer Vorabbetreuung, die z. B. die Unterstützung bei der Wohnungssuche beinhaltet. Dazu gehört auch, dass zukünftige Mitarbeiter zu 4flow-Events wie z. B. dem 4flow-Sommerfest eingeladen werden, auch wenn sie erst zu einem späteren Zeitpunkt im Unternehmen starten. Etwa zwei Wochen vor dem ersten Arbeitstag erhält der neue 4flow-Mitarbeiter ein weiteres Schreiben mit konkreten Informationen zum Einstieg, wie z. B. den Namen der wichtigsten Ansprechpartner. Dieser Prozess liegt in der Verantwortung des HR-Bereichs und wird von der jeweiligen Führungskraft unterstützt. Teil der systematischen Vorbereitungen für einen neuen Mitarbeiter ist auch, dass sich am ersten Arbeitstag die 4flow-Organisation optimal vorbereitet zeigt. Den neuen Mitarbeiter erwarten ein komplett ausgestatteter Arbeitsplatz inklusive Notebook, Visitenkarten, seinem individuellen Integrationsplan (siehe nächsten Abschnitt), Blumenstrauß und einer persönliche Willkommenskarte. In einer Intranet-News wird der neue Mitarbeiter willkommen geheißen und vorgestellt.

Ein weiterer wichtiger Bestandteil der erfolgreichen Umwandlung eines Neueinsteigers zum Vollmitglied der Organisation ist der individuelle Integrationsplan. Der Integrationsplan startet mit einer *Willkommens- und Einführungsveranstaltung* durch die HR-Abteilung und beinhaltet im weiteren Vier-Augen-Gespräche u. a. mit den Vorstandsmitgliedern, mit der Führungskraft sowie mit den Verantwortlichen zentraler Unternehmensbereiche. Bei neuen Mitarbeitern mit Führungsverantwortung findet zu Beginn zusätzlich ein differenziertes Erwartungsmanagement statt. So kann sichergestellt werden, dass die Kompetenzen erfahrener Mitarbeiter an den richtigen Stellen in die 4flow-Organisation einfließen.

Das bewährteste Konzept für die fachliche Einarbeitung ist bei 4flow das Training *on the job*. Ein neuer Mitarbeiter wird zügig in konkrete Projektarbeit und Aufgaben einbezogen, eine vertrauensvolle und schnelle Verantwortungsübergabe entspricht der 4flow-Kultur. Erfahrene Projektleiter und Kollegen haben dabei eine besonders wichtige Funktion, denn sie coachen und unterstützen die neuen Mitarbeiter und ermöglichen damit eine zügige Integration und steile Lernkurve. Gerahmt wird diese Einarbeitung durch die fachlichen und überfachlichen Maßnahmen des 4flow-Weiterbildungsprogramms (siehe nächsten Absatz), das jeder 4flow-Mitarbeiter durchläuft.

Der Integrationsprozess schließt nach etwa vier Monaten mit einem Gespräch ab, in dem der verantwortliche HR-Mitarbeiter die Umsetzung des Integrationsplans und die bisher gemachten Erfahrungen mit dem neuen Kollegen reflektiert. Damit wird zum einen die Umsetzung des Integrationsprozesses sichergestellt und zusätzlich liefert der neue Mitarbeiter Eindrücke und wichtige Hinweise, die nur ein neues Mitglied der Organisation wahrnimmt. Diese Hinweise werden zur kontinuierlichen Verbesserung u. a. der Recruiting- und Integrationsprozesse genutzt.

14.1.3   4flow-Beurteilungssystem P&D

4flow bietet für Mitarbeiter anspruchvolle und interessante Aufgaben und von Beginn die Möglichkeit in hohem Maße Verantwortung zu übernehmen. Dies wird möglich durch die Vertrauenskultur im Unternehmen und nicht zuletzt durch das kontinuierliche Wachstum des Unternehmens. Ein Vorteil, den 4flow mit professionellen Prozessen und Instrumenten zur Mitarbeiterförderung und -entwicklung, wie z. B. das 4flow-Beurteilungssystem P&D und das 4flow-Weiterbildungsprogramm, kombiniert.

Das 4flow-Beurteilungssystem P&D wurde 2001 als Standard im Unternehmen etabliert und Ende 2006 intensiv überarbeitet. Es ist das wichtigste Führungs- und Mitarbeiterentwicklungsinstrument. Differenzierte und dokumentierte Rückmeldungen zu Leistungen und Arbeitsergebnissen und das Aufzeigen von Perspektiven durch die Führungskräfte (FK) tragen maßgeblich zur Entwicklung und Motivation der 4flow-Mitarbeiter (MA) bei.

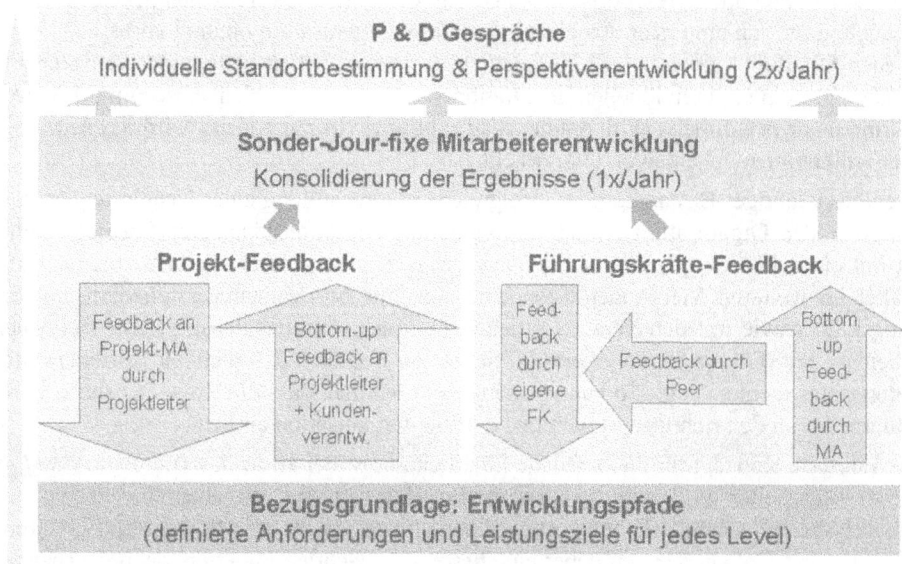

Abb. 14.2:   4flow-Beurteilungssystem P&D

Als Bezugsgrundlage dienen definierte Entwicklungspfade, die die Kompetenz-Entwicklung vom Junior zum Manager hinsichtlich aller relevanten Dimensionen beschreiben. Dies ermöglicht maximale Transparenz für alle Mitarbeiter hinsichtlich der Anforderungs- und Beförderungskriterien und der persönlichen Weiterentwicklung.

Ein zentrales Element ist die am Jahresende stattfindende Führungskräftekonferenz. Im Rahmen dieser Konferenz besprechen und beraten sich alle Führungskräfte und Projektleiter hinsichtlich der individuellen Standortbestimmung und anstehender Fördermaßnahmen ihrer Mitarbeiter. Mit dieser Vorbereitung führen die Führungskräfte im Anschluss die individuellen P-&-D-Gespräche mit ihren Mitarbeitern durch, ein zweites Gespräch wird zur Jahresmitte geführt.

Ein weiteres wichtiges Ergebnis der Führungskräftekonferenz ist das Kompetenzprofil der Gesamtorganisation, das durch die Zusammenfassung aller individuellen Standortbestimmungen entsteht. Es resultiert ein klarer Überblick über die Kompetenzen im Unternehmen und notwendige Weiterbildungsmaßnahmen. So können u. a. das Weiterbildungsprogramm und Recruiting-Aktivitäten daran ausgerichtet werden.

14.1.4   Das 4flow-Weiterbildungsprogramm

Das 4flow-Weiterbildungsprogramm differenziert in- und externe Maßnahmen für drei Kompetenz-Säulen (fachliche Kompetenzen, soziale/kommunikative Kompetenzen, methodische Kompetenzen) für die unterschiedlichen Hierarchiestufen, so dass die passende Kompetenz zum richtigen Zeitpunkt aufgebaut wird. In den ersten Jahren steht die Vermittlung von generellem Wissen und Kompetenzen im Mittelpunkt, auch um den 4flow-Qualitätsstandard sicherzustellen. Auf den höheren Hierarchie-Leveln wächst der Anteil der individuellen Maßnahmen im Verhältnis zu den Standardmaßnahmen, um persönliche Stärken auszubauen und individuelle Entwicklungspfade zu beschreiten. Ein Junior Consultant bei 4flow verbringt beispielsweise im ersten Jahr rund zehn Tage mit Trainings *off-the-job*, dafür steht ihm wie jedem anderen 4flow-Mitarbeiter ein individuelles Weiterbildungsbudget zur Verfügung. 4flow investiert jährlich mit 2,5% des Umsatzes mehr als doppelt so viel in die Weiterbildung seiner Mitarbeiter wie im deutschen Mittelstand üblich.

Eine weitere erfolgreiche Maßnahme zur Wissensweitergabe und zum Wissensaufbau ist der 4flow-Wissensmarktplatz. Einmal im Monat werden neue Methoden, abgeschlossene Projekte und *Lessons learned* im Kreis der Kollegen referiert und diskutiert. Der 4flow-Wissensmarktplatz ist seit 2001 eine festetablierte Veranstaltung, die bei den Mitarbeitern hohen Zuspruch erfährt.

14.1.5   4flow-Kultur

Die 4flow-Kultur basiert auf vier Werten: Kundenorientierung, Exzellenz, Respekt und Nachhaltigkeit. Diese Werte schaffen Orientierung, geben Richtung und sind eine starke gemeinsame Basis, die das 4flow-Team zusammenhält.

Diese Werte finden sich in den beschriebenen Instrumenten und Prozessen sowie im alltäglichen Miteinander wieder: In der offenen und positiven Arbeitsatmosphäre, die verstärkt wird durch eine Open-Door-Policy und gläserne Bürotüren. Oder in Unternehmensritualen wie dem 4flow-Frühstück, bei dem sich alle 4flow-Mitarbeiter bereichsübergreifend jeden Freitagvormittag treffen und austauschen, dem 4flow-Sommerfest, zu dem alle 4flow-Mitarbeiter und ihre Familien eingeladen sind, und der 4flow-Weihnachtsfeier. Das gemeinsame Erleben, Kennenlernen und der Spaß stehen im Vordergrund.

Zur 4flow-Kultur gehört ebenfalls das Engagement in sozialen und ökologischen Projekten, bspw. in dem Projekt *SCHÜLER UNTERNEHMEN was!*, ein Förderprogramm der Deutsche Kinder- und Jugendstiftung. Regelmäßig nehmen 4flow-Mitarbeiter am bundesweiten Beratertag für Schülerunternehmen teil. 4flow-Berater geben an diesem Tag mit viel Spaß Knowhow und Tipps aus der Beraterpraxis an die Schüler weiter.

14.1.6   Fazit

4flow wird diesen erfolgreichen Weg fortsetzen: Das Unternehmen wird vor neue Herausforderungen gestellt werden, Erfahrungen sammeln und daraus lernen – und so das 4flow-Talentmanagement kontinuierlich weiterentwickeln. Dabei werden die Vorteile eines wachsenden, mittelständischen Unternehmens mit der Attraktivität eines strategischen Talentmanagements, wie es häufig erst bei Konzernen zu finden ist, weiterhin bewusst verbunden.

Denn: Dynamik, Flexibilität und ein starker Teamgeist kombiniert mit Exzellenz und Professionalität – das zeichnet 4flow aus und macht das Unternehmen stark.

14.2   Lindner Hotels & Resorts

Webseite:	www.lindner.de
Unternehmensform:	AG
Branche:	Hotellerie
Hauptsitz:	Düsseldorf
Gründungsjahr:	1973
Anzahl der Mitarbeiter	1906
Vorwiegende Berufsgruppen	Hotel- und Gastronomieberufe
Jährlicher Rekrutierungsbedarf	ca. 700 Mitarbeiter für 34 Hotels

Executive Summary

Individuelle Urlaubskonzepte, hohe Qualitätsstandards und innovative Spa-Angebote zeichnen die Lindner Hotels und Resorts aus. Im Jahr 2013 – dem 40. Jahr des Bestehens – betreibt die familiengeführte Gruppe (1980 Mitarbeiter; 174,3 Millionen Euro Umsatz in 2011) 33 Hotels in sieben europäischen Ländern. Neben modernen Businesshotels in Großstädten wie Hamburg, Berlin und Köln gehören zum Portfolio der Hotelgruppe hochwertige Spa- und Sport-Resorts in beliebten Destinationen. Dafür wurden einige Häuser aus schwierigen wirtschaftlichen Situationen übernommen und erfolgreich neu positioniert.

Die besonderen Hotelkonzepte von Otto Lindner, der das Unternehmen in zweiter Generation führt, erhielten bereits zahlreiche Auszeichnungen: So wurde das Lindner Park-Hotel Hagenbeck in Hamburg als erstes Tierpark-Themenhotel zur „Hotelimmobilie des Jahres " gekürt, Otto Lindner selbst wurde „Hotelier des Jahres" und seine Hotels erhalten regelmäßig Bestnoten auf dem Gäste-Bewertungsportal „Holidaycheck".

14.2.1   Der Mitarbeiter als wichtigster Botschafter

Zunehmender Fachkräftemangel und der steigende Bedarf an qualifizierten Mitarbeitern erfordern in der Hotellerie momentan hohes Engagement, aktuelles Verständnis im Umgang mit Mitarbeitern und eine entsprechende Anpassungsfähigkeit im Bereich der Personalentwicklung. Hat doch die Hotelbranche allgemein ein schlechtes Arbeitgeber-Image ist es umso entscheidender Maßnahmen zur Motivation des Mitarbeiters zu ergreifen und die Wertschätzung stärker zu platzieren, um Mitarbeiter nicht nur für das Unternehmen gewinnen sondern auch langfristig binden zu können.

Wir betrachten die Mitarbeiter als wichtigste Botschafter für das Unternehmen, sodass wir ihnen den gebotenen Respekt und Verständnis entgegen bringen. Einer der wichtigsten Faktoren hierbei sind die Möglichkeiten im Bereich der Weiterentwicklung und der Karriereplanung. Hier sehen wir die Pflicht, langfristig in unsere Mitarbeiter zu investieren und diese entsprechend zu fördern und nicht nur zu fordern. Die Lindner Hotels & Resorts haben sich somit zum Ziel gesetzt, den Bereich der Weiterbildungsaktivitäten aktiv auszubauen und sich an die aktuellen Bedürfnisse der Mitarbeiter anzupassen.

Ein weiterer Faktor ist eine Unternehmenskultur, in der Vertrauen, faire und gerechte Behandlung sowie Offenheit für Ideen und Vorschläge die Grundlage bilden.

14.2.2 Der Lindner Satisfaction Index – LSI

von Mitarbeitern – für Mitarbeiter – Mitmachen. Mitgestalten.

Mehr über die individuellen Bedürfnisse der Mitarbeiter zu erfahren und daraus mit den Mitarbeitern gemeinsam konkrete, innovative Personal- Maßnahmen ableiten und umsetzen zu können, ist das Ziel der Lindner Hotels und Resorts. Das familiengeführte Unternehmen setzt damit auf einen vertrauensvollen und partnerschaftlichen Umgang mit den Mitarbeitern. Mitarbeiterzufriedenheit sehen wir als strategischen Erfolgsfaktor. Unter dieser Prämisse hat ein 10-köpfiges Projektteam unter der Leitung der Munich Business School nach dem Leitsatz „von Mitarbeitern – für Mitarbeiter – Mitmachen. Mitgestalten. Ihre Meinung zählt!" den Lindner Satisfaction Index (LSI) entwickelt, der jährlich die Mitarbeiterzufriedenheit im Unternehmen misst.

Die Mitarbeiter geben bei dieser Erhebung Ihre Zufriedenheit in verschiedenen Kategorien bekannt:

- Arbeitsbedingungen
- Verdienst/Sozialleistungen
- Information und Kommunikation
- Weiterbildung und persönliche Entwicklung
- Meine Abteilung / das Team
- Zusammenarbeit mit anderen Abteilungen
- Mein direkter Vorgesetzter
- Lindner als Arbeitgeber

Die Ermittlung des LS! erfolgt anhand eines standardisierten Auswertungsbogens, sodass die Ergebnisse transparent dargestellt werden und bis auf Abteilungsebene heruntergebrochen werden können. Die externe Auswertung gewährleistet eine uneingeschränkte Anonymität des Mitarbeiters. Durch diese regelmäßige, strukturierte Kommunikation zwischen Unternehmensleitung, Führungskräften und den Mitarbeitern wird das Verständnis füreinander und die Qualität des Miteinander gestärkt.

14.2.3 Integrationsprozess Onboard

„Lindner als lernende Organisation" – Das wird dem Mitarbeiter schon mit Eintritt in das neue Unternehmen nahe gebracht. Das Ziel ist es, die Mitarbeiter von Beginn an über ihren gesamten Weg zu begleiten und die Ausbildung dieser selbst in die Hand zu nehmen.

Jeder Mitarbeiter der Lindner Hotels & Resorts, unabhängig aus welchem Hotelbereich, nimmt nach Arbeitsantritt an einem Zwei-Tages Willkommensseminar teil, bei welchem er das Unternehmen Stück für Stück in Bezug auf Strukturen und Verhaltensnormen kennenlernt und die Werte, für die die Lindner Hotels & Resorts stehen, erläutert werden. Die Steuerung des Trainings erfolgt zentral, wobei die Umsetzung in immer wechselnden Häusern der Hotelgesellschaft stattfindet, sodass der Mitarbeiter gleichzeitig ein anderes Haus aus Sicht eines Gastes sowie Kollegen aus verschiedenen Destinationen kennenlernt. So entsteht direkt mit Betriebseintritt eine Verbundenheit zwischen Mitarbeiter und Unternehmen und führt damit in Hinblick auf die Zukunft zu einer höheren Loyalität und Bindung. Eine stellenbezogenen Einarbeitung erfolgt im Anschluss in der jeweiligen Abteilung.

Das familiengeführte Unternehmen legt damit den Grundstein für eine Umgebung, in der der Mitarbeiter Wertschätzung erfährt und man sich der Verantwortlichkeit bewusst ist, maßgeblich und nachhaltig an der Entwicklung seiner Mitarbeiter beteiligt zu sein.

14.2.4   Karriereplanung bei den Lindner Hotels & Resorts

Karriereplanung ist ein fester Bestandteil des Management Cycles der Lindner Hotels & Resorts, denn die Führungskräfte helfen uns, die Unternehmensziele zu verwirklichen. Die Mitarbeiter sollen sich in ihrem Umfeld wohlfühlen und ihre Potentiale entfalten können. Dazu wurde der „Beurteilungs- & Orientierungsdialog" eingeführt. Hiermit stellt das Unternehmen sicher, dass sich jeder Mitarbeiter über seine Rolle, seine Entwicklung sowie seine Ziele bewusst ist. Aus diesem jährlichen Dialog heraus entwickelt sich dann der persönliche und maßgeschneiderte Karriereweg und damit für den Mitarbeiter die Möglichkeit an diversen auf diesen Weg abgestimmten Trainings teilzunehmen.

14.2.5   Path To Improve (PTI)

Besonders das Konzept zum PT! welches ebenfalls in Zusammenarbeit mit der Munich Business School [77]speziell für die Führungskräfte der Lindner Hotels & Resorts entwickelt wurde, geht auf die wachsenden Anforderungen der Branche ein. Es gibt den Führungskräften handlungs- und zielorientierte Maßnahmen mit auf den Weg, um Unternehmen und Mitarbeiter führen zu können. Die Führungskräfte erlangen nach erfolgreicher Teilnahme an den verschiedenen Modulen, wie z. B. Human Resources Management, professionelle Auswahl und Beurteilung, Interkulturelle Kommunikation, Betriebswirtschaft & Recht sowie aktuellen wirtschaftlichen Themen zusammensetzen, das Hochschulzertifikat „Certified Lindner Executive" der Munich Business School.

14.2.6   Das Blended Learning Konzept als Baustein

Blended Learning als Erfolgsfaktor im Bereich der Weiterbildungssysteme – eine Möglichkeit Präsenzseminare und onlinebasierte Lerninhalte miteinander zu verknüpfen, die flexibel abrufbar sind. Hierauf setzen die Lindner Hotels & Resorts als einer der neuen Bausteine des

---

[77] Die Munich Business School (MBS), München, bildet seit 1991 in verschiedenen Studiengängen akademischen Führungskräftenachwuchs für die Wirtschaft aus. Die internationale Orientierung und die Praxisnähe sind zum Markenzeichen des Studiums an der MBS geworden. www.munich-business-school.de

Gesamtkonzepts im Bereich Weiterbildung. So können sich die Mitarbeiter zeitunabhängig und komfortabel Wissen aneignen und damit alle Vorteile der zur Verfügung stehenden unterschiedlichen Lernformen nutzen. Durch die mit über 200 Trainings gefüllte Onlineplattform wird dem Mitarbeiter ein vielseitiges und breites Spektrum angeboten, um sich weiterentwickeln zu können.

Das Stufenmodell zeigt die einzelnen Hierarchiestufen der Unternehmung. In jeder dieser Stufen stehen den Mitarbeitern innerbetriebliche oder externe Schulungen, Crosstrainings, Erfahrungsaustausch im Chat oder Webinare in verschiedenen Kategorien und Bereichen zur Verfügung und können so problemlos mit den onlinebasierten Lerninhalten verknüpft werden. Transparent dargestellt, kann der Mitarbeiter erkennen, welche Schritte er selber einleiten muss, um in die nächste höhere Hierarchiestufe zu gelangen.

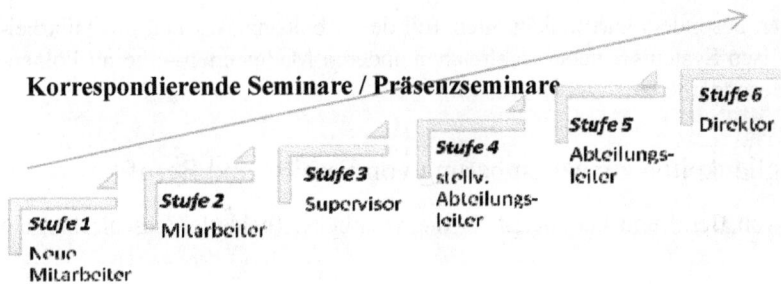

Korrespondierende Seminare / Präsenzseminare

Stufe 1 — Neue Mitarbeiter
Stufe 2 — Mitarbeiter
Stufe 3 — Supervisor
Stufe 4 — stellv. Abteilungsleiter
Stufe 5 — Abteilungsleiter
Stufe 6 — Direktor

Abb. 14.3:   Stufenlösung

14.3   Cisco Systems GmbH

Website	www.cisco.com
Unternehmensform	in Deutschland: GmbH, weltweit: AG
Branche	IT
Umsatz	k.A.
Hauptsitz	in Deutschland: Hallbergmoos, weltweit: San Jose (USA)
Gründungsjahr	1984
Anzahl der Mitarbeiter	875 (in Deutschland)
Vorwiegende Berufsgruppen	Sales Professionals, IT Professionals, Graduates aus verschiedensten Studiengebieten
Jährlicher Rekrutierungsbedarf	k.A.

Executive Summary

Cisco Systems (Cisco) wurde 1984 vom Wissenschaftler-Ehepaar Sandy Lerner und Leonard Bosack zum Zwecke der Kommerzialisierung der von ihnen an der Standford Universität entwickelten Technologie gegründet. Die ersten Produkte verließen im März 1986 das junge Unternehmen. Heute ist Cisco der weltweit führende Anbieter von Netzwerklösungen für das Internet. Netzwerke sind ein wesentlicher Bestandteil von Geschäftsaktivitäten, sowie für

Bildung, Behörden und die Kommunikation von zu Hause. IP-basierte Netzwerklösungen (Netzwerk-Protokoll) von Cisco bilden die Grundlagen dieser Netzwerke.

Seit dem Jahr 2006 nimmt Cisco jährlich am Wettbewerb *Deutschlands bester Arbeitgeber* bzw. dem Great Place to Work Wettbewerb teil. Dort erreichte es in den Jahren 2007 und 2008 jeweils den ersten Platz in seiner Größenkategorie. Im Jahr 2008 gewann Cisco darüber hinaus im europäischen Wettbewerb noch den Sonderpreis für den Themenbereich Vergütung, der unter dem Motto *I am paid fairly for the work I do* vergeben wurde.

Diese Erfolge sind nur durch die Leistungen und die Flexibilität der Mitarbeiter von Cisco möglich. Die Bedeutung der Mitarbeiter für den Unternehmenserfolg hat Cisco früh erkannt und mit einem strategisch ausgerichteten Human Resource Management Rechnung getragen. Das Talentmanagement fördert ganzheitlich die Potenziale der Mitarbeiter und ist einer der entscheidenden Erfolgs- und Wachstumstreiber des Unternehmens.

Bedingt durch einen besonders hart umkämpften Teil des Arbeitsmarktes und die Mitarbeiterstruktur bietet Cisco Systems – neben zahlreichen anderen Maßnahmen – die im Folgenden dargestellten Besonderheiten:

14.3.1   Möglichkeiten zur Vereinbarung von Familie und Beruf

Die Vereinbarung von Beruf und Familie ist für die Mitarbeiter (beiderlei Geschlechts) ein wichtiger Faktor.

Flexible Arbeitsplatzgestaltung

Durch flexible Arbeitsplatzgestaltung (jedem Mitarbeiter wird ein Heimarbeitsplatz mit DSL Leitung, Telefon sowie ein Laptop zur Verfügung gestellt; individuelle Zeithoheit/ Vertrauensarbeitszeit ohne Kernzeiten) kann jederzeit außerberuflichen Verpflichtungen nachgegangen werden. Es gibt dabei keinen Kontrollmechanismus sondern das Vertrauen des Managements in den verantwortungsvollen Umgang der Mitarbeiter mit der Flexibilität. Ein Kollege, um ein Beispiel zu nennen, beendet seine Bürotätigkeit regelmäßig bereits am frühen Nachmittag, um seiner Partnerin die Kinderbetreuung abzunehmen und somit Zeit mit seinen Kindern verbringen zu können. Seine beruflichen Aufgaben führt er dann nach dem Zubettbringen der Kinder weiter. Aber auch ganze Home-Office Tage werden in Anspruch genommen. So können Kinder zuhause betreut werden bzw. Einkäufe und Arztbesuche *zwischendurch* erledigt werden.

Familienservices

Seit zwei Jahren Jahr existiert zudem das Angebot eines Familienservices. Das Vermittlungsangebot des Familienservices unterstützt Mitarbeiter/innen bei der Vermittlung eines Krippenplatzes, Babysitters, Au-Pairs oder einer Tagesmutter. Cisco Deutschland arbeitet hier mit einem externen Dienstleister zusammen, der den Cisco Mitarbeiter/innen bei Betreuungsfragen für betreuungsbedürftige Angehörige und Kinder mit Beratung zur Seite steht, sowie die Vermittlung von zur Betreuung geeigneten Einrichtungen und /oder Personen vornimmt.

Über den Cisco-Familienservice können Mitarbeiter/innen so genannte *Notmütter* bzw. einen Platz im *Notfallkindergarten* vermittelt bekommen, um Betreuungsengpässe in der Familie zu überbrücken. Ebenso zeigt sich das Management sehr flexibel, wenn aufgrund eines familiären Notfalles der Arbeitsplatz nicht aufgesucht werden kann. Hier steht jedem Mitarbeiter natürlich darüber hinaus immer der *Heimarbeitsplatz* zur Verfügung.

Insgesamt zeichnet sich Cisco durch eine familienfreundliche Kultur aus. Als Beispiele wären zu nennen: *Sommerfeste* mit Familie, *Bring your kid(s) to work day* im Dezember, Kinder dürfen in Notfällen auch mit ins Büro gebracht werden, Kinderlärm im Hintergrund bei Konferenzgesprächen wird von Kollegen toleriert.

Nutzung der technischen Möglichkeiten: Video-Kommunikation und -konferenzen.

TelePresence ist die modernste Form der Videokommunikation. Die Technologie geht weit über bislang bekannte Videokonferenzen hinaus: Raum-, Farb- und Klangklima sind realen Treffen nach empfunden. TelePresence ist derzeit nur in Unternehmen im Einsatz, eine Variante für Zuhause wird gerade aufgrund des großen Erfolges entwickelt und ist für 2009 geplant.

Cisco selbst hat bereits knapp 300 TelePresence-Systeme in 37 Ländern installiert, bislang wurden 165.000 Meetings, darunter auch zahlreiche Bewerbungsgespräche, via TelePresence abgehalten.

In der globalen Welt sind Familien und Freundeskreise häufig verstreut und leben an unterschiedlichen Teilen der Erde. Die Tochter studiert in den USA, der Sohn arbeitet in Asien, die besten Freunde sind derzeit in Südamerika. Über E-Mail und Telefon bleibt man zwar stets in Kontakt, selten kommen Familie oder enge Freundeskreise aber an einem Ort zusammen. Gerade zu Weihnachten möchten viele Familien oder Freunde zusammen feiern. Doch wie ist das möglich, wenn man über mehrere Länder oder gar Kontinente getrennt ist?

Unter dem Motto *Familientreffen mit TelePresence* startet Cisco jetzt eine Initiative, Angehörige und Freunde aus verschiedenen Teilen der Erde auf Basis des Human Network zusammen zu führen. Weltweit öffnet Cisco seine Firmen-Konferenz-Räume, um per TelePresence so viel *Familien-Zusammengehörigkeitsgefühl* zu vermitteln, wie es über Tausende Kilometer möglich ist.

Die Technologie gibt den Cisco Mitarbeitern auch die Möglichkeit, untereinander optimal zu kommunizieren.

Ein Beispiel ist das erste *virtual All-Managers-Meeting FY09* – eine Telepresence-Session mit 6 Standorten auf 2 Kontinenten. Die Vorteile: Einsparung von Mitarbeiterzeit, CO2 Ausstoß und ca. 19.000 EUR Reisekosten.

Cisco Deutschland Chef Michael Ganser kommuniziert via Video regelmäßig Ergebnisse und Updates persönlich an das gesamte Team von Cisco Deutschland und bekommt dank blogging Technologie direktes Feedback von den Mitarbeitern.

Alle Mitarbeiter haben die Möglichkeit zur Kommunikation via Video: mittels C-Vision und einer Kleinkamera an ihren Telefonen können sie Videobeiträge aufnehmen und in bestimmten Kanälen des Intranets publizieren.

14.3.2 Diversity Management

Eine Equal Opportunities Policy legt die Verantwortung dar, qualifizierte Menschen einzustellen, zu befördern, weiterzuentwickeln, ohne Wert auf ethnische Herkunft, Geschlecht, Religionszugehörigkeit, Nationalität, Alter, sexuelle Orientierung oder jede andere Minderheit zu legen. Dieses Ziel ist besonders in der Unternehmensstrategie verankert und wird ausdrücklich in der Personalplanung berücksichtigt. Die Umsetzung dieser Planungen wird in konkrete Zielvereinbarungen bei Führungskräften aufgenommen.

Zusätzlich wurden letztes Jahr alle Mitarbeiter im Sinne des AGG (allgemeines Gleichbehandlungsgesetz) geschult und europaweit werden so genannte *Microinequity* Trainings angeboten. Ziel dieser Schulungen ist es, Manager dafür zu sensibilisieren, dass auch sie oft ungewollt und unbewusst durch erlernte Verhaltens- bzw. Denkweisen Unterschiede im täglichen Umgang mit ihren Mitarbeiter/innen machen. Diese Trainings wurden sowohl vor Ort und als e-Learnings angeboten.

Diversity Themen die neben der Förderung von Frauen auch andere Gruppen bzw. Thematiken betreffen, werden im Rahmen des sog. *Diversity Councils* in regelmäßigen Treffen erörtert und dementsprechende Handlungsfelder aufgezeigt.

Traditionell weist die IT-Branche mehr Männer als Frauen auf; Cisco fördert in Gemeinden und in Initiativen der *Cisco Networking Academy* verstärkt Frauen. In Zusammenarbeit mit dem *Kompetenzzentrum Technik, Diversity Chancengleichheit e.V.* hat Cisco das Projekt *Gender Networking* (www.gender-networking.de) ins Leben gerufen, mit dem Ziel, Frauen zu einer Qualifizierung im Bereich Netzwerktechnik zu ermutigen, und ihnen damit eine gute Ausgangspostition für das Berufsleben zu verschaffen.

Generell wird die Repräsentanz von Frauen im Unternehmen, und auch im Management gestärkt. Cisco hat die Bemühungen, auch Frauen von der Attraktivität der IT- Branche zu überzeugen, intensiviert und bestärkt Frauen immer wieder darin, sich auf alle Positionen und Ebenen zu bewerben. In der EMEA Sales Academy hat sich Cisco das Ziel gesetzt, einen Frauenanteil von 50% zu erreichen. So konnten zum Beispiel im Jahr 2007 fünf von zehn Associate Sales Representative und 3 von fünf Associate Sales Engineer Positionen mit weiblichen Bewerbern besetzt werden. Letzteres freut das Unternehmen besonders, da es vor allem im technischen Bereich Schwierigkeiten hat, Mitarbeiterinnen auf dem Markt zu finden.

Auch durch das *Accelerated Sales Assimilation Programm (ASAP)* konnte der Frauenanteil verstärkt werden. Im Rahmen dieses Programms werden branchenferne Vertriebsspezialisten intensiv auf den Einstieg bei Cisco und in die IT Branche vorbereitet. So konnten bereits 2007 vier von sieben Stellen mit weiblichen Fachkräften besetzt werden.

In diesem Zusammenhang hat Cisco mit allen Filialen an der deutschlandweiten Initiative *Girls Day* (www.girls-day.de) teilgenommen. Hier werden Mädchen Einblicke in spannende Berufsbereiche ermöglicht. Mädchen und junge Frauen wählen allgemein ihre Ausbildung aus einem sehr eingeschränkten Berufswahlspektrum und nehmen dadurch nicht alle Chancen, die ihnen das Berufsleben bietet, wahr. Am Girls'Day haben Mädchen der Klassen 5–10 die Gelegenheit, einen Tag lang in Berufe zu schnuppern, die bisher eher von Männern dominiert sind. Bei Präsentationen über einzelne Berufsbilder und praktischen Aktivitäten sollen die vielfältigen Möglichkeiten in der IT Branche aufgezeigt und das Interesse an einem Beruf in IT geweckt werden. Vor allem Cisco Frauen agieren hier als Vorbilder und erzählen den jungen Gästen von ihren Erfahrungen und ihrem Werdegang.

Talente, weibliche wie männliche, werden durch die *Talent Review*, einer Vorstellung der einzelnen Teammitglieder vor dem deutschen Leadership Team bzw in Assessment Center aufgrund der bisher gezeigten Leistung und der Einschätzung des zukünftigen Potential objektiv ausgewählt und gleichermaßen gefördert. Die Besprechung in der Runde stellt sicher, dass vielfältige Eindrücke und Erlebnisse mit dieser Person wahrgenommen werden, und nicht nur eine Einzelmeinung zur Wirkung kommt. Dies trägt sicherlich zur Eindämmung von Vorurteilen und zur Objektivität bei.

14.3.3   Aktive Förderung des Community-Gedankens (Aktionstage)

Cisco engagiert sich gesellschaftlich in Deutschland in verschiedenen Teilbereichen – hervorzuheben vor allem im Bereich Bildungswesen. Zum Beispiel durch sein Cisco Networking Academy-Programm: 31 369 Studenten erhalten dort das Wissen und Ressourcen, die sie für Design, Aufbau und Wartung von Computer-Netzwerken benötigen. Die Networking Academy ist seit 1999 in Deutschland mit mehr als 290 Akademien in 15 Bundesländern vertreten.

Wichtige Bausteine des sozialen Engagements sind, neben Engagement in Stiftungen wie *Barrierefrei kommunizieren* oder *Stiftung Partner für Schule (NRW)*, die *Aktionstage* (Giving back to Comunity). Das ist eine deutschlandweite Aktion an sechs Standorten, die Cisco zuletzt im November 2007 durchgeführt hat. Dazu werden alle knapp 800 Mitarbeiter für einen Tag freigestellt um nach einem vorher festgelegten Aktionsplan mit einem Partner (2007: Kooperation mit der Lebenshilfe für geistig behinderte Menschen e.V) Hilfestellungen zu leisten. Möglich sind Aktivitäten wie Außenarbeiten im Garten, Mitarbeit in der Gärtnerei, gemeinsam den Stadtpark winterfest machen, ein Marketingkonzept zur Mitgliederwerbung erstellen, Lehrmaterial basteln, Ausflug mit Senioren u.v.m.

Jede geleistete Stunde wird nach Eintragung in das elektronische *iGive tool* mit einer Geldspende verrechnet. Der nächste Aktionstag ist für das Frühjahr 2009 geplant.

Zudem engagieren sich Cisco Mitarbeiter/innen bei Wohltätigkeitsturnieren (z. B. Fußball) lokal und international.

14.3.4   E-Learning und andere Lernformen

E-learnings sind für jeden für eine Vielzahl von Themen jederzeit verfügbar – es existieren aber auch Instructor-lead Training-Angebote in ganz Deutschland und Europa. Für Top Talente existiert eine eigene Serie: die Leadership & Management Series. Assessment Center werden regelmäßig für Leadership Aspiranten abgehalten.

Die Überlegungen zum Talent-Management werden gebündelt in C-LEAD – dem Kompetenzmodell (Collaborate, Learn, Execute, Accelerate, Disrupt), das Cisco aktiv in seine Kultur integriert. Die Graduate Academy in Amsterdam gehört auch zum Talent Management: es ermöglicht den bestmöglichen Start für den Nachwuchs. Abgerundet wird das Angebot durch Quick coach sessions, virtuelle Netzwerk-Sessions u.v.m. Das Commitment für 2009 liegt bei einer noch stärkeren, strategischeren Investition in Mitarbeiterentwicklung.

14.3.5   Mitarbeiter werben Mitarbeiter – Amazing People

Amazing People ist ein weltweites Referral-Program. Hier geben Mitarbeiter Empfehlungen über Talente in ihrem sozialen oder professionellen Umfeld ab und stellen Lebensläufe in ein elektronisches Talent-Portal ein. Die Anstrengungen werden im Erfolgsfall finanziell vergütet (im Bereich Professional). In Deutschland wurden in 2007 über das Programm 32% im Professional-Bereich und 11% im Bereich Hochschulabsolventen aller Einstellungen getätigt.

14.4   Hugo Boss AG

Website	www.hugoboss.com
Unternehmensform	AG
Branche	Textilindustrie
Umsatz	1,63 Mrd. Euro
Hauptsitz	Metzingen
Gründungsjahr	1923
Anzahl der Mitarbeiter	mehr als 10.000 weltweit
Vorwiegende Berufsgruppen	Mitarbeiter mit textilfachlicher Ausbildung
Jährlicher Rekrutierungsbedarf	ca. 650 Mitarbeiter weltweit; ca. 240 in Deutschland

Executive Summary

Im Segment des gehobenen Bekleidungsmarktes ist Hugo Boss seit Jahren einer der Weltmarktführer und baut diese Stellung kontinuierlich aus. Neben der ausgeprägten Produktkompetenz und exzellenten Logistik bilden das globale Vertriebsnetz und die damit verbundene umfassende Markt- und Kundenkenntnis in über 100 Ländern die Säulen für die erfolgreiche Geschäftsentwicklung. Eine einheitliche innovative Warenpräsentation und effizient eingesetzte Marketingmaßnahmen unterstützen dabei das Image des Unternehmens und seiner Marken.

HUGO BOSS bietet seinen Mitarbeitern eine Umgebung, die von Internationalität, Innovation und Entwicklung geprägt ist, und sieht darin eine Stärke des Unternehmens. Es verfolgt das Konzept zur nachhaltigen Mitarbeiterentwicklung und Nachwuchsgewinnung. Es bietet eine systematische Personalentwicklung, die individuelle Potenziale erkennt und gezielt fördert, ebenso wie ein flexibles Modell der Familienförderung. Zudem werden Maßnahmen, die auf Gesundheit und Zufriedenheit der Mitarbeiter abzielen, gefördert, wie z. B. ein ausgewogenes Ernährungskonzept in den Kantinen, umfangreiche Sportangebote sowie Unterstützung in Fragen der Work-Life-Balance. Ebenso wichtig ist das Prinzip Verantwortung, welches von allen gelebt wird. Jedem Einzelnen wird zugetraut, eine Menge bewegen zu können – erst recht im Team. Offenheit ist ein fester Bestandteil der Unternehmenskultur. Das garantiert die Führungsebene allen Mitarbeitern und erwartet es auch – unabhängig von der Position.

HUGO BOSS wurde in 2008 vom Great Place to Work Institut unter *Deutschlands beste Arbeitgeber* und *Best workplaces in Europe* gerankt. Von trendence und dem manager magazin wurde es als *Top Arbeitgeber 2008/09* ausgezeichnet. Als *Fair Company* (eine Initiative von Junge Karriere) bietet HUGO BOSS Studenten in Form von Praktika in nahezu allen Unternehmensbereichen die Möglichkeit der beruflichen Orientierung.

Die Hugo Boss AG hat zusammen mit ihrer Werbeagentur ein auf das Unternehmen maßgeschneidertes Konzept für eine integrierte Employer Branding Kampagne entwickelt, die im Folgenden vorgestellt wird.

14.4.1   Externe Employer Branding Kampagne

Die HUGO BOSS AG in Metzingen zählt zu den bekanntesten Arbeitgebern Deutschlands. Das Unternehmen sucht Mitarbeiter mit textilem Hintergrund und Kreative, aber genauso Neueinsteiger für Bereiche wie IT, Logistik, Human Resources, Brand Management und Controlling.

Um neue Mitarbeiter zu gewinnen, entwickelte die Abteilung Human Resources zusammen mit dem Bereich Corporate Communications und der Agentur REINSCLASSEN ein Konzept für eine integrierte Employer Branding Kampagne. Damit sämtliche Maßnahmen die gleiche Sprache sprechen, wurden von der Agentur die HUGO BOSS Karriere-Webseite sowie Stellenprofile und -Anzeigen, Messeflyer und andere Werbemittel zur Mitarbeitergewinnung und -bindung sprachlich an die zentralen Werte der Marken und Linien angepasst.

Zudem sollte eine exakt auf einzelne Bewerbergruppen abgestimmte Ansprache sicherstellen, dass die Botschaften auf eine entsprechende Resonanz treffen und sich Bewerber mit ihren speziellen Wünschen, Bedürfnissen und Erwartungen in Stellenanzeigen etc. wiederfinden. Um Synergien zu nutzen und Kosten einzusparen, wurde die Mediaplanung und -schaltung von Stellenanzeigen mit der von werblichen Anzeigen für die HUGO BOSS Kollektionen vernetzt.

Wichtigste Plattform für die Mitarbeitergewinnung bildet die unternehmenseigene Karrierewebseite. Hier können sich potenzielle Bewerber über das Unternehmen, die Vorteile, die es Mitarbeitern bietet, sowie konkrete Einstiegsmöglichkeiten und Karriereperspektiven informieren. In naher Zukunft sollen weitere, vor allem interaktive und multimediale Inhalte folgen. Um Bewerbern einen noch authentischeren Einblick in das Unternehmen und die einzelnen Arbeitsgebiete zu geben, ist u. a. ein Videoportrait von Mitarbeiten erstellt worden, die das Unternehmen, ihr Arbeitsgebiet und ihren Arbeitsalltag vorstellen. Darüber hinaus soll es einen virtuellen Unternehmensrundgang geben, bei dem man die einzelnen Abteilungen des Unternehmens kennenlernen kann.

Durch Vorträge und Dozententätigkeiten einzelner Mitarbeiter an Hochschulen und die Teilnahme an Ausbildungs- und Rekrutierungsmessen pflegt HUGO BOSS auch den direkten Kontakt zu potenziellen Bewerbern. Außerdem lädt das Unternehmen regelmäßig Interessierte und Studenten zu Bewerbertagen, Workshops und Unternehmensführungen ein, bei denen Manager des Unternehmens Rede und Antwort stehen, man sich vor Ort über Einstiegsmöglichkeiten informieren und erste Kontakte knüpfen kann.

14.4.2   Internes Kommunikationskonzept

Das professionellste externe Employer Branding bleibt wirkungslos, wenn neue Mitarbeiter beim Eintritt in das Unternehmen die Versprechen der Arbeitgebermarke nicht wieder finden und die anfängliche Begeisterung nachlässt. Aus diesem Grund wurde bei HUGO BOSS neben externen Employer Branding Maßnahmen, darauf geachtet, dass die wichtigsten Werte der Arbeitgeber-Marke auch unternehmensintern kommuniziert und gelebt werden.

Im Hinblick auf die hohen Kosten für die Gewinnung und Einarbeitung neuer Mitarbeiter sollen sich neue wie bestehende Mitarbeiter noch stärker mit ihrem Arbeitgeber identifizieren. Sie sollen langfristig an HUGO BOSS gebunden werden und zu Markenbotschaftern und Fürsprecher für ihr Unternehmen werden.

Um das zu fördern, wurden Großraumbüros eingerichtet, deren Ausstattung und Ambiente nicht nur Ausdruck der HUGO BOSS Identität sind, sondern auch den unkomplizierten Austausch mit Kollegen erlauben. Darüber hinaus wird im gesamten Unternehmen eine Open-Door-Policy gepflegt. Da eine sehr flache Hierarchie gelebt und großer Wert auf Offenheit gelegt wird, ist es einfach, Führungskräfte direkt anzusprechen. Mitarbeiter haben in regelmäßigen Abteilungsmeetings oder direkt bei Ihrem Vorgesetzten die Möglichkeit, ihre Wünsche, Anregungen und Fragestellungen zu platzieren.

Die Zugehörigkeit zum Unternehmen wird insbesondere gefördert, indem neuen Mitarbeitern bereits frühzeitig Verantwortung übertragen wird, sie in wichtige Entscheidungsprozesse eingebunden werden und ihnen große Freiräume für die Gestaltung ihres Aufgabenbereiches und die eigene berufliche Entwicklung gegeben wird.

Hierzu wurde u. a. von der Abteilung Human Resources ein Talent- und Performance-Management eingerichtet, bei dem die jeweiligen Kompetenzen und Stärken eines jeden Mitarbeiters analysiert und zielgerichtet im Rahmen eines persönlichen Entwicklungsplans und verschiedener Trainings ausgebaut werden.

Neben Maßnahmen wie dem HUGO BOSS Magazin für Mitarbeiter, dem internen Portal (ähnlich Intranet), Mails und Aushängen, die zweisprachig über Events, Sport- und Kultursponsoring-Aktivitäten sowie andere Mitarbeiterthemen informieren, gibt es darüber hinaus turnusmäßige Feedbackgespräche. Daneben informiert der Vorstand regelmäßig das Top-Management, welches Informationen schnell nach unten weitergibt. Gleiches gilt für Entscheidungen aus häufigen abteilungs- und bereichübergreifenden Besprechungen.

14.4.3   Die HUGO BOSS Akademie

Um neuen Mitarbeitern den Einstieg so leicht wie möglich zu machen und ihnen einen Überblick über das Unternehmen, die Firmenstruktur und die wichtigsten Bereiche zu geben, veranstaltet HUGO BOSS zweimal pro Jahr die HUGO BOSS Akademie.

Hier berichten Mitarbeiter aus allen Fachbereichen wie dem Creative Management, Einkauf, Modellabteilung, Marketing, Kommunikation, Vertrieb, Controlling oder Transport/Zoll über die Schwerpunkte ihrer Tätigkeit.

Bei dieser Gelegenheit lernen sie auch wichtige Ansprechpartner kennen und können Kontakte zu ihren zukünftigen Kollegen knüpfen. Innerhalb der HUGO BOSS Akademie bekommen die Teilnehmer eine Führung durch das Technology & Service Center, das Lager und die Modellabteilung. Hier sehen sie u. a. die einzelnen Arbeitsschritte, die notwendig sind, bevor aus einem Entwurf ein fertiger Anzug entsteht.

14.4.4   Regelmäßige Feedback-Gespräche

Zum internen Employer Branding von HUGO BOSS gehört u. a. eine systematische Personalentwicklung. Ziel ist es, individuelle Potenziale von Mitarbeitern zu erkennen und gezielt zu fördern.

Dazu gibt es regelmäßige Feedback-Gespräche, in denen persönliche Ziele festgelegt, Karriereperspektiven erörtert und geeignete Entwicklungsmaßnahmen besprochen werden. Gleichzeitig können die Mitarbeiter ihren Vorgesetzten ein Feedback über die Zusammenarbeit geben.

14.4.5 Mitarbeiterführung

Führungskräfte erhalten ein spezielles, modular aufgebautes Leadership-Training, bei dem sie die zentralen Instrumente der Mitarbeiterführung kennen lernen und deren praktische Anwendung trainieren. Auf dem Schulungsplan stehen Themen wie Führung one-to-one, Teamführung, Change, Beobachtung/Feedback, Zielvereinbarungen und Kompetenzmanagement. Viele praktische Übungen stellen den Transfer in den Arbeitsalltag sicher.

Innerhalb der ersten neun Monate werden Nachwuchs-Führungskräfte in einer kleinen Gruppe alle 6–8 Wochen durch einen Coach begleitet (sog. Peer Coaching). Hier können aktuelle Fragen aus dem Führungsalltag besprochen und Kenntnisse und Methoden vermittelt werden: Wie sie wichtige Entscheidungen treffen, kritische Gespräche führen oder ihr persönliches Netzwerk ausbauen.

14.4.6 Mitarbeitererfolgskonto (MEK)

Durch ihre Identifikation mit dem Unternehmen und ihr Engagement für dessen Ziele leisten die Mitarbeiter von HUGO BOSS einen entscheidenden Beitrag zum Geschäftserfolg des Konzerns und dessen Attraktivität als Arbeitgeber. Um ihr Engagement zu belohnen, den hohen Anspruch an sich und ihre Arbeit zu fördern, aber auch, um sie an das Unternehmen zu binden, partizipieren alle Mitarbeiter ab einem Jahr Konzernzugehörigkeit monetär am Erfolg des Unternehmens. Um Ansprüche geltend zu machen, müssen sie allerdings mindestens fünf volle Kalenderjahre im Unternehmen sein. Scheidet ein Mitarbeiter vorher aus, erlischt sein Anspruch aus dem Mitarbeitererfolgskonto.

14.4.7 HUGO BOSS ArtPass

Eine wichtige Facette des HUGO BOSS Konzerns ist das Sponsoring Engagement für Sport und Kultur. Neben verschiedenen Sportarten wie Segeln und Golf sponsert das Unternehmen internationale zeitgenössische Ausstellungen und unterhält Partnerschaften mit mehr als 20 Museen weltweit.

Darüber hinaus ist HUGO BOSS Sponsor der Berlinale und der Biennale in Venedig. Gemeinsam mit dem Guggenheim Museum in New York wird seit zwölf Jahren der *HUGO BOSS PRIZE* für zeitgenössische bildende Kunst vergeben. Er hat inzwischen so viel internationales Renommee, dass Künstler die Nominierung ganz oben in ihrer Vita anführen.

Um auch die Mitarbeiter an Kunst heranzuführen, hat HUGO BOSS eigens den so genannten ArtPass geschaffen. Damit können Mitarbeiter und eine Begleitung kostenlos Ausstellungen von Museen und Kunsthallen besuchen, mit denen HUGO BOSS kooperiert. Die weltweiten Partnermuseen befinden sich etwa in New York, Bilbao, Tokyo und Stuttgart. Außerdem wird der ArtPass jedes Jahr von einem anderen Künstler designt und liegt in einer limitierten Auflage vor. Er gilt in der Kunstszene als begehrtes Sammlerobjekt.

Für die Hauptverwaltung in Metzingen hat HUGO BOSS Kunstwerke von Georg Baselitz, Jeff Koons, Antony Gormley und Elger Esser erworben. Diese Künstler wurden bereits von HUGO BOSS bei verschiedenen Ausstellungen gesponsert. In der Eingangshalle befinden sich z. B. Originale des Künstlers Elger Esser.

Nicht nur das kommt bei den Mitarbeitern gut an, sondern auch das vielfältige Kulturangebot wie Kulturausfahrten und wechselnden Führungen oder Theaterbesuche, die HUGO BOSS für seine Mitarbeiter organisiert.

14.4.8   Gesundheitsmanagement

Die Gesundheit der Mitarbeiter liegt HUGO BOSS besonders am Herzen. Um Krankheiten am Arbeitsplatz vorzubeugen, das Potenzial des Einzelnen zu stärken und das Wohlbefinden bei der Arbeit zu verbessern, gibt es neben einem umfangreichen Sport- und Beratungsangebot auch ein entsprechendes Ernährungskonzept. So gibt es im hauseigenen Mitarbeiterrestaurant frische Salate, Obst und gepresste Säfte sowie bis zu fünf wechselnde Gerichte, wovon mindestens eins vegetarisch ist. Spezielle Motto-Wochen runden das Angebot ab.

Auch bei der Arbeitsplatzgestaltung wird das Thema Gesundheit groß geschrieben. Daher wird besonders auf ergonomische Sitze, strahlungsarme Bildschirme und optimale Lichtverhältnisse am Arbeitsplatz geachtet.

In einer medizinischen Praxis auf dem Firmengelände können Mitarbeiter an Vorsorgeuntersuchungen teilnehmen und wichtige Impfungen bekommen. Für Sportereignisse wie den jährlich stattfindenden HUGO BOSS Run können sich Mitarbeiter fachlich und medizinisch bei der Vorbereitung beraten lassen.

Ferner werden für Mitarbeiter Massagen, Wirbelsäulenkurse und angeleitete Cardio-Trainings etc. als gesundheitsfördernde Maßnahme angeboten.

14.4.9   Sportangebot

Um den Mitarbeitern einen Ausgleich zum beruflichen Alltag zu bieten und einen wertvollen Beitrag zu ihrer Gesundheit zu leisten, besteht bei HUGO BOSS ein umfangreiches Sportangebot. Neben Fußball, Beachvolleyball und Laufen können Mitarbeiter das firmeneigene Fitnessstudio mit seinen Profigeräten und zahlreichen Fitnesskursen nutzen.

Gleichzeitig mietet HUGO BOSS extern Plätze an, die Mitarbeiter kostenlos für Squash oder Badminton zur Verfügung stehen. Außerdem werden von HUGO BOSS regelmäßig Skifahrten, Canoying/Rafting-Touren und Golfturniere etc. angeboten.

14.4.10   HUGO BOSS Run

Gerade mit Hilfe von gemeinsamen Erlebnissen ist es möglich, Mitarbeiter und deren Familien emotional an eine Marke bzw. an ein Unternehmen zu binden. Um das zu erreichen, veranstaltet HUGO BOSS einmal im Jahr den HUGO BOSS Run, bei dem Mitarbeiter aller Bereiche, Nationalitäten und jeden Alters zusammen laufen. Hier sind auch die Familienangehörigen eingeladen, gemeinsam Sport zu treiben.

Am wichtigsten ist es, den Mitarbeitern ein Gefühl für die Konzernmarken von HUGO BOSS zu geben und ihnen auch außerhalb des normalen Arbeitsalltags die zentralen Markenwerte des Unternehmens zu vermitteln. Mitarbeiter erleben so ihren Arbeitgeber von einer persönlichen Seite und erhalten damit einen tieferen Zugang als durch andere Kommunikationsmedien.

14.4.11   Konzept zur Familienförderung

Bei der Auswahl eines Arbeitgebers kommt neben dem allgemeinen Unternehmensimage, Weiterbildungsangeboten, Aufstiegschancen und der Vergütung dem Thema Work-Life-Balance eine zunehmende Bedeutung zu.

HUGO BOSS ist bewusst, dass besonders berufstätige Eltern nur dann ihr volles Potenzial entfalten können, wenn sie ihre privaten Interessen und ihr Verständnis vom Familienleben mit den Anforderungen, die HUGO BOSS als Arbeitgeber an sie stellt, in Einklang bringen können. Aus diesem Grund hat die HUGO BOSS Geschäftsleitung zusammen mit dem Betriebsrat unter anderem ein Förderungsmodell verabschiedet, das die Vereinbarkeit von Familie und Beruf unterstützt. Zum einen beteiligt sich HUGO BOSS an den Kosten für die Kinderbetreuung. Zum anderen entstand eine Kooperationskindertagesstätte mit der Stadt Metzingen, bei der im Hinblick auf das Konzept besonders auf flexible Öffnungszeiten und Kleinkindbetreuung (ab 6 Monaten) geachtet wurde.

Desweiteren arbeitet HUGO BOSS mit dem Familienservice in Stuttgart, einer Einrichtung, die Eltern bei der Vermittlung von Betreuungsangeboten, Tagesmüttern und Au Pairs hilft, zusammen. Die Kosten für die Beratung und Vermittlung werden von HUGO BOSS übernommen.

Im Vorfeld der Elternzeit wird ein Kollege als Pate ausgewählt, der den Mitarbeiter regelmäßig mit Informationen aus dem Unternehmen versorgt und sich darum kümmert, dass er zu internen Mitarbeiterevents wie dem HUGO BOSS Run und der Weihnachtsfeier eingeladen wird und wichtige Informationen z. B. über neue Kollektionen erhält.

Mitarbeiter, die bereit sind, in ihrer Elternzeit auch kurzfristige Tätigkeiten zu übernehmen, haben die Möglichkeit, sich in einen *Elternpool* eintragen zu lassen. Aus diesem werden bei Bedarf Aushilfen rekrutiert, so dass Eltern in Kontakt mit dem Berufsalltag bleiben können und das Unternehmen auf erfahrene Mitarbeiter zurückgreifen kann.

Die Rückkehr an den bisherigen Arbeitsplatz nach der Elternzeit wird mit einem individuellen Einarbeitungsplan und – wenn erforderlich – mit Auffrischungskursen zu Sprachen oder EDV-Kenntnissen erleichtert.

Natürlich wird auch in Notsituationen viel dafür getan, dass sich Eltern keine Sorgen um ihren Nachwuchs machen müssen. HUGO BOSS Mitarbeiter können in solchen Notfällen ihre Kleinen mit an den Arbeitsplatz nehmen Das Mitarbeiterrestaurant steht zudem allen Eltern mit ihren Kindern offen. Von hier können auch Mahlzeiten mit nach Hause genommen werden.

14.4.12   Sozial- und Konfliktberatung

Häufig wird Employer Branding als Ansatz verstanden, der sich vorwiegend auf die Rekrutierung von Personal bezieht. Die Arbeitgebermarke wirkt jedoch weit darüber hinaus und bietet Unternehmen noch ganz andere positive Effekte.

Sie erhöht die Identifikation mit dem Unternehmen und damit die Motivation und Leistungsbereitschaft, hilft beispielsweise aber auch, den Krankenstand im Unternehmen zu senken. Um das zu erreichen, übernimmt HUGO BOSS eine ganz besondere Verantwortung für seine Mitarbeiter. Zum Beispiel, indem das Unternehmen seinen Mitarbeitern in persönlichen Notsituationen hilft oder bei privaten und beruflichen Konflikten beratend zur Seite steht.

Hierfür steht ein externer Partner der Sozial- und Konfliktberatung zur Verfügung, der neutral agiert und der Schweigepflicht unterliegt.

14.5   Laufer Mühle

Website	www.suchthilfe-franken.de
Unternehmensform	Soziotherapeutische Einrichtungen der Laufer Mühle: Körperschaft des öffentlichen Rechts Soziale Betriebe der Laufer Mühle: GmbH
Branche	Suchthilfe und NPO zur Beschäftigung von ehemals Abhängigen und Langzeitarbeitslosen
Umsatz	7 Mio. Euro
Hauptsitz	Adelsdorf
Gründungsjahr	1991 (Soziotherapie); 2000 (Soziale Betriebe)
Anzahl der Mitarbeiter	108
Vorwiegende Berufsgruppen	Sozialpädagogen, Handwerker
Jährlicher Rekrutierungsbedarf	bei den Festanstellungen ca. 10 Mitarbeiter

Executive Summary

Die Laufer Mühle unterstützt mit großem Erfolg suchtkranke und sozial benachteiligte Menschen bei der Bewältigung ihrer Krankheiten, ihrer persönlichen Probleme und Krisen. Sie gliedert sich in die Soziotherapeutischen Einrichtungen und die Sozialen Betriebe. Die Laufer Mühle ist die erste Einrichtung ihrer Branche, die nach DIN-ISO 9001:2000 zertifiziert ist (QMS seit 1998). Ihr Erfolg basiert auf der konsequenten Umsetzung der Vision, auf die sich alle Mitarbeiter und Bewohner gemeinsam verständigt haben: Leben meistern.

Selbstverständlich erfordert ein solches Konzept von den Mitarbeitern ein hohes Maß an Engagement. Sie dienen in ihrem Handeln als direkte Vorbilder für die Bewohner der Einrichtung und üben somit Einfluss auf deren therapeutischen Erfolg aus. Die zentrale Bedeutung der Mitarbeiter wird seitens der Unternehmensleitung durch zahlreiche Maßnahmen gewürdigt – und das sehr erfolgreich. Mehr als zehn Jahre lang zählt die Laufer Mühle zu den besten Arbeitgebern Deutschlands des Great Place to Work Instituts. 2008 wurde sie zu einem der Best Workplaces in Europe gewählt und kam beim Ranking Beste Arbeitgeber im Gesundheitswesen auf die Siegertreppe.

2009 wurde die Laufer Mühle aufgrund der hohen Erfolge bei der Wiedereingliederung langzeitarbeitsloser Bürger mit dem 1.Platz im Wettbewerb Jobstar der Metropolregion Nürnberg ausgezeichnet. Darüber hinaus belegte sie 2007 den 1. Preis der bayerischen Staatsregierung und der Bundesagentur für Arbeit mit einem Konzept zur Qualifikation von jungen langzeitarbeitslosen und suchtkranken Menschen.

2009 und 2010 hat die Laufer Mühle aufgrund ihrer vielfältigen Aktivitäten für die Gesundheit der Mitarbeiterinnen und Mitarbeiter jeweils den 1. Platz im vom Bundesverband der Betriebskrankenkassen ausgelobten „Deutschen Unternehmenspreis Gesundheit" gewonnen.

Aufgrund dieser Erfahrungen hat die Laufer Mühle zusammen mit anderen Unternehmen der Region das Netzwerk „Vitale Unternehmen" gegründet. Hier tauschen sich Unternehmen regelmäßig über „Best Practice"-Ansätze der Gesundheitsförderung aus und organisieren gemeinsame Gesundheitsprojekte.

Ein Beitrag zur psychosozialen Gesundheit und allgemeinen Förderung des Wohlbefindens erachtet die Laufer Mühle den Arbeitskreis „Ethik & Spiritualität" als bedeutsam für ihre Unternehmenskultur. Ein Team von Mitarbeiterinnen und Mitarbeitern erarbeitet hier gemeinsam, welche ethischen und spirituellen Aspekte in das Arbeitsleben und die Therapie integriert sind; außerdem findet hier auch eine aktive Auseinandersetzung mit den Werten des Unternehmens und deren Umsetzung statt.

Eine Besonderheit bei den Praxisbeispielen stellt die Laufer Mühle dar. Obwohl das Unternehmen nur 108 festangestellte Mitarbeiter hat, steht es viele Jahre lang auf dem Siegerpodest der attraktiven Arbeitgeber. Aus dem HRM-Konzept seien daher die wesentlichen Bausteine genannt.

14.5.1 Zelebrieren von Erfolgen: Feiern als Ritual

Die Arbeit der Laufer Mühle ist stark teamorientiert. Die Führung setzt auf die Motivation, die Kompetenzen und die Identifikation der Mitarbeiter mit dem Unternehmen – und ist sich ihres eigenen Beitrags zu deren ständigen Erhöhung und Verbesserung bewusst. Der Mensch ist die wichtigste Ressource – im Sinne einer Quelle von Möglichkeiten und Innovationspotenzial. Deshalb gebührt allen Mitarbeitern auch die Anerkennung, die der Laufer Mühle entgegengebracht wird – sei es durch Awards, durch Politikerbesuche oder andere Highlights. Das Ganze ist immer mehr als die Summe einzelner Teile; deshalb ist auch der Erfolg nie allein auf die Leistung eines Einzelnen zurückzuführen. Und deshalb feiert die Laufer Mühle gemeinsam! Bei der Preisverleihung zu Best Workplace in Europe 2007 in Dublin wurden die Mitarbeiter eingeladen, mit auf die grüne Insel zu kommen. 20 davon wollten und konnten mit – und man reiste in einer fröhlichen Gruppe, die sich aus allen Bereichen der Gesamteinrichtung zusammensetzte – vom Unternehmensleiter bis zum Lagerarbeiter.

14.5.2 Unternehmensphilosophie: Mitarbeiter ist interner Kunde

Die Definition des Mitarbeiters als Kunde ist Teil des Qualitätsmanagements der Laufer Mühle. Als Kunde definiert das Unternehmen nicht nur ihre Patienten und die Nutzer der Dienstleistungen und Produkte aus der Arbeitstherapie und den Sozialen Betrieben, sondern auch die Öffentlichkeit, den Kostenträger, die Sponsoren – und nicht zuletzt die Mitarbeiter. Dies entspringt einer Grundhaltung des Unternehmens, nämlich dass Wertschöpfung nur durch Wertschätzung gelingen kann. Die Führung hat die Aufgabe, die Ressourcen und Rahmenbedingungen zur Verfügung zu stellen, die jeder einzelne Mitarbeiter braucht, um optimale Leistung zu erbringen. Und die erbringt er auch erst dann, wenn er sich wohl und respektiert fühlt und mit der Mission des Unternehmens – im Fall der Laufer Mühle auch mit dem gesellschaftlichen Beitrag, den er damit leistet – identifiziert. Die Unternehmensleitung übernimmt in all diesen Dimensionen die Aufgabe eines Dienstleisters, indem sie für die Kommunikation und Information und für die Ressourcen und Rahmenbedingungen sorgt, welche die Basis bilden für eine hohe Motivation und das Bewusstsein von der Sinnhaftigkeit und dem Wert des Tuns.

14.5.3   Personalarbeit ist Human Capital Management

„Offen gestanden wussten wir bis vor wenigen Jahren noch nicht einmal, was Human Capital Management (HCM) eigentlich bedeutet. Wir hatten ganz blass in Erinnerung, dass diesem Begriff einmal der zweifelhafte Ruhm zuteil wurde, zum Unwort des Jahres gekürt worden zu sein."

Heute ist bei der Laufer Mühle das HCM strategischer Bestandteil der Unternehmens- und Mitarbeiterführung geworden. Es fügt sich perfekt ein in die Visions- und Zielorientierte Unternehmensführung, ins QMS und in die wirtschaftlich-strategische Planung des Gesamtunternehmens.

„Zunächst arbeiten wir nicht allein mit „Personal" im klassischen Sinne. Zu unserer LM-Familie gehören Mitarbeiter im Soziotherapeutischen Bereich und in den Sozialen Betrieben, aber auch ehemals Abhängige und langzeitarbeitslose Menschen. Ihre berufliche Herkunft und ihre Vorerfahrung mit dem Arbeitsleben sind ganz unterschiedlich. Aber eines ist allen gemeinsam: Wenn wir von den Menschen in unserem Unternehmen Leistung fordern, müssen wir Sinn bieten".

Leistung ist immer das Produkt aus Leistungsvermögen, also Können, und Leistungsbereitschaft, also Wollen. Personalarbeit im herkömmlichen Sinne hat keine ausreichenden Instrumente, um der strategisch wichtigen Bedeutung der Mitarbeiter in all ihren Dimensionen gerecht zu werden. Das Potenzial der Mitarbeiter ist der Schlüsselfaktor Nr. 1 im derzeitigen Wandel und Wettbewerb. Die Mitarbeiter sind der entscheidende Differenzierungsfaktor im Wettbewerb; ihre Leistung entscheidet letztlich über Alleinstellung und Erfolg eines Unternehmens. Sie sind die einzige knappe Ressource, deren Potenziale weiter entwickelt und gefördert werden können – dies gilt besonders vor dem Hintergrund der demographischen Entwicklung. Human Capital oder Human Asset – also Humankapital bzw. Humanvermögen – hat für die Laufer Mühle eine andere Bedeutung als Personalarbeit, weil sie nicht mit Personal arbeitet, sondern die Menschen im Unternehmen als wertvoll erachtet.

14.5.4   Mitarbeiterzeitung: Auszeichnung mit dem Inkom Grand Prix

Die Mitarbeiterzeitung der Laufer Mühle trägt den Namen LiesMich – eine Bezeichnung, die ihre Anfangsbuchstaben und die Vision Leben Meistern widerspiegelt. Sie erscheint in einer Auflage von 108 Exemplaren monatlich – eine für jeden Mitarbeiter, mit individuellem Namensaufkleber – und sie ist als Service und zugleich Aufforderung gedacht, die Holschuld eines jeden Mitarbeiters – wenn er umfassend informiert sein will – auf unterhaltsame Weise einlösen zu können. Ein professionelles Layout ist nicht gewollt, „weil eine Hochglanzbroschüre nicht zu uns passen würde und weil uns ein bisschen unprofessioneller Charme ganz gut steht":

Die Entstehung funktioniert folgendermaßen: Der Chef gibt seine Informationen für die Mitarbeiter an die Redaktion, schickt Fotos und bringt so den Stein ins Rollen. Und er fordert die Mitarbeiter immer wieder auf, jeden Monat und immer, wenn es etwas Neues aus den Bereichen gibt, den anderen Kollegen davon zu berichten. Auch Privates hat hier seinen Raum. Jedes Lob, jeder Sondereinsatz wird verbunden mit der Einladung, die anderen in schriftlicher und bildhafter Form daran teilhaben zu lassen. Inzwischen haben alle (!) Betriebsstätten, die drei Kaufhäuser, die Handwerksbetriebe etc. eigene Kameras bekommen, und es besteht das Angebot, die Fotografen aus der Redaktion des KreisLauf Magazins im

Bedarfsfall anfordern zu können. Zudem wurde kurz nach Erscheinen der ersten Mitarbeiter-zeitung im Sommer 2008 eine professionelle Schulung mit dem Thema Starke Texte angebo-ten.

Es gibt eine Liste der besten Kommunikatoren, die in jedem Lies Mich publiziert wird. Lies Mich ist tatsächlich so mitarbeiterorientiert, dass man keine der vielen Anfragen von Agentu-ren, die seit der Preisverleihung immer wieder um Belegexemplare bitten, nachkommen konnte. Man will damit die Persönlichkeitsrechte der Mitarbeiter schützen.

Interessant ist auch, dass hier das Vorbildprinzip wirkt: Die Patienten haben nach der Idee der Mitarbeiterzeitung eine eigene Bewohnerzeitung mit dem Titel Lebe Mit ins Leben geru-fen und verbessern so die Kommunikation und Information der Bewohner untereinander. Von Fachbehörden wie Gesundheitsamt und Heimaufsicht wurde dieses Engagement der Bewoh-ner bereits mehrfach gewürdigt.

14.5.5   Fünf Extra-Tage für Bildung

Die Laufer Mühle betrachtet Fortbildung als eine absolut wichtige Investition in die Zukunft und Nachhaltigkeit des Gesamtunternehmens an. Dies geschieht mit der Überzeugung, dass durch wissensorientierte Mitarbeiterentwicklung das Humanvermögen stetig gesteigert wer-den kann und die Mitarbeiter nur dann zu ihrer eigenen Zufriedenheit und der des Gesamt-unternehmens und aller Kunden arbeiten können, wenn sie die Ressourcen erhalten, die sie brauchen, um ihr Wissen, ihre Fähigkeiten und Kompetenzen ein Leben lang zu erweitern und somit den ebenfalls ständig wachsenden Anforderungen im Berufsleben anzupassen bzw. einen entsprechenden Ausgleich auch im Privatleben zu finden. Dieses Prinzip basiert auf den 10 Punkten unserer Unternehmenspolitik:

- die gesellschaftliche Verantwortung der Mitarbeiter und des Unternehmens
- zielorientierte Mitarbeiter- und Unternehmensführung
- Prinzip der Hilfe zur Selbsthilfe
- differenziertes, ganzheitlich ausgerichtetes Betreuungsangebot
- Aufrechterhaltung, Weiterentwicklung und Verbesserung des QMS
- Anspruch auf hohe Mitarbeiter-, Bewohner-, und Kundenzufriedenheit
- Streben und Anspruch auf Marktführerschaft im Kerngeschäft
- Gemeinsame Verpflichtung auf das Prinzip des lebenslangen Lernens
- Umfassende Zusammenarbeit und Kooperation (intern und extern)
- Streben nach effektiver Kommunikation (intern und extern)

Die Bildungstage sind eine Maßnahme zur Personalentwicklung, Führungskräfteentwick-lung, Gesundheitsförderung und Work-Life-Balance, die die Mitarbeiter sehr zu schätzen wissen und in hohem Maße auch sinnvoll nutzen. Ergänzt werden diese um zwei zusätzliche freie Tagen für informelle Begegnungen der Mitarbeiter, die als wichtiges Instrument der Vernetzung, Teambildung, Teamentwicklung und Corporate Identity betrachtet werden. Als Beispiel seien Mitarbeiterausflüge, z. B. nach Verona oder Hamburg zu nennen, bei dem viele Mitarbeiter, aber auch deren Partner und Angehörige teilnehmen konnten.

14.6   Philips Deutschland GmbH

Website	www.philips.de
Unternehmensform	GmbH
Branche	Elektronik (Healthcare, Lighting und Consumer, Lifestyle)
Umsatz	Konzern Royal Philips Electronics: 27 Mrd. Euro
Hauptsitz	in Deutschland: Hamburg, weltweit: Eindhoven (NL)
Gründungsjahr	1926
Anzahl der Mitarbeiter	k. A.
Vorwiegende Berufsgruppen	k. A.
Jährlicher Rekrutierungsbedarf	k. A.

Executive Summary

Royal Philips Electronics mit Hauptsitz in den Niederlanden, ist ein Unternehmen, das auf Gesundheit und Wohlbefinden ausgerichtet ist. Im Fokus steht die Verbesserung der Lebensqualität der Menschen mit innovativen Lösungen aus den Bereichen Healthcare, Consumer Lifestyle und Lighting.

Philips möchte der beste Arbeitgeber für Menschen sein, die die Leidenschaft für diese Vision teilen. Die Mitarbeiter können ein attraktives Arbeitsplatzumfeld und Chancen für ihre persönliche und berufliche Weiterentwicklung erwarten. Darüber hinaus bietet Philips Angebote in den Bereichen Work-Life-Balance, Gesundheit und Wohlbefinden, Altersvorsorge, Diversity, persönliche Entwicklung und weitere zusätzliche Leistungen. Philips möchte von allen Mitarbeiterinnen und Mitarbeitern als „Arbeitgeber Ihrer Wahl" verstanden werden.

Das Unternehmen gehört zu den Marktführern in den Bereichen Kardiologie, Notfallmedizin, Gesundheitsversorgung für zuhause sowie energieeffizienten Lichtlösungen. Außerdem ist Philips einer der führenden Anbieter von Rasierern, von Kaffeemaschinen und für die Zahnpflege.

Die Philips Deutschland GmbH ist eine der größten und umsatzstärksten Tochtergesellschaften des Konzerns. Die Landesorganisation zählt zu den zehn größten Unternehmen der deutschen Elektronikbranche. Ihren Sitz hat die Philips Deutschland GmbH in Hamburg. Dort sind auch die zentralen Personalservice-Funktionen für Deutschland zusammengefasst. Dazu gehören z. B. Talent Aquisition Services, Talent Management, Philips Learning Services, Philips People Services, Administration & Payroll sowie Arbeit & Soziales. Aufgabe dieser spezialisierten Teams ist es, Prozesse des Personalmanagements effizient zu gestalten, eine moderne Arbeits- und Unternehmenskultur zu fördern, und die Arbeitgebermarke Philips weiter aufzubauen.

Als Erfolgskontrolle dieser Aktivitäten werden von Philips regelmäßig interne Umfragen zur Mitarbeiterzufriedenheit durchgeführt. Besonders wichtig für eine erfolgreiche Umsetzung ist dabei eine verstärkte und nachhaltige Kommunikation der Angebote im Unternehmen. Deshalb sind alle unten genannte Informationen beispielsweise über eine zentrale Intranet-Plattform jederzeit für die Mitarbeiter verfügbar. Daneben wurden Informationsbroschüren aufgesetzt, die den Mitarbeitern bei der Einstellung übergeben werden und zu jeder Zeit bei den jeweiligen Human Resources Mitarbeitern angefragt werden können. Außerdem finden regelmäßig Veranstaltungen und Infotermine mit den Kooperationspartnern und Kontaktpersonen statt. Denn erst durch eine konsequente und kontinuierliche Informationsbereitstellung kann sichergestellt werden, dass den Philips Mitarbeitern die Angebote präsent sind und Sie damit auch genutzt werden.

Das Angebot von Philips für seine Mitarbeiter umfasst Leistungen in folgenden Bereichen:

1. Work-Life-Balance
2. Gesundheit und Wohlbefinden
3. Altersvorsorge
4. Persönliche Entwicklung
5. Diversity
6. Zusätzliche Leistungen

14.6.1   Work-Life-Balance

Als Unternehmen für Gesundheit und Wohlbefinden liegt Philips das Thema Vereinbarkeit von Beruf und Privatleben seiner Mitarbeiterinnen und Mitarbeiter am Herzen. Philips möchte sicherstellen, dass seine Mitarbeiter sich und ihre Karriere in Einklang mit privaten Zielen erfolgreich weiter entwickeln können und die Vereinbarkeit von Familie und Beruf nicht als Hindernis sondern als persönliche Chance begreifen und umsetzen können.

Damit dies gelingt bietet Philips zahlreiche Angebote wie Gleitzeit, Elternzeit, Teilzeitstellen, Altersteilzeit sowie Familienpflegezeit über die gesetzlichen Vorgaben hinaus. Im Rahmen eines Sabbaticals bietet Philips seinen Mitarbeitern außerdem die Möglichkeit, eine berufliche Auszeit für drei bis zwölf Monate zu nehmen.

Der Familienservice

Um die Mitarbeiter in den Bereichen Kinderbetreuung, Lebenslagencoaching und Elder Care zu unterstützen hat Philips seit vielen Jahren eine Kooperation mit dem Familienservice. Alle Philips Mitarbeiter können die Beratungs- und Vermittlungsleistungen des Kooperationspartners kostenlos nutzen, wenn Sie mit einem deutschen Philips Unternehmen in einem unbefristeten, ungekündigten, sozialversicherungspflichtigen Anstellungsverhältnis stehen. Nur die laufenden Kosten für die Betreuung bei der jeweiligen Betreuungseinrichtung oder -person selbst werden von den Mitarbeitern getragen.

Kinderbetreuung

Der Familienservice unterstützt die Philips Mitarbeiter bei der Suche nach geeigneten Betreuungsmöglichkeiten und vermittelt z. B. Plätze in Kinderkrippen, Kindergärten und -horten, Kontakte zu Elterninitiativen, Tagesmütter, Kinderfrauen, Notmütter oder Au-pairs.

Außerdem bietet der Familienservice in Hamburg eine Notfallbetreuung, den sogenannten Company Kids Kindergarten, an. Eine Notfallsituation besteht zum Beispiel dann, wenn die haushaltsführende Person oder Tagesmutter erkrankt oder die Kindertagesstätte, der Hort oder die Schule kurzfristig geschlossen ist. Außerdem können Mütter und Väter diesen Service nutzen, wenn sie berufliche Termine außerhalb der regelmäßigen Arbeitszeit (Dienstreisen, Workshops, Kundentermine, Weiterbildungen) wahrnehmen müssen.

In Notsituationen, in denen die regelmäßige Kinderbetreuung kurzfristig ausfällt, übernimmt Philips sogar die Kosten für den Notfallkindergarten Company Kids.

Lebenslagencoaching

Für individuelle Beratung steht den Mitarbeitern das Expertenteam des Familienservice rund um die Uhr zur Verfügung. Das Team aus Psychologen, Familientherapeuten, Suchtberatern, Schuldnerberatern, Mediatoren und Traumaberatern unterstützt sie kompetent, unkompliziert und vertraulich bei Fragen, Sorgen und Problemen, die für sie sehr belastend sind und die ihnen allein nicht lösbar erscheinen.

Gemeinsam können so tragfähige und nachhaltige Lösungen für die individuelle Problemlage erarbeitet, Wege aufgezeigt werden und wenn nötig therapeutische Einrichtungen und Kliniken sowie Selbsthilfegruppen vermittelt werden. Die Leistungen umfassen dabei Beziehungsberatung, Einkommens- und Budgetberatung, Suchtberatung sowie psychosoziale Beratung in allen Lebenslagen.

Elder Care

Bei der häuslichen Pflege Angehöriger stellt oft nicht nur die gleichzeitige berufliche Belastung eine Herausforderung dar. Schnell können unvorhersehbare Ereignisse oder langwierige Behördengänge dazu führen, dass auch der Pflegende selbst überfordert ist und Hilfe benötigt. Hier können alle Mitarbeiter in Deutschland das Angebot „Elder Care" des Familienservice nutzen.

Dieses Angebot umfasst u. a. folgende Leistungen, die Philips Mitarbeiter kostenfrei und anonym in Anspruch nehmen können: Individuelle Beratung zu den verschiedenen Pflegelösungen, Beratung zu allen Fragen der Finanzierung von Pflege, Vermittlung von Betreuungs- und Hauspersonal sowie Seminare und Vorträge für Belegschaften und Führungskräfte.

Altersteilzeit

Die deutschen Philips Unternehmen bieten einem bestimmten Kreis von älteren Mitarbeiterinnen und Mitarbeitern als eine Form der Frühverrentung die Möglichkeit, für zwei bis sechs Jahre in Altersteilzeit zu gehen. Einen Rechtsanspruch darauf gibt es nur, solange eine Quote von 5 Prozent nicht überschritten ist. Durch Abschluss eines Altersteilzeitvertrages wird die bisherige Arbeitszeit entweder in kontinuierliche Altersteilzeit halbiert oder im sog. Blockmodell in eine Arbeitsphase und eine Freistellungsphase aufgeteilt. Während der ersten Phase (Arbeitsphase) arbeitet der Mitarbeiter unverändert weiter und wird dann in der zweiten Phase (Freistellungsphase) von der Verpflichtung zur Arbeitsleistung freigestellt.

In beiden Modellen erhält der Mitarbeiter über die Laufzeit des Altersteilzeitvertrages die Hälfte seines bisherigen festen Bruttogehalts. Zusätzlich zahlt der Arbeitgeber einen Nettoaufstockungsbetrag, der die Bezüge entsprechend erhöht. Der Aufstockungsbetrag unterliegt jedoch dem Progressionsvorbehalt, d. h., er wird bei der Ermittlung des individuellen Steuersatzes mitgezählt.

14.6.2   Gesundheit und Wohlbefinden

Philips hat sich zum Ziel gesetzt, die Lebensqualität von Menschen zu verbessern, indem sich das Unternehmen auf ihre Gesundheit und ihr Wohlbefinden konzentriert. Dies möchte Philips auch für seine Mitarbeiter umsetzen und sie aktiv dabei unterstützen, gesund und „in Balance" zu bleiben.

Philips in Balance

Um die Angebote im Gesundheitsbereich für die Mitarbeiter weiter auszubauen startete im März 2012 das „Philips in Balance" Gesundheitsprogramm. In Zusammenarbeit mit externen Partnern wie Krankenkassen, Ärzten und anderen Dienstleistern bietet Philips im Rahmen von „Philips in Balance" Gesundheitstage und Aktionen an den verschiedenen Standorten, Teilnahme an Vorsorgeprogrammen sowie Betriebssportangebote und vergünstigte Konditionen bei lokalen und nationalen Kooperationspartnern im Gesundheitsbereich.

Alle Philips Mitarbeiter können sich im Intranet zentral über Sport-, Ernährungs- und Gesundheitsangebote informieren. Hier finden sie alle Aktivitäten an Ihrem Standort, die richtigen Ansprechpartner sowie tolle News und Tipps für ein „Leben in Balance". Daneben werden sie über Aushänge, Newsletter und Artikel in der Mitarbeiterzeitung informiert.

Außerdem bietet Philips eine Betreuung durch einen medizinischen Dienst bzw. einen Betriebsarzt vor Ort. Hier können Mitarbeiter medizinische Beratung oder auch Impfungen durchführen lassen.

Gesundheit bedeutet bei Philips auch Verantwortung für Andere zu übernehmen. Dazu werden beispielsweise regelmäßig Blutspendeaktionen und Stammzellentypisierungen in Kooperation mit dem Deutschen Roten Kreuz durchgeführt.

Die Betriebskrankenkasse Continentale BKK

Die Betriebskrankenkasse (BKK) unterstützt die Beschäftigten bei ihrer gesunden Lebensführung, auch am Arbeitsplatz. Hautscreening, Glaukom-Untersuchung, Ernährungstage, Allergieberatung und Entspannungs-Kurse sind einige Beispiele für die erfolgreichen Aktionen der letzten Zeit. Als gesetzliche Krankenversicherung bietet die BKK den vollen Umfang des gesetzlichen Versicherungsschutzes sowie ein breites Spektrum kostenloser Zusatzleistungen.

Familienversicherung

Ehepartner und Kinder von Mitgliedern der BKK können beitragsfrei alle Leistungen der Betriebskrankenkasse nutzen, wenn sie kein oder nur geringes eigenes Einkommen haben. Dies gilt für Kinder bis zur Vollendung des 18. Lebensjahres; bei Schul- oder Berufsausbildung sogar bis zur Vollendung des 25. Lebensjahres. Die Zeiten für Wehr- oder Zivildienst und das freiwillige soziale Jahr werden dabei berücksichtigt.

Zusatzleistungen ohne Zusatzkosten

De BKK Philips bietet ferner ein umfangreiches Angebot kostenloser Zusatzleistungen. Unter anderem unterstützt die BKK die Eigeninitiative ihrer Mitglieder durch Zuschüsse bei Kursen zu Stressabbau, ein Bonusprogramm mit Gesundheitsprämien sowie kostenlose Gesundheitsberatung an 365 Tagen im Jahr rund um die Uhr. Die Betriebskrankenkasse steht bundesweit allen Mitarbeitern, Auszubildenden und Pensionären von Philips sowie deren Familienangehörigen offen.

14.6.3   Altersvorsorge

Als Unternehmen für Gesundheit und Wohlbefinden liegt Philips auch das Thema Vorsorge seiner Mitarbeiterinnen und Mitarbeiter am Herzen. Im Rahmen dessen bietet Philips vielseitige Angebote die es seinen Mitarbeitern ermöglichen schon jetzt für ihre Zukunft vorzusorgen und Ihre Versorgungslücke zu reduzieren.

Die Philips Pensionskasse

Die Philips Pensionskasse bietet den Mitarbeitern die Möglichkeit, eine vom Arbeitgeber bezuschusste Altersvorsorge (Rente) aufzubauen und sich so vor dem Hintergrund der sich ständig verschlechternden Leistungen der gesetzlichen Rentenversicherung zusätzlich abzusichern.

Deferred Compensation

Die deutschen Philips Unternehmen bieten ihren Mitarbeitern außerdem die Möglichkeit, sich mit Hilfe der Deferred Compensation entweder eine betriebliche Altersversorgung aufzubauen oder ein Wertkonto zu bilden, das es ihnen ermöglicht, ihre aktive Berufstätigkeit früher zu beenden.

Mit dem Wertkonto hat ein Philips Mitarbeiter die Möglichkeit, sich freistellen zu lassen (z. B. vor Ausscheiden aus dem Arbeitsverhältnis oder im Anschluss an die Elternzeit) und sich das Arbeitsentgelt aus dem angesparten Guthaben auszahlen zu lassen. Außerdem können die Mitarbeiter nicht verbrauchtes Guthaben auf ihrem Wertkonto in eine Versorgungszusage umwandeln und so in dem oben beschriebenen Rahmen entweder eine lebenslange Altersrente oder eine Kapitalauszahlung in Anspruch nehmen

Persönliche Entwicklung

Philips will den Menschen, die ihre Leidenschaft für Gesundheit und Wohlbefinden teilen, den besten Arbeitsplatz bieten. Sie sollen ein Umfeld vorfinden, das sie dabei unterstützt, mit Rücksicht auf ihren Entwicklungsstatus zu lernen, zu wachsen und Spitzenleistungen zu erbringen.

Die Menschen sind Philips wichtigster Wettbewerbsvorteil, und deshalb hat auch jeder Mitarbeiter bei Philips die gleiche Chance, seine Entwicklung voranzutreiben. Dadurch nimmt Philips auf persönliche Lebensumstände Rücksicht und bietet eine Karriereplanung, die auf individuelle Bedürfnisse und Ambitionen abgestimmt ist. Bei Philips ist jeder Mensch ein Talent!

Talent Management

Bei Philips haben alle Mitarbeiter das Recht darauf, ihre persönliche Entwicklung selbst in die Hand zu nehmen. Philips kümmert sich darum, dass jeder Mitarbeiter von vielseitigen Maßnahmen zur persönlichen Entwicklung erfährt und davon eigenverantwortlich Gebrauch machen kann. Jedem Talent werden dabei passende Entwicklungschancen angeboten und Talente mit Führungspotenzial mit maßgeschneiderten Programmen unterstützt.

Lernen

Die Möglichkeiten bei Philips, das eigenverantwortliche Lernen voran zu treiben, folgen dem 70–20–10 Gedanken (70% Lernen im Job, 20% Lernen von anderen, 10% Trainings) und ermöglichen so, das persönliche Wachstum der Mitarbeiter zu maximieren.

Interner Stellenmarkt

Um die Eigenverantwortung und die Mobilität der Mitarbeiter zu unterstützen, bietet Philips einen transparenten internen Stellenmarkt. So werden Mitarbeiter unterstützt, die sich intern verändern wollen- bei Philips haben sie Gelegenheit, in unterschiedlichen Geschäftsfeldern und Ländern Erfahrungen zu sammeln.

14.6.4   Diversity

Diversity and Inclusion – Vielfalt leben! Als internationaler Konzern begreift Philips unterschiedliche Kulturen und Perspektiven als zentralen Erfolgsfaktor um das Innovationspotential zu erhöhen und bestmöglich auf die Bedürfnisse der Kunden einzugehen. Deshalb bedeutet Diversity auch die unterschiedlichen Kompetenzen der Mitarbeiter und Mitarbeiterinnen wertzuschätzen, zu fördern und vorteilhaft einzusetzen. Inclusion schafft die Voraussetzung dafür, damit jede/r Einzelne sein/ ihr Bestes geben kann. Diversity und Inclusion ist für Philips ein zentraler Schlüssel für unternehmerischen Erfolg und für die Zufriedenheit der Mitarbeiterinnen und Mitarbeiter.

Aktuell steht besonders das Thema Gender Diversity im Fokus. Im Rahmen dessen wurden für die Bereiche Talent Management, Recruiting, Awareness, Coaching & Mentoring und Work-Life-Balance Maßnahmenkataloge entwickelt und umgesetzt um langfristig Vielfalt im Unternehmen und Austausch über Diversity sicherzustellen. Dazu gehören zum Beispiel regelmäßige Veranstaltungen wie Impulsvorträge und Lunch&Learn Treffen, Trainings für Führungskräfte und Mitarbeiter, die Zusammenarbeit mit spezialisierten Recruitingdienstleistern sowie Unterstützungsangebote in Form von Coaching für weibliche Führungstalente.

14.6.5   Zusätzliche Leistungen

Philips als Unternehmen bietet zusätzlich vielseitige Angebote an, die die Mitarbeiter darin bestärken sollen Philips als Arbeitgeber Ihrer Wahl zu sehen.

Das Mitarbeiteraktienprogramm

Philips bietet die Möglichkeit, vom Arbeitgeber bezuschusste Aktien von Koninklijke Philips Electronics N.V. zu erwerben. Philips Mitarbeiter können über das Mitarbeiteraktienprogramm Mitarbeiteraktien erwerben, wenn sie mit einem deutschen Philips Unternehmen seit mindestens sechs Monaten in einem ungekündigten, sozialversicherungspflichtigen Anstellungsverhältnis stehen.Philips übernimmt 15% des Aktienkurses, sodass der Philips Mitarbeiter nur 85% selbst zahlen muss. Philips bezuschusst nur so viele Aktien, wie erworben werden können, ohne dass für den Mitarbeiter wegen dieser Zuschüsse Steuern anfallen. Die genaue Zahl der rabattierten Aktien wird jährlich neu bekannt gegeben.

Dienstwagen durch Gehaltsumwandlung

Philips bietet seinen Mitarbeiterinnen und Mitarbeitern die Möglichkeit an, einen arbeitnehmerfinanzierten Dienstwagen zu fahren, der zu 100% privat genutzt werden kann. Wenn die Mitarbeiter monatlich außertarifliche Gehaltsbestandteile erhalten, so können sie damit durch steuersparende Gehaltsumwandlung einen arbeitnehmerfinanzierten Dienstwagen fahren. Das ausgewählte Auto wird mit attraktiven Philips Einkaufsrabatten beschafft und teilweise durch die steuersparende Gehaltsumwandlung im Leasingmodell finanziert. Dadurch kostet der arbeitnehmerfinanzierte Dienstwagen grundsätzlich weniger als ein vergleichbares Privatfahrzeug.

Das ist auch für die Mitarbeiter interessant, die bereits einen Firmenwagen fahren und privat zusätzlich einen Zweitwagen benötigen. Wer einen solchen Zweitwagen durch einen arbeitnehmerfinanzierten Dienstwagen ersetzt, spart besonders viel. Das Fahrzeug wird auf den Mitarbeiter zugelassen und mit dem persönlichen Schadenfreiheitsrabatt versichert. Für alle Kosten ist allein der Mitarbeiter verantwortlich. Es besteht freie Fahrzeugwahl, jedes Modell ist möglich, auch ein Gebrauchtwagen.

Car-RentSharing

Das Car- RentSharing ist eine Weiterentwicklung des Leasingmodells für Dienstwagen. Im RentSharing übernimmt der Dienstwagenfahrer die Verantwortung für das Fahrzeug. So ist er noch mehr motiviert, kostenbewusst zu fahren und das Fahrzeug schonend zu behandeln. Das Fahrzeug wird von der AMS Fuhrparkmanagement GmbH nach den Vorgaben des Vertragspartners bereitgestellt. Philips zahlt eine Mietrate an AMS, die unabhängig von der tatsächlichen betrieblichen Nutzung vereinbart werden kann. Zahlt der Mitarbeiter ebenfalls eine Mietrate an AMS, so ist für die Privatnutzung des Dienstwagens kein geldwerter Vorteil zu versteuern.

Mitarbeitervergünstigungen – Philips myshop

Philips Mitarbeiter haben die Möglichkeit, Vergünstigungen der Philips Produkte und Dienstleistungen sowie Rabatte zahlreicher Partnerunternehmen zu nutzen. Dazu gehört der Philips myshop ist ein Online-Shop, der es Philips Mitarbeitern ermöglicht, Philips Produkte zu einem vergünstigten Preis zu erwerben.

14.7   Schindlerhof GmbH

Website	www.schindlerhof.de
Unternehmensform	familiengeführte GmbH
Branche	Hotellerie und Gastronomie / Tagungsmarkt
Umsatz	6,5 Mio. € brutto (2008)
Hauptsitz	Nürnberg
Gründungsjahr	1984
Anzahl der Mitarbeiter	54 plus 20 Auszubildende (2009)
Vorwiegende Berufsgruppen	Fachmitarbeiter Hotellerie und Gastronomie
Jährlicher Rekrutierungsbedarf	eher gering, da viele langjährige Mitarbeiter

Executive Summary

1984 wurde der Schindlerhof als traditioneller Landgasthof von Klaus und Renate Kobjoll eröffnet. Heute – im 25. Jahr seines Bestehens – ist das Tagungshotel Schindlerhof in Nürnberg eines der bekanntesten und beliebtesten Privathotels im deutschsprachigen Raum. Zahlreiche Auszeichnungen in den vergangenen zweieinhalb Jahrzehnten sprechen ihre eigene Sprache, darunter der European Quality Award, Ludwig-Erhard-Preis und Great Place to

Work. Seit 2001 ist Tochter Nicole Kobjoll deklarierte Nachfolgerin. Ein sanfter und durch-strukturierter Generationenwechsel wird im Jahr 2011 abgeschlossen sein.

Inzwischen ist aus dem Landgasthof ein kleines Hoteldorf geworden, in dem sich architekto-nische und traditionelle Vergangenheit mit moderner Gegenwart und ausgeprägter Zukunfts-orientierung paaren. Die Gästestruktur setzt sich aus 57 Prozent Tagungsgästen, 40 Prozent individuellen Geschäftsreisenden und drei Prozent Privatreisenden zusammen.

14.7.1   Der MitarbeiterAktienindeX MAX

Einmal im Jahr trifft sich in Nürnberg eine Auswahl von MAX-Nutzern zum *MAXival*, das der Erfinder von MAX, Klaus Kobjoll, im Schindlerhof veranstaltet. Nutzer und Interessen-ten aus allen Branchen bilden sich bei dieser Gelegenheit im Rahmen eines Vortragspro-gramms fort, tauschen Erfahrungen mit und über MAX aus. Inzwischen nutzen dieses Moti-vationsinstrument mehr als 120 Unternehmen in 20 Branchen, 8 Ländern und sechs Spra-chen.

MAX ist im Schindlerhof nur eine von vielen Maßnahmen zur Motivation. Das Nürnberger Tagungshotel schaffte in diesem Jahr schon zum zweiten Mal den Sprung in die Top 100 der besten europäischen Arbeitgeber (Great Place to Work). MAX hatte in den vergangenen Jahren einen besonders positiven Einfluss auf die Arbeitsplatzkultur im Schindlerhof.

Motivation wird im Schindlerhof nicht von oben aufgesetzt; sie entwickelt sich vielmehr von innen heraus. MAX ist in diesem Zusammenhang ein unternehmerisches Instrument, das gleichermaßen den Verstand und das Gefühl anspricht. Dabei setzt der MitarbeiterAktienin-deX auf drei Komponenten:

* die sinnstiftende Führungskraft,
* den einmaligen Mitarbeiter und
* gemeinsame organisatorische Innovation.

Mit sinnstiftender Führungskraft ist die Betonung der geistigen Führung anstelle des Ma-nagements bis ins kleinste Detail gemeint, die als Orientierungspunkt dem privaten und be-ruflichen Leben der Mitarbeiter einen Sinn geben kann. Einmaliger Mitarbeiter heißt, dass Menschen verschieden sind und damit auch ihre Motivationen. Organisatorische Innovation schließlich bedeutet Bedingungen zu schaffen, die Leistungsfähigkeit und Kreativität zulas-sen und fördern. Wie aber steht es um den Wert und die Wertschöpfung der Mitarbeiter?

14.7.2   Ermittlung des Wertes von MAX

Beim MitarbeiterAktienindeX lässt der Begriff Aktie gewollt Assoziationen zum Finanz-markt zu. Ähnlich wie bei einer Neuemission am Kapitalmarkt erhält jeder Mitarbeiter an seinem ersten Arbeitstag einen Aktien-Nennwert in Höhe von 1.000 Pixel. Es wurde ganz bewusst die Werteinheit mit dem Kunstwort Pixel und nicht Euro getauft, um nicht zwangs-läufig den monetären Wert, sondern eher den spielerischen Charakter in den Vordergrund zu stellen.

Der spätere Kursverlauf wird monatlich neu errechnet und spiegelt dann den aktuellen Kurs des ‚Players' (Player = Mitarbeiter), den **Player Index (PIX)** wider. Doch wie an jeder Börse kann der Kurs steigen oder auch fallen. Dabei sind die möglichen Wertveränderungen sehr moderat gehalten, denn das Ziel heißt Motivation und keineswegs das Gegenteil davon.

Im Schindlerhof gelten folgende Zutaten zur Aktienwertermittlung bzw. -veränderung:

1. Aktive Arbeit mit einem Zeitplansystem – manuell oder handheld
2. Mitarbeit am kontinuierlichen Verbesserungsprozess – dem Vorschlagswesen
3. Teilnahme an Seminaren / Weiterbildungsaktivitäten
4. Freiwillige Mitarbeit an Projekten – Projektarbeit findet grundsätzlich in der Freizeit statt
5. Abschreibung – jeder Player wird moderat wie ein Anlagegut abgeschrieben
6. Krankheitstage – Krankenhausaufenthalte und Betriebsunfälle sind ausgenommen
7. Verstoß gegen Spielregeln – hausinterne Regeln, die jedem Player bestens bekannt sind
8. Raucher / Nichtraucher
9. Körperliche Fitness – BMI (Body Mass Index)
10. Pünktlichkeit
11. Fehlerquote
12. Ergebnisse aus regelmäßigen Beurteilungsgesprächen (2× pro Jahr)
13. Betriebsjubiläen – hier gibt es extra Pixel, denn Erfahrung ist wertvoll
14. Pixelprämie bei Erreichung gesondert vereinbarter Ziele

Auf direkte Art beinhaltet PIX Hygienefaktoren (Pixelprämien, Umsatzziele, Know-how-Verlust) und auf indirekte Art Motivatoren. Er belohnt Verantwortung für die eigene Arbeit und das gesamte Unternehmen (Pünktlichkeit, Weiterbildung, Ideenblätter sowie für die eigene Gesundheit / Nichtrauchen, Body-Mass-Index) und er berücksichtigt die seit langem bewährte Beurteilungsspinne und das damit verbundene Karriere- oder Orientierungsgespräch.

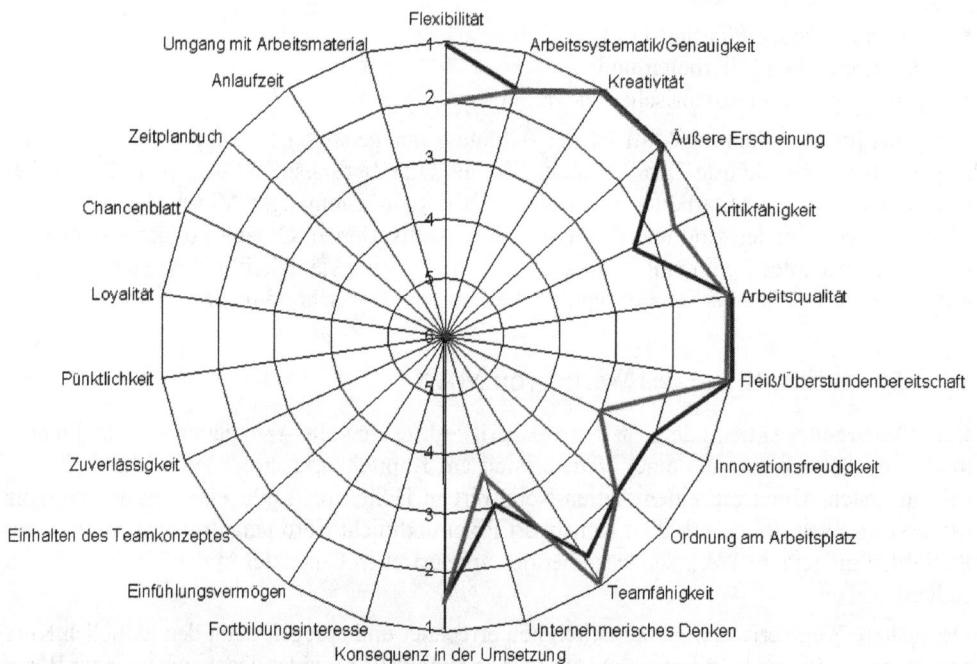

Abb. 14.4:   Beurteilungsspinne mit Benotung von 1 bis 6 in Punkten

Die monatliche Aktienwertermittlung ist per eigens entwickelter Software systematisiert und nimmt pro Player und Monat nur etwa fünf Minuten in Anspruch. Mitarbeiter erhalten mit diesem Instrument individuell die Möglichkeit, ihren Kurswert zu erfahren und entsprechend zu beeinflussen. Die Daten des Einzelnen werden nicht veröffentlicht.

Da für den Schindlerhof der Teamgeist höchste Priorität besitzt, ist es keineswegs damit getan, ausschließlich die individuellen Werte dem entsprechenden Player zuzuordnen. Der **Team Index (TIX)** errechnet sich mit einer spezifischen Software aus der kumulierten Summe aller Player Indices des jeweiligen Teams. Der jeweilige Team-Leader hat Zugang zu den Kurswerten seiner Team-Mitglieder, um sie entsprechend in TIX, den *Team IndeX* einfließen zu lassen. Für die Team Indices werden zusätzlich noch vier weitere Parameter berücksichtigt:

- Reklamationskosten des jeweiligen Teams
- Einhaltung der Umsatzziele
- Einhalten der Zielkosten
- Fluktuation

Aufgrund der Tatsache, dass die Durchschnittswerte aller Mitarbeiter als Basis für den TIX herangezogen werden, ist nun jeder der Player direkt auch für den Kurswert seines Teams verantwortlich – Beeinflussung kann sowohl im positiven als auch im negativen Sinne erfolgen. Mit einem spielerischen Instrument wie dem MAX wird auf diese Weise eine Gruppen-Dynamik entwickelt, die im Schindlerhof den hedonistischen Anspruch an die Arbeit – sie als Lust statt Last zu empfinden – konsequent unterstützt.

Schlussendlich werden alle Team Indices einem Aktien-Pool – dem **Community Index (CIX)** – zugeführt. Dieser errechnet sich analog zum TIX. Doch auch für den CIX greifen noch weitere, zusätzliche Kriterien wie

- Reklamationskosten für den Gesamtbetrieb, die keinem Team zugewiesen werden können,
- der Wareneinsatz und
- die Teamkosten.

Dieser Index, der neben den Team Indices monatlich veröffentlicht wird, gilt für das gesamte Unternehmen und dokumentiert seine von Individualisten geprägte Leistungsfähigkeit in ihrer ganzen Perfektion.

14.7.3   MAX als Teil der Unternehmenskultur

MAX spielt inzwischen eine wesentliche Rolle in der Unternehmenskultur des Schindlerhof. Als ritualisierte, spielerische und transparente Visualisierung der Leistungsbereitschaft und der Leistungsfähigkeit des Einzelnen, des Teams und der Community signalisiert das System Werte wie Offenheit, Eigenverantwortung und Vertrauen. Auf diese Weise wird die emotionale Seite der Kundenbeziehung angesprochen, hinter der sich durchaus harte und jederzeit überprüfbare Fakten verbergen. MAX übernimmt also die Funktion eines Messinstruments sowohl für harte als auch für weiche Faktoren, die den einzelnen Mitarbeiter zwar bewerten, aber auch auszeichnen. Und das gilt für alle Teams und das gesamte Unternehmen.

14.7.4 Aktuelle Mitarbeiterbefragung zu MAX

Im Schindlerhof ist das Thema Motivation und MitarbeiterAktienindeX so zentral und aktuell, dass MAX zur Perspektive für alle diejenigen wird, die im eigenen Sinne und in dem des Schindlerhofs aktiv engagiert sind. Beides ist untrennbar miteinander verbunden.

Diese Perspektive schuf eine Mitarbeiterbefragung, die unlängst durchgeführt wurde. Sie sollte im Grundsatz und soll in Abständen immer wieder überprüfen, wie das System akzeptiert und bewertet wird. Denn es gibt kein perfektes System. Vielmehr gilt es, das Potenzial zur Optimierung kontinuierlich auszuloten. Die Befragung war anonym, ihre Ergebnisse wurden über die *Weißwandtafeln* im Schindlerhof kommuniziert. Sie ergaben sich aus vier grundsätzlichen Bereichen.

I. Allgemeine Fragen

1. Wie empfanden Sie die Einführungsphase (Informationsfluss/Erklärung/Schulung) – damals 2003, wenn Sie schon bei uns waren, oder bei Ihrem Eintritt in unsere Schindlerhof-Welt?
2. Hat sich durch MAX etwas an Ihren Gewohnheiten geändert?
3. Wie beurteilen Sie MAX als Motivationsinstrument?
4. Wie sehr hat sich Ihr Gefühl in Bezug auf Teamzugehörigkeit durch MAX verstärkt?
5. Inwieweit möchten Sie dazu beitragen, *Ihr* Team auf Platz 1 zu bringen?
6. Wie beurteilen Sie die Tatsache, dass es eine Software gibt, mit der die Daten online eingegeben werden, also die Zettelwirtschaft entfällt?
7. Würden Sie (spontan!) MAX einem zukünftigen Arbeitgeber weiterempfehlen?

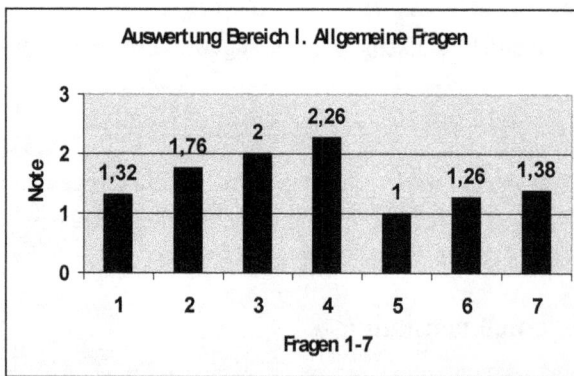

Abb. 14.5:   Auswertung allgemeine Fragen

II. Monatlicher Informationsfluss der MAX Daten

1. Haben Sie stets die Möglichkeit, sich über Ihren PIX zu informieren?
2. Fühlen Sie sich in Ihrer Abteilung ausreichend informiert über:
3. ... Kursverläufe, die das gesamte Unternehmen betreffen?
4. ... Kursverläufe, die ausschließlich Ihr Team betreffen?
5. Werden Ideen und Informationen über MAX gemeinsam im Team besprochen?
6. Wie beurteilen Sie das fachliche MAX- Wissen (Know-how) Ihrer Führungskraft?
7. Wie empfinden Sie den Informationsfluss bezogen auf MAX generell?

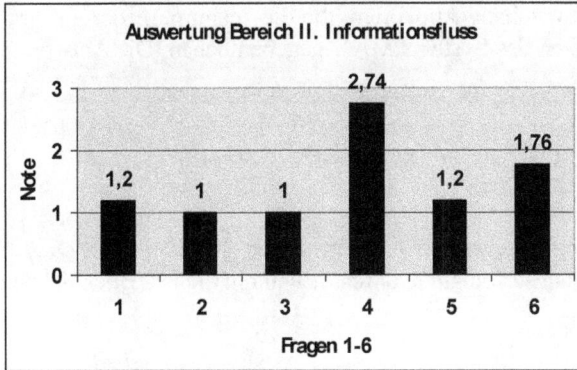

Auswertung Bereich II. Informationsfluss

Abb. 14.6:   Auswertung Informationsfluss

III. Verständlichkeit der Fragen und Zeitaufwand

1.   Wie beurteilen Sie die Verständlichkeit der einzelnen Einflussfaktoren?
2.   Wie kommen Sie mit der Beantwortung der Fragebögen zurecht?
3.   Wie empfinden Sie den monatlichen Zeitaufwand im Zusammenhang mit MAX?
4.   Finden Sie die Einflussfaktoren (generell gesehen) als gerechtfertigt?

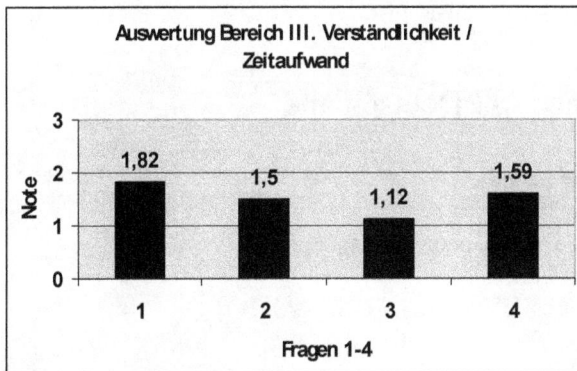

Auswertung Bereich III. Verständlichkeit / Zeitaufwand

Abb. 14.7:   Auswertung Verständlichkeit / Zeitaufwand

IV. Offene Fragen

In diesem Abschnitt wollte man insbesondere wissen, ob noch Fragen offen geblieben sind, die in einem persönlichen Gespräch mit der MAX-Beauftragten oder einem Mitglied der Unternehmensführung geklärt werden sollten. Zudem wurde nach der Erwartungshaltung gegenüber MAX gefragt und ob es noch weitere Vorschläge zur Erweiterung der monatlichen Parameter gibt. Grundsätzlich wurden seitens der Mitarbeiter keine wesentlichen Veränderungen gewünscht. Es gab und gibt lediglich kleine unternehmensspezifische Anregungen und Korrekturen, die überwiegend realisiert wurden, das System, seine Kriterien und Funktionsweisen jedoch zu keiner Zeit infrage stellten.

Hochinteressant sind in diesem Zusammenhang Antworten, die die Teammitglieder auf Fragen zum erwarteten persönlichen Nutzen des Systems MAX gegeben haben. Die Antworten sind nach Ihrer Häufigkeit gestaffelt.

* Prämiensystem
* Leistungsbezogene Vergütung in Anlehnung an den MAX-Wertzuwachs
* Aktive Kommunikation von Lob und Tadel
* MAX als Basis für Gehaltsverhandlungen
* Aktive Auseinandersetzung mit dem eigenen Stärken-Schwächen-Profil
* Motivation in der eigenen Leistungserbringung durch den monatlichen Blick in den Spiegel

14.7.5   Fazit

Aus der Mitarbeiterbefragung kann man die deutliche Erkenntnis ziehen, dass die Mitarbeiter im Schindlerhof Sinn und Zweck von MAX voll erkannt haben und dahinter stehen. Besonders erfreulich ist, dass ein großer Anteil der Mitarbeiter den monatlichen Blick in den Spiegel nicht scheut, ihn sogar positiv bewertet. Addiert man die beiden letzten Antworten auf die Frage des eigenen Nutzens, so ergibt sich hier ein sensationelles Ergebnis. Denn diese Einstellung deutet ganz eindeutig darauf hin, dass sich der Einzelne seiner Verantwortung gegenüber der eigenen Leistung, der Performance des Teams und schlussendlich der Wertentwicklung des gesamten Unternehmens voll bewusst ist.

14.8   Hospitality Alliance AG Deutschland

Website	www.ramada.de
Unternehmensform	AG
Branche	Hotellerie, Gastronomie & Tagungen
Umsatz	309 Mio. Euro
Hauptsitz	Bad Arolsen
Gründungsjahr	1969
Anzahl der Mitarbeiter	ca. 2800
Berufsgruppen	Fachkräfte Hotellerie & Gastronomie, Kaufmännische Berufe

Executive Summary

1969 legte Helmut Fitz mit der Gründung der ersten TREFF HOTELS und Feriendörfer das Fundament für den Aufbau einer der größten deutschen Hotelgesellschaften, die seit 2000 unter dem Namen Hospitality Alliance AG Deutschland firmiert. Ein Jahr zuvor hatte Helmut Fitz die aktive Unternehmensleitung an seinen Sohn Alexander Fitz übergeben. Die Hospitality Alliance AG Deutschland gehört heute zu den Top 10 der Hotelbetreiber in Deutschland. Unter ihrem Dach befinden sich rund 70 Hotelbetriebe mit Standorten in Deutschland, Österreich, der Schweiz und Italien. Die in erster Linie Drei- und Vier-Sterne-Hotels werden entweder direkt oder in Teilhaberschaft betrieben. Andere Häuser sind im Rahmen von Franchiseverträgen mit der Hospitality Alliance AG Deutschland verbunden.

Die Hospitality Alliance AG Deutschland tritt in Deutschland und in der Schweiz als exklusiver Vertriebspartner der amerikanischen Wyndham Hotel Group für die Hotelmarke RAMADA und deren Subbrands auf. Erst 2011 sah eine europaweite Umfrage der Konsumforschungsagentur J.D. Power unter Hotelgästen die RAMADA Hotels im Segment der Mittelklasse auf den ersten Rang.

Daneben betreibt die Hospitality Alliance AG Deutschland Hotels der eigenen Traditionsmarke TREFF HOTELS und des noch jungen stylischen Budgetbrands H2 Hotels.

Eine Werbeagentur, eine Softwareunit und ein Fullservice-Officedienstleister ergänzen das Netzwerk der Unternehmensgruppe.

Die Struktur der Unternehmensführung, die Idee der „One Family", spiegelt sich auch im Personalmanagement der Hospitality Alliance AG Deutschland wieder. Denn familiäre Werte sind zeitlos gültig: Sie finden untereinander Anwendung, gelten aber auch für den Umgang mit den Gästen und Kunden. In diesem Sinn unterteilen sich die Maßnahmen des Employer Brandings in die drei Elemente Recruiting, Education und Culture.

14.8.1 Recruiting

Das gruppenweite Recruiting obliegt der Hospitality Alliance Academy (siehe unten). Es ist inhaltlich durch die Einzigartigkeit der Hospitality Alliance AG Deutschland als eines der letzten großen familiengeführten Hotelunternehmen einerseits und die Einbindung in ein international tätiges Netzwerk andererseits geprägt. Die Idee der „Familie" bildet auch das Herzstück der aktuellen Bewerberkampagne der Hospitality Alliance AG Deutschland, die 2012 erstmals auf Karrieremessen der Öffentlichkeit präsentiert wurde. Die sehr emotionale Kampagne wirbt mit „Papas Liebling", „Muttis ganzem Stolz" oder „Omas Enkelchen" um Auszubildende. Dabei werden familientypische Werte wie Zuverlässigkeit, Höflichkeit oder Engagement in den Mittelpunkt gestellt und mit den Vorzügen einer international tätigen Hotelgesellschaft weiter aufgewertet. Mit ausführlichen Flyern, emotionalen Adcard-Aktionen und in persönlichen Gesprächen erhalten die potenziellen Bewerber Informationen über die Karrieremöglichkeiten und die Vielfältigkeit der Unternehmensgruppe.

Die Auszubildenden werden mit ihrem ersten Tag im Unternehmen Mitglied der Young Star Academy, die die jungen Mitarbeiter nicht nur während ihrer gesamten Lehre begleitet, sondern auch in praxisnahen Seminaren Fachinhalte und soziale Kompetenzen vermittelt, die vom regulären Berufschullehrplan nicht erfasst werden. Der Young Star Award, der jährlich in verschiedenen Kategorien vergeben wird, dient der Erkennung besonderer Talente unter den Auszubildenden und deren besonderer Förderung.

Zugleich erhalten die Berufseinsteiger dank einer Jobgarantie bei erfolgreich abgeschlossener Ausbildung Sicherheit auch für die private Lebensplanung.

14.8.2 Education

Aus- und Weiterbildungsangebote innerhalb der Hospitality Alliance AG Deutschland richten sich nicht nur an die in der Ausbildung befindlichen Kollegen, sondern an alle Mitarbeiter. Diese Ausweitung ist durch die Annahme begründet, dass Mitarbeiter, die sich sicher in ihrer Tätigkeit fühlen, mehr Freude an der Arbeit haben und eine stärkere Loyalität gegenüber dem Unternehmen aufbauen. Die Seminare und Fortbildungen werden durch die gruppen-

eigene Hospitality Alliance Academy (siehe unten) organisiert. Der jährlich neu herausgege-
bene Seminarkatalog listet nicht nur fachspezifische Veranstaltungen für die einzelnen Berufsgruppen, sondern bietet auch vielfältige Möglichkeiten der eigenen sozialen Kompetenzen, vom Servicebasistraining über Englisch- und Führungsseminare bis hin zur Burnoutprä-
vention.

Die Hospitality Alliance Academy ist das innerhalb der Hospitality Alliance AG Deutschland
angesiedelte Fort- und Weiterbildungsinstitut. Sie wurde 2010 aus der Idee geboren, die
Mitarbeiter mit ihren Fähigkeiten und Kompetenzen zu fördern und ihnen Chancen einzuräumen, sich innerhalb der Hotelgruppe weiter zu entwickeln.

Zeitgemäße und praxisorientierte Trainings, die nicht nur den betrieblichen Erfolg der Teilnehmer fördern, sondern auch deren persönliche Entwicklung, sind die Eckpunkte der qualitativ hochwertigen Bildungsarbeit der Hospitality Alliance Academy.

Die Inhalte beziehen sich auf alle unternehmensrelevanten Bereiche und passen sich flexibel
an die sich stetig ändernden Anforderungen des Marktes an. Hierzu stützt sich die Hospitality
Alliance Academy auf die sechs Säulen Hospitality Academy, English Academy, Sales Acad-
emy, Young Star Academy, Leaders Academy und Wyndham Academy. Zielgruppenorientiert
werden neben offenen Trainings auch Teambuildingmaßnahmen, individuelle Coachings und
Trainings on Demand angeboten.

Ein internes zwölfköpfiges Trainerteam sorgt für die nötige Praxisnähe. Externe Spezialisten,
wie die Munich Business School (Führungskräfte), Jean George Ploner (F & B), Bianca
Spalteholz (Yield- und Revenues) oder Andreas Romani (Online-Reputation), stellen dort,
wo es nötig ist, ihr Fachwissen zur Verfügung.

Duales Studium

In Zusammenarbeit mit der Hochschule für Wirtschaft und Recht Berlin bieten ausgewählte
Hotels Berufseinsteigern mit Hochschulreife die Möglichkeit eines dualen Studiums an. Im
dreimonatlichen Rhythmus wechseln sich Theorie- und Praxisphasen ab. Am Ende des auf
sechs Semester angelegten Studiums steht zunächst der Abschluss eines Bachelors. Ab 2014
wird auch ein Master-Studiengang möglich sein.

Fortbildung als Karriereschub

Dank gezielter Förder- und Weiterbildungsmaßnahmen eröffnen sich vielfältige Karrieremöglichkeiten: Zwei exemplarische Programme sind „Getting Sales Professional" und „Getting Leader". Kompetent und praxisnah vermittelt das auf zwei Jahre angelegte Programm
„Getting Sales Professional" die wichtigsten Grundlagen für den Hotelverkauf. Am Ende
steht die Zertifizierung zum Certified Sales Professional bis hin zur Qualifizierung als Key
Account Manager.

Das Mitarbeiterförderprogramm „Getting Leader" wurde in Zusammenarbeit mit der Munich
Business School entwickelt. Innerhalb von zwei Jahren durchlaufen 15 Nachwuchsführungs-
kräfte auf Abteilungsleiterniveau die Schulungsreihe der Munich Business School mit neun
Bausteinen und erhalten im Anschluss ein Hochschulzertifikat.

14.8.3 Culture

Mitarbeiterbenefits

Alle Mitarbeiter der Hospitality Alliance AG Deutschland haben vom ersten Tag an Zugriff auf das gruppeneigene Intranet, das das wichtigste Kommunikationstool der Unternehmensgruppe ist. Es informiert zeitnah über Neuerungen, ist Wissensquelle für alle Facts und Figures rund um die Hotelgruppe und beinhaltet ein Forum mit verschiedenen Newsgroups. Ein interne Stellenbörse ermöglicht Mitarbeitern mit Umzugswunsch oder solchen, die neue Bereiche kennenlernen wollen, den Wechsel innerhalb der Unternehmensgruppe. Nicht zuletzt erreichen die Mitarbeiter über das Intranet auch ein Webportal, das über exklusive Corporate Offers informiert.

Mitarbeiter können von dem, wofür sie tagtäglich arbeiten auch selbst profitieren: Sie erhalten, die Verfügbarkeit vorausgesetzt, stark vergünstigte Konditionen für Übernachtungen und den Verzehr in den Hotels der Unternehmensgruppe.

Gemeinsam für andere

Nicht nur der eigene Vorteil, auch der, der gemeinsam für andere erreicht wird, schweißt zusammen. Die Hospitality Alliance AG Deutschland verbindet seit vielen Jahren eine Partnerschaft mit Beyond the Moon. Die Hilfsorganisation organisiert für schwerstkranke Kinder und deren Familien unbeschwerte Urlaubstage. Mit einer Kuvertaktion „Change for Children" können die Gäste in den Hotels Spenden zurücklassen. In gemeinschaftlichen Aktionen und Events sammeln aber auch die Mitarbeiter selbst Gelder für die Kinder. Das größte dieser Events ist der alljährliche Soccercup, bei dem die Hotels Fußballmannschaften in ein unternehmensinternes Turnier schicken. Die Erlöse aus Startgeldern kommen ebenfalls den Kindern und ihren Familien zugute.

14.8.4 Arbeitsumfeld

Der Erfolg der Hotelfamilie der Hospitality Alliance AG Deutschland ist dem Engagement seiner Mitarbeiter und einem angenehmen Arbeitsumfeld zu verdanken, in dem alle Kollegen ihr Potenzial entfalten können. Aus diesem Grund erfasst der regelmäßig erhobene Up-to-you-Index die Zufriedenheit der Mitarbeiterinnen und Mitarbeiter. Die Erhebung ist absolut anonym. Die Ergebnisse, Lob und Kritik, werden analysiert und dienen als Grundlage für die Entwicklung gemeinsamer Maßnahmen zur Verbesserung der Abläufe, der Produktivität und des Arbeitsklimas.

14.8.5 Fazit

Das Prinzip der „Familie" mit der Aufnahme der Mitarbeiter und den verschiedenen Fördermöglichkeiten hat sich für die Hospitality Alliance AG Deutschland bewährt. Empirisch betrachtet zeigt sich der Erfolg besonders in vielen langjährigen und fruchtbaren Arbeitsverhältnissen, die Mitarbeiter und Unternehmen verbindet. Mitarbeiter laden eigene Familienmitglieder ein, im Unternehmen zu arbeiten. Aber auch die hohe Beteiligung am Up-to-you-Index und dessen Auswertung bestätigen diesen Trend. Allein der aufkommende Fachkräftemangel brachte die Hospitality Alliance AG Deutschland dazu, diese Werte offensiver nach außen zu kommunizieren.

14.9   Martin Bauer Group (the nature network®)

Website	www.martin-bauer-group.de
Unternehmensform	GmbH & Co. KG
Branche	Tee-, Getränke- und phytopharmazeutische Industrie
Umsatz	450 Mio. Euro
Hauptsitz	Vestenbergsgreuth (Metropolregion Nürnberg)
Gründungsjahr	1930
Anzahl der Mitarbeiter	the nature network®: rund 3.000 Mitarbeiter weltweit
	Martin Bauer Group: rund 1.850 Mitarbeiter weltweit
Vorwiegende Berufsgruppen	kaufm. und techn. Fachkräfte, Laborfachkräfte, Lebensmittelchemiker, Biologen, Pharmazeuten, Agrarwissenschaftler, Wirtschaftswissenschaftler
Jährlicher Rekrutierungsbedarf	ca. 15–20 Mitarbeiter

Executive Summary

Die Martin Bauer Group ist international führend im Anbau, der Veredelung und Vermarktung pflanzlicher Produkte für die Tee-, Getränke- und phytopharmazeutische Industrie im B2B. Das Know-how und die Expertise rund um Tee, Extrakte und pflanzliche Rohstoffe sind stetig gewachsen. Entstanden ist hieraus mittlerweile das the nature network® – ein einzigartiges, weltweites Netzwerk rund um pflanzliche Rohstoffe mit seinen Geschäftsbereichen Martin Bauer Group, PhytoLab und Europlant Group. Das Familienunternehmen, mit Hauptsitz in der Metropolregion Nürnberg, wird derzeit in der dritten Generation geführt und steht seit 1930 für Tradition und Verlässlichkeit sowie für Kontinuität und Zukunftsperspektiven.

Unter der Martin Bauer Group agieren drei Business Units, Martin Bauer, Plantextrakt und Finzelberg, die weltweit mit Tochterunternehmen präsent sind. Die Business Unit Martin Bauer ist Spezialist für Kräuter- und Früchtetees, Arzneitees, aromatisierte Schwarz- und Grüntees, Aromen sowie pflanzliche Rohstoffe. Aus über 200 pflanzlichen Rohstoffen stellt sie Tees individuell nach Kundenwunsch her. Die Business Unit Plantextrakt ist ein Single Ingredient Supplier für Kräuter-, Früchte- und Teeextrakte, entkoffeinierte Tees sowie natürliche Aromen und Essenzen. Auf der Basis von über 120 Pflanzen entwickelt die Business Unit mehr als 2.000 Rezepturen und kreiert maßgeschneiderte Produktkonzepte. Die Business Unit Finzelberg ist der Kooperationspartner für die Entwicklung und Produktion phytopharmazeutischer Wirkstoffe und Extrakte für Nahrungsergänzungsmittel.

14.9.1   Employer Branding als Chance für wenig bekannte Unternehmen

Wie rekrutiert man Talente, wenn man a) unbekannt ist, b) in einem kleinen, ländlichen, unbekannten Ort ansässig ist und c) in der direkten Umgebung Unternehmen ansässig sind, die adidas, Puma, Siemens oder INA Schaeffler heißen? Vor dieser Herausforderung steht die Martin Bauer Group als international tätiges Familienunternehmen aus dem mittelfränkischen Vestenbergsgreuth, ein klassischer B2B-Zulieferer, der bei den Konsumenten nie in Erscheinung tritt, und daher in puncto Bekanntheit und Arbeitgeber-Attraktivität nicht auf einen großen Namen setzen kann.

Bedingt durch unternehmensexterne Einflussfaktoren erkannte man das Erfordernis, sich mit dem Thema Employer Branding zu beschäftigen. Ein internes Projektteam, an dem der Personalleiter, der Vorsitzende des Betriebsrats und ein Mitarbeiter aus dem Bereich Öffentlichkeitsarbeit teilnahm, startete im Sommer 2008 unter externer Leitung dieses Projekt.

Aus dem umfassenden Employer Branding-Konzept sind im Folgenden einige einzelne Komponenten aufgeführt, die sich als besonders wirksam herausgestellt haben.

14.9.2 Werte als Basis der Unternehmenskultur

Werte sind die Grundlage des Familienunternehmens in der 3. Generation und damit die Basis für die langfristige Entwicklung. Die folgenden vier Wertepaare stehen für das Unternehmen: persönlich und begeisterungsfähig, verlässlich und kompetent, nachhaltig und fair, partnerschaftlich und leistungsorientiert. Diese Werte im Selbstverständnis jedes einzelnen Mitarbeiters zu verankern, so dass sich die Gemeinschaft an ihnen orientieren kann, ist der Familie wichtig.

Die Geschäftsführung versucht die Werte stets vorzuleben. Monatlich finden hierzu sogenannte „Werte-Lunches" statt. Bei einem gemeinsamen Mittagessen unterhält sich ein Mitglied der Geschäftsleitung mit Mitarbeitern aus verschiedenen Bereichen, die ausgelost werden, über die Unternehmenswerte und Themen, die den Mitarbeitern wichtig sind.

14.9.3 Mitarbeiterführung

Der Ansatz „Professional fit und Cultural fit"

Die Martin Bauer Group ist davon überzeugt, dass ihr Erfolg nicht nur von der fachlichen Qualifikation (Professional Fit) ihrer Mitarbeiter abhängt, sondern auch davon, wie gut die Mitarbeiter zum Unternehmen und dessen Kultur (Cultural Fit) passen. Nur bei einer ausreichend großen Schnittmenge von individueller Leistungskultur, Wertestruktur sowie Verhaltensweisen eines Mitarbeiters mit der kollektiven Leistungs- und Führungskultur des Unternehmens ist eine erfolgreiche Zusammenarbeit zu erwarten.

Das Konzept des „Professional fit und Cultural fit" ist daher eine nicht zu vernachlässigende Komponente im Recruiting-Prozess. In der Praxis unterliegen die Prozesse im Personalmanagement stets dem „Vier Augen Prinzip". So ist beispielsweise bei Einstellungsgesprächen neben einer Person aus der Fachabteilung stets der Personalleiter anwesend ist, um auf Unternehmensseite das „Cultural und Professional Fit" zu erfüllen.

Das Mitarbeitergespräch „MB Dialog"

Mitarbeitergespräche finden mindestens einmal im Jahr statt und werden schriftlich festgehalten.

Themen der Gespräche sind:

* Ziele bzw. Aufgaben im kommenden Jahr
* aus den Zielen bzw. Aufgaben resultierende Qualifizierungsbedarfe bzw. Unterstützungsmöglichkeiten (z. B. Weiterbildungsmaßnahmen, usw.)
* soweit möglich kurz-, mittel- und langfristige Entwicklungsziele und sich daraus ergebende Entwicklungspläne

- Leistung im vergangenen Jahr und Potential des Mitarbeiters
- das Feedback der Mitarbeiter zur Führungskraft, zum Team, zur Kooperation mit anderen Bereichen und dem Gesamtunternehmen

Bei Ende der Beschäftigung eines Mitarbeiters werden zudem Austrittsinterviews geführt, um ein professionelles Outbording zu gewährleisten. – Auch diese Mitarbeiter können irgendwann wieder potentielle neue Mitarbeiter werden.

Das Weiterbildungsprogramm „MB Academy"

Die MB Academy bietet den Mitarbeitern der Martin Bauer Group vielfältige Weiterbildungsmöglichkeiten, um fachliche, soziale oder auch methodische Kompetenzen zu fördern. Die Mitarbeiter können selbst Wünsche bezüglich des Seminarangebots äußern, selbst Veranstaltungen anbieten und Vorgesetzte können ihre Mitarbeiter dadurch umfassend beraten.

Die Informationsveranstaltung von Mitarbeitern für Mitarbeiter „Insider Live"

Um neuen Mitarbeitern den Einstieg so leicht wie möglich zu machen und auch langjährigen Mitarbeitern einen Überblick über das Unternehmen, die Firmenstruktur und interessante Themengebiete zu geben, veranstaltet die Martin Bauer Group alle zwei Wochen sogenannte „Insider Live" Veranstaltungen. Hier berichten Mitarbeiter aus allen Fachbereichen für 1–2 Stunden über die Schwerpunkte ihrer Tätigkeit oder aktuelle Themen. Zudem informieren externe Referenten zu Themen wie Ernährung oder Sport.

Maßnahmen zur Vereinbarung von Familie und Beruf

Die Vereinbarung von Beruf und Familie wird immer wichtiger. Durch flexible Arbeitsplatzgestaltung wie der Möglichkeit eines Heimarbeitsplatzes, individuelle Vertrauensarbeitszeit oder Gleitzeit ohne Kernzeiten, kann jederzeit außerberuflichen Verpflichtungen nachgegangen werden. Zudem bietet das Unternehmen verschiedene Teil-/ Zeitmodelle an, beispielsweise Gleitzeit auch im gewerblichen Bereich oder Altersteilzeit, die wann immer möglich an die persönlichen Wünsche des Mitarbeiters angepasst werden können.

Um die Betreuung der Kinder ab kurz nach der Geburt sicherzustellen, steht den Mitarbeitern am Hauptsitz des Unternehmens ein festes Kontingent an Plätzen im örtlichen Kindergarten mit Kinderkrippe zur Verfügung. Die Martin Bauer Group engagierte sich für den Ausbau der Einrichtung zudem finanziell mit Spenden.

14.9.4 Gesundheitsmanagement

Gesunde Unternehmen investieren in die Gesundheit ihrer Mitarbeiter. Um Krankheiten am Arbeitsplatz vorzubeugen, das Potenzial des Einzelnen zu stärken und das Wohlbefinden bei der Arbeit zu erhöhen, legt die Martin Bauer Group auf das umfangreiche Sport- und Gesundheitsangebot sehr viel wert.

Für ihr Gesundheitsmanagement erhielt die Martin Bauer Group 2011 und 2012 die Auszeichnung „Vitalo Award" des Netzwerks „Vitale Unternehmen", deren Ziel es ist, gemeinsam Strategien zum betrieblichen Gesundheitsmanagement zu erarbeiten. Mit fachkundiger Unterstützung von Arbeits- und Sportmedizinern sowie Fachtherapeuten werden Referate gehalten, gute Praxismodelle vorgestellt und Fachwissen ausgetauscht. Die wesentliche Voraussetzung für den Erhalt der Auszeichnung war die Durchführung gesundheitsfördernder

Maßnahmen aus den Bereichen Bewegung, Ernährung, Stressbewältigung und Suchtprävention im vorausgegangenen Kalenderjahr.

In der Kantine werden täglich frisch zubereitete Speisen, Salatbar, Obst sowie drei wechselnde Gerichte, wovon mindestens eins vegetarisch ist, angeboten. Spezielle Motto-Wochen runden das Angebot ab. Als Beitrag zum Klimaschutz, einer nachhaltigen Esskultur und Förderung der Gesundheit wurde ein „Veggie Day" mit rein vegetarischen Gerichten eingeführt.

Darüber hinaus wird in Zusammenarbeit mit der AOK-Krankenkasse ab und an ein Gesundheitstag mit Ernährungsberatung durchgeführt.

Ferner werden für Mitarbeiter bezuschusste Massagen ganztägig im Haus sowie angeleitete Übungen („Fit am Arbeitsplatz") als gesundheitsfördernde Maßnahme angeboten.

Als Ausgleich zum beruflichen Alltag steht ein umfangreiches Sportangebot zur Verfügung. Neben Fußball, Badminton und Laufen etc. können Mitarbeiter bezuschusste in- und externe Fitnesskurse (Pilates, Qigong, Spinning etc.) nutzen. Zudem werden regelmäßig Skireisen, Bergtouren, Angelturniere oder Motorradtrainings angeboten.

14.9.5   Aktive Förderung des Gemeinschaftsgedankens

Der Mensch als wichtigste Ressource steht auch bei der Martin Bauer Group im Mittelpunkt. Das Familienunternehmen hat verschiedene Angebote ins Leben gerufen, um das Gemeinschaftsgefühl und die Vernetzung innerhalb der Belegschaft zu stärken und zu fördern:

Mitarbeitertag

Im zweijährigen Turnus finden Mitarbeitertage an den deutschen Standorten des Unternehmens statt. Abteilungsbezogen, standortbezogen oder auch -übergreifend bietet die Veranstaltung die Gelegenheit, andere Kollegen und ihren Arbeitsbereich näher kennenzulernen. Dies soll das Wir-Gefühl stärken und einen abteilungsübergreifenden Wissensaustausch fördern.

Im Jahr 2012 konnten die Mitarbeiter beispielsweise anhand einer Karte verschiedene Stationen auf dem gesamten Unternehmensgelände am Standort Vestenbergsgreuth erkunden, die von Kollegen gestaltet und erläutert wurden. Der finanzielle Gegenwert der von den Mitarbeitern eingebrachten Zeit wurde von der Martin Bauer Group noch verdoppelt. Mit dem Geldbetrag unterstützte das Unternehmen verschiedene soziale Projekte, die den Mitarbeitern am Herzen liegen und vorgeschlagen werden konnten.

Social Day

In enger Zusammenarbeit zwischen Geschäftsleitung, Betriebsrat und Mitarbeitern wurden sogenannte „Social Days" ins Leben gerufen. Hierbei unterstützen die Mitarbeiter soziale Einrichtungen oder suchen nach sinnvollen Möglichkeiten, benachteiligte Mitmenschen zu unterstützen.

Im Jahr 2011 standen die Senioren in der Region im Mittelpunkt. An mehreren Nachmittagen wurden freiwillige Mitarbeiter von der Arbeit freigestellt und schenkten den Bewohnern der regionalen Altenheime einen schönen Nachmittag mit einem Kräuter-Riech-Quiz, einem Vortrag zu regionalen Kräutern, einer Verkostung von Kräuter-Plätzchen und Kräuter-Tee, Gesang und musikalischer Umrahmung.

Mitarbeiterreise

Alle zwei Jahre bietet die Martin Bauer Group Mitarbeitern und deren Familie die Möglichkeit, einen der weltweiten Unternehmensstandorte kennenzulernen. Neben Besichtigungen des jeweiligen Standortes stehen gemeinsame Freizeitunternehmungen in der Region auf dem Programm.

Im Jahr 2013 geht die Reise beispielsweise zu dem Produktionsstandort Izmir in der Türkei. Neben einer Betriebsbesichtigung, Treffen mit den türkischen Kollegen und der Besichtigung von lokalen Attraktionen, darf ein Abstecher nach Istanbul auf dem Heimweg natürlich nicht fehlen.

Sommerfest

Jährlich lädt das Unternehmen die Mitarbeiter und deren Familien zum großen Sommerfest mit vielfältigem Unterhaltungsprogramm, Kinderbetreuung und Musik ein. Rund 1.000 in- und ausländische Gäste nehmen jedes Jahr daran teil. Die ungezwungene Atmosphäre ermöglicht den Kontakt über Hierarchie-, Abteilungs- und Standortgrenzen hinaus.

14.9.6   Interne Kommunikation

3k Ideenkonzept: kreativ – konstruktiv – kompetent

Der gemeinsame Austausch zu innovativen Einfälle und Ideen haben die Martin Bauer Group dorthin gebracht, wo sie steht. Um diese Spitzenposition zu festigen, ist es wichtig, schnell und unbürokratisch auf das Know-how und die Erfahrung aller Mitarbeiter zurückgreifen zu können. Deshalb hat das 3k-Ideenkonzept, mit welchem Verbesserungsvorschläge und innovative Ideen aus allen Arbeitsbereichen direkt eingebracht und wertgeschätzt werden können, seinen festen Platz im Unternehmen.

Das besondere Engagement lohnt sich: erfolgreich umgesetzte Verbesserungsvorschläge bringen dem Unternehmen einen Wettbewerbsvorteil und die Mitarbeiter werden mit Prämien honoriert. Wer kreativ sein will, braucht Freiräume. Deshalb unterstützen und ermuntern die Führungskräfte ihre Mitarbeiter bei der Einreichung von Verbesserungsvorschlägen. Die Ideen werden über das Intranet oder über ein Formular eingereicht. „Gutachter" aus dem jeweiligen Fachbereich bewerten zusammen mit der 3k-Kommission den Vorschlag und legen die entsprechenden Prämien fest.

Die Mitarbeiterzeitung „Insider"

Die Mitarbeiterzeitung „Insider" wird von einem Kreis Mitarbeitern geschrieben. Er beleuchtet neue Entwicklungen im Unternehmen und in der Branche, stellt die einzelnen Standorte und Kollegen vor („Wer ist eigentlich…?, Hobbythek, Jubilare etc.) etc.

Das Intranet n@turenet

Das Intranet n@turenet wird zum einen als Informationsplattform verwendet: Unternehmen und einzelne Abteilungen stellen sich vor, über das „Who is Who" kann nach Kollegen und dem richtigen Ansprechpartner gesucht werden, es wird über aktuelle Ereignisse im Unternehmen berichtet, Nachrichten am schwarzen Brett gepostet (meist durch den Betriebsrat) etc. Zum anderen wird das n@turenet als Kommunikationsplattform verwendet, wenn es um

Tools wie die Fahrtgemeinschaften-Platform oder das bunte Brett für Verkäufe, Veranstaltungstips etc. geht.

14.9.7   Externe Kommunikation

Personalimagekampagne „Entdecke Deine grüne Seite"

Um potentielle Mitarbeiter adäquat anzusprechen, entwickelte die Abteilung Human Resources zusammen mit dem Bereich Corporate Design und der Agentur Publicis Pro ein Konzept für eine Personalimage-Kampagne, die das Ziel hat, die Martin Bauer Group als den Arbeitgeber zu positionieren, der sie ist. Dabei verbindet sie Markenwerte wie Natürlichkeit und Nachhaltigkeit mit dem Wertesystem der Zielgruppe. Es werden explizit Bewerber angesprochen, die nicht „irgendeinen Job" suchen, sondern die beispielsweise ihr Interesse an Technologie und Wirtschaft mit der Arbeit für nachhaltige Naturprodukte verbinden möchten – kurz gesagt, Menschen, die das „grüne Gen" in sich tragen.

Dieser Ansatz wird in den Motiven mit dem grünen Blatt über dem Auge visualisiert. Ein Symbol, das direkt aus dem Logo von the nature network® stammt und in einfacher aber einprägsamer Art Aufmerksamkeit und Sympathie schafft. Die Realisierung der Kampagne erfolgte zudem mit eigenen Mitarbeitern, was die Identifikation intern noch erhöhte.

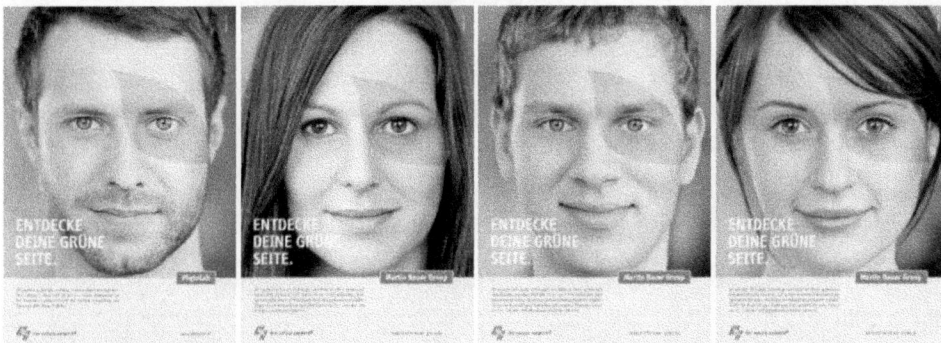

Abb. 14.8:   Personalimagekampagne

Damit sämtliche Maßnahmen die gleiche Sprache sprechen, wurden die Karriere-Website sowie Personalbroschüre, Messestand und andere Werbemittel an die zentrale Kampagne angepasst. Zudem sollte eine exakt auf einzelne Bewerbergruppen abgestimmte Ansprache sicherstellen, dass die Botschaften ankommen und sich Bewerber mit ihren speziellen Wünschen, Bedürfnissen und Erwartungen wiederfinden.

15   Weitere Unternehmensbeispiele

Auf der Fachmesse *Zukunft Personal* in Köln wurden im Herbst 2008 Unternehmen ausgezeichnet, die Employer Branding als langfristige Investition in Ihre Mitarbeiter betrachten und eine Strategie entwickelt haben, die weit über das kurzfristige Shareholder Value Denken hinausgeht.

Der War for Talents war schon vor zehn Jahren ein Thema. Dennoch reagieren viele Unternehmen noch nicht darauf, sagte Thomas Sattelberger, Personalchef der Deutschen Telekom, der den Preis gemeinsam mit dem ehemaligen Bundesarbeitsminister Wolfgang Clement überreichte.

Leere Personalmarketingformeln allein reichen jedoch nicht aus, um Kandidaten anzuziehen, ergänzte Wolfgang Clement. Von Mitbewerbern absetzen könnten sich Unternehmen, indem sie lebenslanges Lernen oder Gesundheitsmanagement anbieten. Gerade für mittelständische Unternehmen ohne bekannte Produktmarken sei das eine Chance.

Linde Gas

Das Siegerunternehmen Linde Gas überzeugte die Jury mit einem *kontinuierlichen Qualifizierungsprozess* (KQP), den der Gas-Anbieter für seine 2.500 Mitarbeiter in Deutschland entwickelt hat. Ausgehend von einer umfangreichen Bedarfsanalyse in den verschiedenen Bereichen des Unternehmens definierte Linde differenzierte Stellenprofile, die aufeinander aufbauen. Jeder Mitarbeiter – ob Monteur oder Ingenieur – bekommt mit KQP eine Entwicklungsperspektive und damit die Chance, sich für ein neues, herausforderndes Stellenprofil zu qualifizieren. Linde entwarf passende Schulungsmodule, die mit einer Zertifizierung abschließen. Ziel dieses ganzheitlichen Konzeptes ist es, das *Wissen, Können und Wollen* der Mitarbeiter zu verbessern, betonte Jochen Turbanski, Regional Head of Organization Development bei Linde. Seine Hoffnung: *Besser qualifizierte Mitarbeiter leisten mehr.*

TNT Express

Das Versandunternehmen TNT Express erreichte den zweiten Platz. Mit *Talent Management* (TM) entwickelte das Unternehmen ein Förderprogramm für High Potentials aus den Reihen der Mitarbeiter und des mittleren Managements. Das 18-monatige Programm umfasst Trainings, individuelle Coachings, Projektarbeit, kollegiale Beratung und Kaminabende mit dem Top-Management. Interessenten können sich selbst nominieren, wenn sie Voraussetzungen wie Berufserfahrungen und Englischkenntnisse mitbringen. Über ihre Aufnahme in das Programm entscheiden die Führungskräfte am *Talent Day*. TNT garantiert keinen bestimmten Karriereverlauf, bietet den Teilnehmern aber die Möglichkeit, gezielt an ihrer eigenen Entwicklung zu arbeiten.

Sick AG

Das Thema Change Management stand im Zentrum eines Projektes der Sick AG, die den dritten Platz belegte. Der Hersteller von Sensoren für die industrielle Anwendung baute seine Logistikabteilung um und entwickelte ein leistungsbezogenes Vergütungssystem für die Mitarbeiter in diesem Unternehmensbereich. Ziel war es, eine effektive Organisationseinheit zu schaffen, die den gestiegen Anforderungen der Kunden gerecht wird. Im Zuge des Projekts förderte Sick die Teamarbeit in der Logistik und bildete ein eigenes Steuerteam, das die Zusammenarbeit innerhalb der Abteilung verbessert. Die Veränderungen erfolgten nach einem Stufenprogramm, das Infoveranstaltungen, Reflexionsrunden und Trainings zum Thema Change Management umfasste. Zusätzliche Leistungsanreize für die Mitarbeiter entstanden durch das Vergütungsmodell *Variable Vergütung in der Logistik* (VVL) – eine freiwillig, jährlich ausbezahlte Prämie auf Basis von klar definierten Logistik-Kennzahlen.

IBM

Die Selbst GmbH, ein Netzwerk für Personalmanager, vergab den Sonderpreis *Employability-Award*: für Unternehmertum im System Arbeit an den IT-Riesen IBM. Das Unternehmen hat 2007 eine Initiative ins Leben gerufen, um die Beschäftigungsfähigkeit seiner Mitarbeiter zu fördern. Sie basiert auf einer umfangreichen Bedarfsanalyse, der *Skill Demand Analysis*. Dafür befragte IBM seine Geschäftsbereichsleiter, aber auch Hochschulen und Verbände nach der Entwicklung der Märkte – und leitete davon Auswirkungen auf die verschiedenen Berufsgruppen ab. Auf dieser Basis entwickelte IBM ein *Skill Development Center*, das die Mitarbeiter bei ihrer individuellen Karriereentwicklung unterstützt. Mit Schulungen, E-Learning und Training-on-the-Job können die Mitarbeiter ihre Kompetenzen erweitern. Ein drittes Element der Initiative ist der *Individual Development Plan*, den Vorgesetzte und Beschäftigte in den Mitarbeitergesprächen entwickeln.

16   Fazit und Ausblick

Die Auswirkungen des sich bereits abzeichnenden soziodemographischen Wandels und einer zunehmend internationalisierten und globalisierten Welt stellen Unternehmen bereits heute vor eine besondere Herausforderung: qualifiziertes Personal wird immer seltener und gleichzeitig immer wichtiger.

Wie die vorliegende Arbeit gezeigt hat, bietet die Entwicklung einer starken Arbeitgebermarke die Möglichkeit, dieser Problematik strategisch und effektiv entgegen zu wirken. Durch die Auswirkungen der emotional geladenen Arbeitgebermarke sind aktuelle Mitarbeiter zufriedener und somit stärker an das Unternehmen gebunden. Dadurch steigert sich ihre Loyalität dem Arbeitgeber gegenüber und ihre Leistungsbereitschaft. Hinsichtlich Arbeitgeberwechsel und/oder Abwerbung sind sie nicht so sehr empfänglich. Potentielle Mitarbeiter werden in der Masse der werbenden Unternehmen auf das sich durch die Employer Brand differenzierende Unternehmen aufmerksam. Durch seine Positionierung können sie feststellen, ob sie auch zu dem Unternehmen passen.

Die Employer Brand als Facette der Corporate Brand erfordert eine exakte und langfristige Planung sowie ein Übereinstimmen mit der gesamten Unternehmensstrategie. Der Analyse und Planung kommt eine sehr große Bedeutung zu, denn eine Marke ist im Nachhinein nicht einfach austauschbar. Auch ist eine konsequente Umsetzung entlang des *roten Fadens* Voraussetzung für den Erfolg. Mit verschiedenen, auf die Zielgruppe der potentiellen, aktuellen und ehemaligen Mitarbeiter abgestimmten Maßnahmen wirkt sich die Employer Brand letztendlich auf alle internen und externen Unternehmensbereiche aus. Der meist hohe Aufwand und die hohen Umsetzungskosten dürfen hierbei nicht vernachlässigt werden.

> *Fazit: Employer Branding könnte man gar als Voraussetzung sehen, um künftig als Unternehmen überleben zu können. Durch eine starke Arbeitgebermarke differenziert sich ein Unternehmen im Wettbewerb um qualifizierte Fach- und Führungskräfte und durch die qualifizierten Fach- und Führungskräfte differenziert es sich wiederum von anderen Unternehmen.*

Dem Employer Branding fehlt jedoch bislang eine wissenschaftliche Qualität. Es besteht noch großer Forschungs- und Entwicklungsbedarf. Mögliche Zukunftsthemen wurden auch auf dem Employer Branding Kongress 2007 in Berlin im Rahmen eines Vortrags des Leiters Forschung und Entwicklung der DEBA, Jochen Pett, rege diskutiert. Die folgenden Ausführungen basieren hierauf.

Das Employer Brand Management benötigt Transparenz, Planungssicherheit und Steuerbarkeit, das heißt es müssen spezielle kompatible Controllinginstrumente entwickelt werden. Über die Kennzahlen und die derzeitige Balanced Scorecard ist dies nur bedingt möglich und korrekt. Es bedarf einer speziellen Scorecard. In der Summe sollte die Attraktivitätsstärke der Arbeitgebermarke mit dem Ergebnis eines Employer-Brand-Index erfasst werden. Dieser wertbezogene Index lässt den Arbeitgebermarkenwert messbarer machen und die Veränderungen über den Zeitraum können erfasst und kontrolliert werden. Zudem können Benchmarks zu anderen Unternehmen erstellt werden.

Ebenso kommt dem Employer Branding im Hochschulmarketing in Anbetracht des soziodemographischen Wandels eine größere Bedeutung zu. Japanische Unternehmen haben hierzu beispielsweise schon reagiert, indem sie mit ihren Wunschkandidaten bereits ein Jahr vor deren Abschluss Anstellungsverträge mit speziellen Boni schließen.

Die gesteigerten technischen Möglichkeiten im Web 2.0 berühren zwar nicht den Kern des Employer Branding, erweitern jedoch sein Kommunikationsspektrum. Es sollte auf die Funktionslogik der neuen Medien der Arbeitgeberkommunikation und auf veränderte Rezeptionsgewohnheiten der Mediennutzer eingestellt werden. Es bietet neue Gestaltungsräume wie beispielsweise in der virtuellen Welt *Second Life*, wo Unternehmen wie Philips sogar einen virtuellen Messestand besitzen und viele Unternehmen mit namhaften Marken Personalwerbung schalten.[78] Alexandra Schwarz, Leiterin Personalmarketing bei RAG Services GmbH, bewertet Second Life eher als Spaß und Spiel. Aufgrund der besseren Vernetzung von klassischen Arbeitgeberkommunikation und Below-the-line-Maßnahmen besteht ein intensiver Zugang zu bestimmten Zielgruppen. Jedoch gibt es viele kritische Communities und Wertungen sind oft nicht steuerbar.

Weiterhin sollen neue Werbeformate in der Rekruitingkommunikation die Kommunikationskanäle besser vernetzen und neben klassischer Werbung auch Direktmarketing und Below-the-line Maßnahmen durchführen. Beispiele hierfür sind Ambient-Medien (z. B. auf Tellern, an der Decke, an der Fahrstuhltür) oder Guerilla Marketing (z. B. Promotionen im Hochschulmarketing, Körperwerbung).

Im Bereich Globalisierung und interkulturelles Employer Branding besteht ebenfalls noch Forschungsbedarf. Viele Unternehmen sind weltweit aufgestellt und auch an den ausländischen Standorten mit der Problematik der mangelnden Arbeitskräfte betroffen. Es ist offensichtlich, dass die Positionierung wegen der interkulturellen Unterschiede nicht ohne weiteres auf andere Länder übertragbar ist und auch die Kommunikationsinstrumente aufgrund der international unterschiedlichen Zugänge zur Zielgruppe verschieden sind. Mit der Internationalisierung deutscher Unternehmen wird auch deren Belegschaften multinationaler, weswegen die Employer Brand der Zukunft interkulturell funktionieren muss, um ihre Integrations- und Bindungskraft zu bewahren.

Weiteren Forschungsbedarf bieten mittelständische deutsche Unternehmen in strukturschwachen Regionen, die mit anderen technischen und finanziellen Mitteln handeln müssen, meist in ländlichen Gegenden angesiedelt und nur regional bekannt sind. Sie benötigen eine entsprechende Anpassung des Employer Branding Konzepts und teilweise eigene Standards, denn sie müssen trotz dieser Kriterien mit großen namhaften Unternehmen konkurrieren. Viele Unternehmen, vor allem die im B2B Bereich tätig sind, sind nicht in den Studien oder Rankings aufgelistet, auch wenn sie eine gewisse Größe besitzen.

Ein weiterer interessanter Punkt ist die Untersuchung, inwiefern die Produkt- und/oder Dienstleistungsmarke eines Unternehmens die Wahrnehmung als Arbeitgeber beeinflusst. Es ist zu beobachten, dass vor allem Automobilhersteller, allen voran Porsche, eine sehr hohe Attraktivität in den Rankings der Arbeitgeberstudien genießen. Die Vermutung, dass diese

---

[78]   Vgl. Dietl, S./Buschbacher, J. (2007): Die virtuelle Welt des Ausbildungsmarketings, in: Personalwirtschaft, Mai 2007, S. 32.

Attraktivität stark von der Begeisterung für die Produktmarke geprägt ist, liegt nahe, wurde jedoch noch nicht wissenschaftlich geprüft.

Wie die diskutierten Zukunftsthemen des Employer Branding zeigen, wird es bezüglich dieser Thematik weiterhin spannend bleiben...

Index

www.ingramcontent.com/pod-product-compliance
Lightning Source LLC
Chambersburg PA
CBHW081538190326
41458CB00015B/5589